만남들

만남들
: 우리는 매일 다시 만난다

앤디 필드 지음
임승현 옮김

매일 반복적으로 일어나는 일을 어떻게 이해해야 할까?
따분한 일, 일상적인 일, 당연한 일, 흔한 일, 평범한 일,
지극히 평범해서 사소한 일, 배경음 같은 일, 습관적인 일.
이 일들에 어떤 의문을 품고 어떻게 설명해야 할까?
습관적인 일에 질문을 던지기. 하지만 그뿐, 그 질문도 곧
습관이 된다.

– 조르주 페렉, 「무엇에 대한 접근인가?Approaches to What?」 중에서

목차

일러두기

1. 옮긴이의 주석은 각주로 표기했다.

2. 단행본은 겹낫표(『 』)를, 칼럼과 기사, 논문, 단편 소설, 에세이, 시는 홑낫표(「 」)를, 신문이나 잡지는 겹화살괄호(《 》)를, 미술 작품, 영화, TV 시리즈, 팟캐스트는 홑화살괄호(〈 〉)를 사용해 표기했다.

많은 아이들이 그러하듯 나 역시 어릴 적에 어른들 세상의 따분하고 사소한 모든 것에 매료되었다. 부모님이나 내 주변의 다른 어른들이 알아차리지 못하는 일상적인 일 말이다. 나는 드라이브스루 레스토랑이나 미용실에 가는 일이 얼마나 재미있었는지 기억한다. 해외여행 중 어느 길모퉁이에서 택시를 잡고 그 택시가 오로지 우리를 위해 멈추던 순간. 자동차 운전자들이 상대 운전자에게 고마움을 표시하기 위해 헤드라이트를 번쩍이던 장면. 아빠의 사무실에 전화를 걸면 안내 직원이 아빠 책상의 전화로 연결하던 방식. 그 시절 내가 유난히 좋아하던 놀이 중 하나는 가족들과 함께 뛰어노는 것이 아니라, 방문 앞에 가게를 차리고 동생에게 이런저런 물건을 주문하라고 한 뒤 재고가 있는지 확인하러 가는 것이었다. 어른들의 세상은 무한히 복잡하고 경이로워 보였다. 누군가가 발견하기를 기다리는 이상한 규칙이나 일과가 담긴 보물 창고 같았다.

나이가 들면 이런 흥분을 유지하기 어렵다. 어느 정도는 다행스러운 일이다. 우리가 끊임없이 경이로움을 느끼면서 살아간다면, 매일 자동판매기 앞에서 커피를 뽑으면서 흥분하고 경탄한다면 심히 피곤할 뿐 아니라 많은 시간을 허비하게 될 것이다. 하지만 나는 어른이 되어서도 일상의 어떤 부분에 다시 흥미를 느끼려면, 이러한 흥분을 유지하기 위해 조금이라도 노력해야 한다는 사실을 깨달았다.

예술가 앨런 캐프로는 "우리의 몸, 옷, 장소 또는 필요하다면 42번가의 광활한 공간 등 일상의 장소와 사물에 몰두하고 나아가 황홀감을 느껴야 한다"라고 선언했다. 바로 이 황홀감이 내가 살면서 오랜 시간 추구한 것이다. 어떻게 하면 매일 마주치는 것에 경탄할 수 있을까? 주변 세상에 접근할 때, 특별한 것을 위해 아껴둔 집중력을 활용할 수 있는 방법은 없을까?

나는 예술가로서 작품을 통해 이러한 질문에 답하기 위해 노력해 왔다. 카페와 극장, 건물 옥상, 공원 그리고 동네나 도시의 혼잡한 거리 등 일상적인 장소에서 공연을 하며 지난 16년을 보냈다. 사람들이 삶을 다르게 경험할 수 있도록 공연을 통해 일상을 잠시 낯설게 만든 것이다. 그리고 이렇게 보낸 긴 시간 동안 일상의 장소와 그곳에서 겪는 다양한 만남에 대해 세밀하게 생각하게 되었다.

이 책은 내 작품의 연장선상에 있다. 별일 없는 일상의 역사에서 발췌한 평범한 사람들과의 만남에 관한 이야기다. 미용사, 클럽 바운서 또는 길에서 마주친 낯선 사람과 나눈 상호작용은 아마도 그들 주변에서 일어나는 거대한 일상의 바다 속으로 눈에 띄지 않게 가라앉았을 것이다. 우리의 인생은 이러한 만남으로 이루어져 있다. 특별한 의식과 평범한 일상 사이의 회색 공간을 차지하는 작은 상호작용들. 우리는 성장하면서 이런 방식의 만남에 익숙해지고, 심지어 당연하게 여기게 되었다.

이러한 만남에 대한 에세이 아홉 편을 이 책에 담았다. 어떤 글에는 낯선 사람과의 만남이, 어떤 글에는 친구나 지인과의 만남이 담겨 있다. 어떤 만남은 평범한 일상의 공간에서 이루어지고, 또 어떤 만남은 영화관이나 공원 같은 장소에서 이루어진다. 심지어 전화를 통해 누군가와 관계를 맺기도 한다.

이 책은 코로나바이러스로 야기된 팬데믹 이전에 기획되었다. 하지만 여기에 담긴 내용은 대부분 우리가 일상적 활동과 분리되고, 친숙했던 만남을 낯설게 여기게 되었던 휴지기 동안 쓴 것이다. 닫혔던 세상이 다시 열리면서 나는 새로운 열정으로 책에 접근했고, 사람들이 놀랍도록 복잡하게 상호작용하는 과정에 새롭게 황홀감을 느낄 준비가 된 나 자신을 발견할 수 있었다.

여러분도 내가 이 책에서 설명하는 아홉 가지 평범한 만남에 황홀감을 느끼는 자기 자신을 발견할 수 있기를 바란다. 이 모든 만남을 이토록 자세히 살펴본 것은 우리 모두가 일상의 만남에 더 많은 관심을 기울이고, 이를 통해 서로를 더 잘 돌볼 수 있기를 바라기 때문이다.

1장

아주 특별한 보살핌

태초에 오로지 머리카락이 있었다. 잔뜩 헝클어져 늪지대처럼 뒤엉킨 머리카락. 머리카락의 원시림. 거대하고 육중한 머리카락의 판게아Pangaea.† 눈에 보이는 모든 것이 머리카락이었다. 그리고 최초의 이발이 있었다. 분노나 절망을 표현하기 위해 머리카락을 뿌리째 뽑아버린 것이 아니다. 어느 정도의 의도와 정성으로 머리카락을 자른 것이다.

　　고대 인류의 두개골로는 머리에 나 있던 털에 대해 알 수 있는 것이 거의 없다. 인간이 수십만 년 동안 날카로운 석기를 사용했다는 사실은 알려져 있지만, 머리카락을 자르는 데 그 도구를 사용했는지는 알 수 없다. 2만5000년 전 지구상에 살았던 인간의 유골만 남아 있을 뿐이다. 당시 어떤 여성들은 머리를 길러 길게 땋았고, 어떤 남성들은 머리를 아주

　† 현재의 대륙으로 분리되기 전에
있었던 하나의 커다란 고대 대륙

짧게 잘랐다. 약 3000년 전 등장한, 인류 최초의 문학작품으로 알려진 『길가메시 서사시』에 머리를 자르는 장면을 묘사한 대목이 등장한다. 그리고 어느 시점이 되자 인간은 시원한 나무 그늘 아래나 따뜻한 불 옆에 앉아 부드러운 살갗에서 움직이는 날카로운 면도날을 느끼며 조금 더 편안하게 숨을 쉬게 되었고, 굳이 말하지 않아도 자신이 안전하다는 사실과 누군가의 보살핌을 받고 있다는 사실을 신뢰하게 되었다.

그리고 그로부터 수천 년이 지난 지금, 나는 변화한 이스트 런던 거리의 조용한 미용실에서 금속 의자에 앉아 거울에 비친 내 모습을 바라보며 누군가의 손길을 기다리는 중이다. 창밖으로는 6월의 햇살 아래 몇몇 사람들이 누군가와 통화하며 길을 걷고 있고, 어떤 자동차는 창문을 열고 지나가며 음악을 쏟아내고 있다. 그러나 이곳에 있으면 세상은 놀라울 정도로 고요하다. 나는 붉은 가죽을 씌운 크고 튼튼한 크롬 의자에 앉아, 목에 가운을 단단히 두른 채 열 살 때로 돌아간 것 같은 기분을 느낀다. 눈을 감으니 어린 시절의 기억이 떠오른다.

아버지와 동생과 나, 우리는 함께 버스를 타고 케임브리지 시내의 매그덜린가에 있던 '이발사'라는 이름의 이발소 일 바르비에레Il Barbiere로 향했다. 거기서 우리는 티격태격하며 낡은 잡지를 읽었고, 뒷머리와 옆머리를 짧게 자르려고 차례를 기다렸다. 나는 그 이발소의 축축한 공기와 향수 냄새를 기억한다. 내 차례가 되면 나를 적당한 높이에 앉히기 위해

2

하얀 수건 여러 장을 포개어 의자에 깔던 이발사들을 기억한다. 글러브를 낀 채 카메라를 향해 주먹을 뻗은 권투 선수 로키 마르시아노의 사진이 담겨 있던 장식장 위의 액자를 바라보면서 최대한 움직이지 않고 가만히 앉아 있으려 애쓰던 어린 나를 기억한다.

　지금 내가 와 있는 미용실에는 전설적인 권투 선수의 사진 대신 값비싼 헤어 케어 제품이 가득한 진열대가 있다. 그러나 그 느낌은 여전하다. 나는 임시 왕좌에 떠받들린 채 어떤 면에서는 왕이 되고, 또 다른 면으로는 인간 제물이 된다.

　이 느낌은 친숙하지만 한동안 느끼지 못했던 것이다. 바이러스가 창궐했던 팬데믹 시기 동안 런던의 모든 미용실과 이발소는 문을 닫았다. 사람들은 자신의 머리를 직접 다듬거나, 최선을 다해 머리를 잘라주는 룸메이트나 연인 혹은 가족의 손길을 빌렸다. 머리카락은 다시 야생으로 돌아가 자유를 찾았다. 하지만 이제 세상이 다시 열리고 있다. 그리고 나는 어떤 이유인지 명확히 설명할 순 없으나 세상으로 다시 돌아오는 잠정적 여정의 첫 번째 경유지로 미용실을 선택했다. 왜 그랬을까? 왜 여기에서 시작하고 싶었을까?

　단순히 외모를 꾸미고 싶은 허영 때문은 아니다. 그 이상의 이유가 있다. 나는 미용실에서 쌓아온 경험이 그리웠다. 의자에 앉아 가운을 걸치고 듣는 라디오 소리, 부드럽게 쓱싹대는 가위질 소리가 그리웠다. 단지 머리를 자르기 위해서 여기에 온 것이 아니라, 만남을 위해 온 것이 분명했다. 나는 특별한 종류의 보살핌을 경험하기 위해 여기에 왔다.

🍬

내가 늘 만나는 미용사는 수사나라는 여성으로 스페인의 사라고사 출신이다. 가느다란 팔에 문신을 잔뜩 했는데, 오늘은 크고 흰 글씨로 '사탄의 딸들Daughters of Satan'이라고 적힌 검은 조끼를 입고 있다. 자신이 일하는 미용실의 고상한 올리브색 벽이나 디자인 타일과는 전혀 어울리지 않는 발랄한 인물이다.

수사나는 늘 사람들의 머리를 자르고 싶어 했다. 어릴 때는 인형 머리카락을 계속 잘라서, 더 자를 수 없을 만큼 짧아지면 울음을 터뜨리며 엄마에게 달려가곤 했다. 미용사 일을 일시적으로 중단했던 팬데믹 기간 동안, 그는 런던의 거리에서 병들고 다친 비둘기를 구조해서 자신의 좁은 아파트에 데려와 회복할 때까지 지극정성으로 돌봤다. 1년이 지나자 그는 비둘기 병원을 직접 운영하게 되었고, 지금도 친구들과 동물 구조 단체로부터 다친 새들의 거처를 제공해달라는 요청을 정기적으로 받고 있다. 현재는 아홉 마리의 비둘기를 돌본다. 비둘기가 새로 입원하면 이름을 지어주는데, 모두 고전 신화에 등장하는 신의 이름이다. 최근에 입원한 비둘기는 제우스라고 부른다.

커트 스텐의 저서 『머리카락: 인간의 역사Hair: A Human History』에 따르면, 최초의 미용사 중 일부는 치료 주술사였

4

다. 육체를 치료하는 것과 머리카락을 자르는 것을 구분하지 않는 "영적인 간병인" 역할을 했던 것으로 추측된다. 그들은 육체 안에서 생명의 영혼과 질병의 영혼 사이의 균형을 맞추는 역할을 맡았고, "해로운 영혼을 제거하기 위해 주문을 외우고, 피를 뽑고, 천공(두개골에 낸 구멍)을 내고, 머리카락을 잘랐다"고 한다. 이들은 자신이 보살피는 사람의 육체와 영혼에 대한 책임이 있는, 공동체 안에서 신비롭고 강력한 힘을 가진 사람들이었다.

치료 주술사나 마녀 의사로 보이지는 않지만, 수사나에게는 무언가 신비로운 면이 있다. 그는 어찌 보면 고대 주술사처럼 보이는 옷을 입는데, 일부러 그러는 것은 아니다. 지난 몇 년 동안 내 머리를 손질하면서 수사나는 늘 친절하고 친근하며 수다스러웠지만, 나는 여전히 그가 조금 두렵다.

수사나만이 아니다. 나는 항상 미용사들을 조금 두려워했다. 그들이 지닌 오래된 영적 권위의 흔적이나 날카로운 가위 때문일 수도 있다. 어느 쪽이든 나는 의자 위에서 그들의 힘에 종속되어 있는 것이다. 로키 마르시아노의 사진을 갖고 있던, 일 바르비에레의 흰 민무늬 티셔츠를 입은 사내. 변장한 할리우드 배우라고 해도 믿을 정도로, 우리가 살던 작은 동네에서 누구보다도 매력적으로 보이던 엄마의 친구. 반자본주의 카페에서 팝업 미용사로 일하며 의자에 앉은 사람들에게 보드카를 한 잔씩 권하던 에든버러의 마그다. 내 가르마 방향을 바꿔서 전례 없는 개인적 혁명을 도모한 오픈 바버스

Open Barbers의 리처드. 퍼포먼스 작품의 일환으로 내 머리를 잘랐던 아홉 살짜리 소년. 그리고 몸에 문신이 가득하고 비둘기를 돌보는 수사나. 나는 이들 모두에게 종속되어 있다.

그러므로 나와 잘 맞는 미용사를 찾는 일은 무엇보다 중요하다. 유고브 아메리카YouGov America에서 2018년에 진행한 설문조사에 따르면 미국인의 3분의 1 이상이 항상 같은 미용사에게 머리를 맡긴다고 답했고, 이 중 55세 이상인 경우에 이 비율은 절반 이상으로 높다. 한편 영국에서 진행한 비슷한 조사에서는 대상 여성의 50% 이상이 인생에서 가장 중요한 열 가지 관계 중 하나로 미용사와의 관계를 꼽았다.

누구라도 마음에 드는 미용사를 찾으면, 인생에서 쉽게 만날 수 없는 행운을 맞닥뜨린 심정으로 그들을 붙잡을 것이다. 아야나 버드와 로리 사프스는 그들의 책 『헤어 스토리 Hair Story』에서 필라델피아의 이발소에서 완벽한 이발사를 발견하기까지 31년이라는 시간을 보낸 세실 브라운이라는 남자의 이야기를 들려준다. 지금도 그는 매주 토요일에 한 시간이나 걸리는 거리를 기꺼이 감수하면서 이발소에 가기 위한 여행을 한다. 그리고 도착한 후에도 머리를 자르려 의자에 앉는 순간까지 몇 시간을 더 기다린다.

이러한 헌신과 열정은 아름다움보다 더 차원 높은 것을 향한다. 물론 사람들은 머리를 멋지게 잘라주는 미용사를 원하지만, 한편으로 가까운 곳에서 시간을 함께 보낼 누군가를 원한다. 우리의 눈과 귀 근처에서 날카로운 면도날을 휘두르는 미용사들은 자신이 하는 일에 대해 제대로 알고 있을 뿐 아니라 우리의 비밀과 걱정, 시답잖은 잡담, 괴이쩍은 의견에 어떻게 반응해야 하는지도 잘 안다. 우리는 그들이 고대의 마법을 현명하게 사용할 것을 믿어야 한다. 그들의 힘에 종속되어 있을 때, 그들이 우리를 보살필 것을 신뢰해야 한다. 미용사와 우리의 관계는 신비로우며 말로 설명할 수 없는 것이다. 화학반응이자 어쩌면 연금술의 한 종류라고도 할 수 있다. 그리고 만약 그 연금술이 통한다면, 당신은 그것을 붙잡아야 한다.

🍬

지금 나는 금속 의자에 앉아 있고, 수사나는 내 뒤에 서 있다. 우리는 서로를 마주 보지 않는다. 앞에 놓인 커다란 미용실 거울을 통해 우리의 모습을 함께 바라본다.

어빙 고프먼은 자신의 저서 『만남들Encounters』에서 만남이란 "사람들이 인지적이고 시각적인 관심의 단일 초점을 유지하는 데 효과적으로 동의하는" 가운데 일어나는 "집중적인 상호작용"이라고 설명한다. 그에 따르면 이렇게 서로 공유한 단일 초점은 만남 안에 있는 사람들과 만남 밖에 있는 모든 것을 분리하는 일종의 임시 장벽을 세운다. 만남 안의 사람들은 시공간 속에서 함께 연결되며, 자신들의 만남과 무관한 세상의 부분을 걸러내고 그들만의 사적인 현실을 창조해낸다. 적어도 잠시 동안 우리는 서로에게 하나의 세계가 된다.

머리를 자를 때만큼 이런 느낌을 오롯이 받은 만남은 거의 없었다. 앞으로 한 시간여 동안, 내 앞에 있는 거울 속에는 온 세상이 담길 것이다. 내가 볼 수 있는 것은 수사나와 나뿐이다. 우리 중 누구도 1제곱미터 남짓한 실재하는 공간에서 벗어나지 않는다. 휴대폰도 없고, 스크린도 없다. 미용실 바깥의 우리 삶으로부터 방해받지도 않는다. 그리고 우리의 상호작용은 좋든 나쁘든 이 심오하고 때로는 고통스러운 산만함의 부재로 정의된다. 그러나 매우 가까이에서 머리카락을 자르는 일은 한편으로 편안한 거리를 제공하기도 한다. 거울에 비친 수사나와 눈을 맞추고 있지만, 서로의 체온을 살갗으로 느낄 만큼 가까이 있지는 않다. 마치 커피 테이블 만큼의 거리를 사이에 두고 떨어져 대화하는 것 같다. 실제로 존재하지 않는 공간에 대한 착각이 우리의 상호작용을 가득 채우는 느낌을 받는 것이다.

인구가 밀집한 현대 대도시에서 살고 있다고 해도, 가까운 친구나 연인 또는 직계가족이 아닌 사람들과 갖게 되는 친밀감은 낯설고 종종 불편하다. 우리 몸은 이에 대해 가끔 이상하게 반응한다. 좀 더 원초적이고 물리적인 대립 같은 만남을 예감하면서 오싹한 기운에 휩싸이고, 심장이 두근대거나 본능적으로 주먹을 움켜쥐기도 한다.

거울은 물론이고 잡담이나 가운, 심지어 인기 있는 권투 선수의 사진 같은, 이발에 얽힌 관습을 통해 우리는 이러한 종류의 친밀감과 친밀감이 불러일으키는 감정을 탐색해볼 수 있다. 이러한 만남에서는 밀접한 신체 접촉이 일반적으로 수반하는 어색함이 일시적으로 사라지고, 낯선 사람과 스스럼없이 마주하는 것이 정상적인 일로 여겨진다.

그러나 이보다 더 중요한 것은 수사나와 내가 거울을 통해 이 만남의 목적에 집중하게 된다는 점이다. 불행하게도 그것은 바로 나다. 비록 우리 둘 다 거울에 비치지만, 고프먼이 말한 "인지적이고 시각적인 관심의 단일 초점"이라고 할 수 있는 것은 의심할 여지 없이 나다. 나는 사진의 정중앙에 앉아 있다. 나는 애초에 머리를 자르고 싶다는 허영심을 품은 것에 속죄하는 의미로, 앞으로 한 시간 동안 나 자신을 들여다볼 준비를 하고 있는 거울 속의 머리일 뿐이다.

이런 방식으로 다른 사람에게 보이는 나 자신을 인식하는 것은 인간이 되어가는 과정의 하나다. 자아에 대한 인간의 감각은 모두 거울과 맺는 관계에 묶여 있다. 우리는 아기가 자아를 인식하게 되는 순간을 확인하기 위해 거울을 활용한다. 그리고 좀 미심쩍지만 자아를 인식하는 동물과 그렇지 않은 동물을 구별하기 위해 거울을 활용한다. 이는 자기 자신을 주변 세계와 유동적이고 역동적인 관계로 얽혀 있는 개인으로 인식하는 능력을 의미한다. 즉 커다란 거울을 통해 서로를 탐색하는 만남은 스스로 보는 자기 자신과 다른 사람에게 보이는 자기 자신을 모두 이해하려는 욕구와 필연적인 관계가 있다.

그러므로 이발소나 미용실에서 마주 보는 거울은 머리카락이 잘려 나가는 과정을 보여줄 뿐 아니라 애초에 머리카락이 왜 그렇게 중요한지 상기시켜주는 역할을 한다. 거울 앞에서 우리는 앞으로 만나게 될 얼굴을 맞이할 준비를 하면서, 자기 인식self-recognition과 자기표현self-presentation이라는 한 몸 같은 행위 속에 영원히 갇히게 된다.

우리 둘이 거울 속에서 함께하는 순간, 수사나가 항상 던지는 질문은 우리 모두가 알고 있는 노래 가사의 첫 소절처럼 익숙하다. 오늘은 어떻게 해드릴까요?What can I do for you today?

이 질문과 함께 세상은 정지한다. 천장의 선풍기가 멈추고, 헤어드라이어가 꺼지고, 라디오가 조용해지고, 거리의 차들이 일제히 멈추고, 새들이 가게 창문에 걸린 장식처럼 공중에 매달린다. 정지한 세상에서 유일하게 살아 있는 나는, 거울에 비친 내 모습을 바라보며 가능한 두 가지 대답을 떠올린다.

가슴 깊은 곳 어디선가 내가 하고 싶은 대답이 낮게 으르렁대는 소리가 들린다.

나는 그에게 아무렇게나 해보라고 말하고 싶다. 완전히 새롭고 터무니없게, 전부 밀어버리거나 반만 밀어버리거나, 탈색하거나 색상환처럼 보이게 염색하거나, 1980년대의 조지 마이클이나 1990년대의 위노나 라이더와 같은 머리를 하거나, 외계 감옥에서 탈출한 무법자를 다룬 영화의 보조 출연자처럼 보이게 해주길 바란다. 나는 그가 모험을 감행하기를 원한다. 대담해지기를 바란다. 나는 대담해지고 싶다. 실제의 나보다 더 용감해지고 싶다. 거울을 들여다볼 때, 그 안에서 나를 응시하는 자를 알아보지 못하는 순간을 원한다. 무엇보다도 나는, 변신을 원한다.

　이발은 우리에게 변신을 약속했다. 맨 처음부터 우리는 이 특별한 꿈을 샀다. 그 꿈은 우리가 발견한 이발에 관한 기록만큼이나 오래된 것이다. 약 3000년 전 고대 메소포타미아에서 여러 장의 석판에 새겨놓은 『길가메시 서사시』에 등장하는 한 장면은 이발이 어떤 힘을 발휘할 수 있는지에 대해 이야기한다.

　『길가메시 서사시』는 고대 수메르의 왕 길가메시와 엔키두라는 야생인의 이야기다. 길가메시가 백성을 억압하지 못하도록 신들이 보낸 존재인 엔키두는 원시 자연의 화신이자 인간 이전의 인간이며, 세상의 모든 땅과 자유와 무질서에서 태어난 야수와도 같은 존재다. 엔키두의 원시적 힘이 두려운 길가메시는 성스러운 매춘부 샴하트를 보내 그를 유혹하게 하고, 그 여인은 임무를 훌륭하게 수행해 낸다. 일주일 동안 맹렬하게 관계를 맺은 후, 샴하트는 엔키두를 푸른 초원으로 안내해 포도주 일곱 잔을 마시게 한다. 엔키두의 얼굴이 붉어지면서 영혼이 느슨해지는 바로 그 순간, 이발사가 나타나 엔키두의 머리카락을 자르기 시작한다. 그러자 남아 있던 야생의 흔적이 모두 사라지며 엔키두는 변신한다. 현대 세계의 시민, 인간이 된 것이다. 엔키두는 야수 같던 영혼과 영원히 분리되어 거대한 도시 우루크의 거리를 걸어 다니기에도, 왕의 가장 친밀한 동반자가 되기에도 적합한 존재가 되었다.

이쯤에서 변신의 신화와 관련한 인간의 사랑 이야기를 시작해 보자. 변신은 〈신데렐라〉부터 〈사브리나〉, 〈쉬즈 올 댓〉까지 할리우드 로맨틱 코미디 장르의 주요 소재로, 10억 시간쯤 되는 텔레비전 리얼리티 쇼 이면에 감춰진 비유적 장치로 수천 년 동안 지속되었다. 극적인 변신을 좋아하지 않는 사람이 있을까? 의자가 회전하거나, 드라이아이스가 부서지거나, 카메라가 뒤로 이동하면서 거친 대리석 같던 이전의 인물을 조각해 만들어낸 완전히 새로운 인물이 여러분 앞에 서는 그 순간에 감격하지 않을 사람이 있을까? 그리고 그 새로운 인물을 볼 때, 충격과 놀라움에 터져 나오는 비명과 울음을 틀어막기 위해 손을 입으로 가져가지 않을 사람이 있을까? 이것은 일종의 마법이다.

여러분은 이발사와 미용사들이 세계 각지에서 동네 노숙자들의 머리를 무료로 잘라주는 영상을 유튜브에서 찾을 수 있을 것이다. 보통은 문제가 많고, 자기 홍보를 위한 착취적인 내용이지만 가끔은 설득력 강한 영상도 있다. 이 중 내가 가장 좋아하는 영상에서 '광장의 정령'이라는 별명을 가진 남자 호세 안토니오는 스스로 집이라고 칭하는 마요르카의

한 골목 귀퉁이에서 등장한다. 영상 초반에 그는 마치 엔키두처럼 야성적이고 여윈 원시인처럼 보인다. 낡은 야구 모자 아래로 흰 머리카락이 폭포수처럼 늘어져서 거칠고 흰 수염 끝과 맞닿아 있다. 그는 자신의 삶을 다잡으려 노력하고 있고, 거처를 구할 돈을 모으기 위해 자동차 주차원으로 일하고 있다고 말한다. 우리는 미용사가 그의 머리를 다듬고, 면도를 하고, 샴푸로 두피를 마사지하며 머리를 감기고, 머리카락과 수염을 염색하는 모습을 주의 깊게 관찰한다.

이 미용이 끝나자, 그는 확연히 변신한 정도가 아니라 아예 다른 사람처럼 보인다. 카리스마 넘치는 중년의 라이브 카페 가수나 인기 있는 공상과학소설 시리즈를 쓴 작가, 오랫동안 한 번도 본 적 없는 아버지를 찾아 나선 아들, 또는 호세 안토니오가 원래 어땠었고, 다시 그렇게 될 수 있다는 것을 상기시키기 위해 과거에서 온 크리스마스의 유령†처럼 말이다. "너는 호세 안토니오가 아니야." 그는 거울 앞에서 눈물을 흘리며 중얼거린다. "아무도 나를 알아보지 못할 거예요. 내가 누구인지 말하지 않는 한, 아무도 나를 알아보지 못할 거예요. 나는 완전히 변했어요. 이건 내가 아니에요."

그가 새 선글라스를 쓰고 광장으로 돌아갔을 때, 우리는 이 변신을 믿게 된다. 우리는 그의 헤어스타일보다 더 깊고 심오한 무언가가 변화했다고 믿게 된다. 단 몇 초 동안이라도 누군가를 새롭게 만드는 일이 이토록 쉽다고 믿게 된다. 그리고 이 마법은 실제다.

† 찰스 디킨스의 〈크리스마스 캐럴〉에 등장하는 첫 번째 유령

결국은 이것이 내가 믿고 싶은 것이다. 호세 안토니오뿐 아니라 내게도, 우리 모두에게도, 쉽게 다시 태어날 수 있다는 희망, 원하는 사람이 될 수 있다는 희망이 존재한다는 것을 믿고 싶다. 우리 모두 함께 구원을 얻을 수 있는 가능성을 믿고 싶다. 엔키두 이래로 머리를 자르는 일에는 항상 외모를 다듬는 행위를 초월하는 신성한 힘이 담겨 있었다. 머리를 자르는 행위는 몸을 변화시켜 영혼 깊숙한 곳까지 닿게 한다.

나는 아직도 변신을 꿈꾸고 있다. 지금 내 헤어스타일에 새롭고 더 나은 내가 묻혀 있을지도 모른다고 믿고 있다. 거울을 마주한 나에게 수사나가 어떻게 하고 싶은지 물었을 때, 나는 이렇게 말하고 싶다. 가위를 들고 내 몸을 자르고 열어서, 가장 깊은 안쪽에 숨어 있는 새로운 나를 찾으라고 말이다. 하지만 절대 그렇게 말한 적은 없다.

내가 그런 용기를 내는 데 성공할 뻔했던 적이 있다. 열일곱 살이던 시절, 엄마의 매력적인 미용사 친구가 내 머리를 붉게 염색해 주기로 했을 때였다. 중학교에서 지독하게 외롭고 비참한 5년을 보내고, 막 6학년[†]이 된 나는 새로운 친구들을 만나서 새로운 사람이 될 준비가 되어 있었다. 부엌 바닥 한가운데에 놓인 불편한 식탁 의자에 앉아서 맡았던 염색약의 화학약품 냄새를 기억한다. 그리고 나는 그 짜릿함, 마음이 가벼워지는 느낌, 변신의 연금술이 잠시나마 얼마나 가깝게 느껴졌는지를 기억한다. 하지만 그때조차 나는 새빨간 색과는 거리가 먼 반영구 염색을 선택했다. 짙은 오렌지색이 되기를 포기한 머리카락은 얼마 안 가 물이 빠져 창백한 분홍색이 되었다. 나는 염색약이 완전히 씻겨나갈 때까지 며칠 동안 야구 모자 아래 머리카락을 숨겼다.

내가 스스로 원하는 모험가가 될 수 없다는 사실이 놀라운 일은 아니다. 나는 항상 나 자신이 약간 실망스러웠다. 언제나 예전의 나에게 과도하게 집착하고 있었고, 새로운 내가 마음에 들지 않을지도 모른다는 두려움이 있었다.

그래서 세상이 다시 움직이기 시작하고, 선풍기가 돌아가고, 라디오가 지지직거리며 다시 살아나면, 나는 늘 두 번째로 준비한 대답을 하게 된다. 머리를 지난번처럼 자르고 싶다고, 이전과 비슷한 스타일이었으면 좋겠다고 말하는 것이다. 앞머리가 조금 더 짧거나 길 수도 있다. 가위가 아니라 클리퍼로 옆머리를 다듬을 수도 있다. 그러나 근본적으로는 같은 머리 모양일 것이다. 그에게 원래의 나라는 사람을 유지해달라고 요청할 것이기 때문이다.

이 대답은 바로 수사나가 기대한 것이다. 그는 미소를 지으며 내게 동의하고, 미용실 안쪽의 세면대로 나를 데려가 머리를 감기기 시작한다.

처음으로 미용사가 내 머리를 감겼을 때, 나는 장난을 치는 게 아닌가 생각했다. 그때 나는 스무 살이었고, 이발소가 아니라 시설을 제대로 갖춘 미용실에는 처음으로 갔다. 미용사는 내 얼굴을 뜨거운 수건으로 가린 채 나를 내버려두었다. 미용실에 있던 다른 손님과 직원들이 모두 나를 훑어보며 웃고 있다고 생각할 수밖에 없었다. 어떤 사람들에게는 응석받이로 보일 이러한 종류의 보살핌은 나에게 생소한 일이었기 때문이다. 남자답지 않은 일은 하지 않아도 된다고 나를 안심시키던 로키 마르시아노가 있는 이발소에서 머리를 자르는 일에 익숙해져 있었기 때문이다.

지금은 수사나가 두피 마사지를 하며 머리를 감기고, 그의 손가락 끝이 내 두개골을 따라 작은 원을 그리며 움직인다는 사실이 아무렇지도 않다. 약간은 시대착오적으로 보일 수도 있는 이러한 극진한 보살핌, 머리를 자른 사람이 손님의 종기를 짜내는 등 간단한 증상을 치료해 주고, 필요하면 피를 뽑아주던 시절의 부드러운 자취가 얼마나 마음에 드는지 모른다.

역사적으로나 문화적으로 이발은 모든 계층의 사람들이 이용할 수 있는 서비스였다. 상당수 사람들이 직계가족에게 받는 것을 제외하면, 이발소에서 받는 관리가 유일한 치료인 경우가 많았다.

이발사와 수술의 연결 고리는 거의 1000년 전으로 거슬러 올라간다. 1215년 로마가톨릭교회는 수사들이 직접 수술을 집도하는 것은 부적절하다고 평결했고, 이후 유럽 전역에서 그들의 지식과 도구는 동네 이발사에게 전해졌다. 면도날과 가위에 익숙한 이발사들이 이 새로운 역할에 가장 적합하다고 여긴 까닭이다. 그 후 500년 동안, 적어도 유럽에서는 일반인이 받을 수 있는 의학적 치료는 대부분 이발사가 수행했다. 수련을 거친 전문 의료인이 법원과 대학교에 한정되어 있던 시대, 이발사는 사람들이 일반 의료 서비스에서 받을 수 있는 것과 가장 유사한 서비스를 제공했다. 중국에서도 마찬가지였다. 전통적인 길거리 이발사들은 이 동네 저 동네 다니면서 도착을 알리는 종을 울리고 기본적인 의료 절차를 수행했다.

이발사와 수술 사이의 오래 이어진 연관성을 가장 명확하게 상기시키는 것은 (케임브리지의 일 바르비에레를 포함해) 수많은 전통적인 이발소 외부에 있는 빨간색, 흰색 그리고 종종 파란색으로 그려진 기둥 형태의 간판이다. 기둥의 색은 피를 뽑을 때 쓰는 피와 붕대를, 기둥 자체는 피를 뽑는 동안 환자의 손에 쥐여주는 피투성이 붕대가 감긴 막대를 상징한다. 보통 가게 외부에 설치되어 있는 이것은 안쪽에서 제공하는 서비스의 종류를 보여주는 명확한 그래픽이다. 마치 카페 창문에 붙어 있는 선명한 색의 아침 메뉴 사진처럼 말이다.

미용과 의학의 관계는 여러 미용사가 자신과 자신의 직업에 대해 생각하는 방식에서도 집요하게 이어지고 있다. 이는 두피 마사지와 뜨거운 수건 속에, 공짜로 내어주는 차와 수다 속에, 접이식 외날 면도기를 사용하는 오래된 기술 속에 담겨있다. 탁월한 미용사이자 자칭 아프로 헤어의 창시자인

17

냇 '덤불 의사Bush Doctor' 매시스는 이렇게 말한다. "저는 의사예요. 단지 머리를 치료할 뿐이지요."

나는 메릴랜드주의 캐피털하이츠에 있는 작은 지하 이발소에서 찍은 위대한 '덤불 의사'의 인터뷰 영상을 인터넷에서 발견했다. 거기서 그는 어떻게 그런 별명을 얻었는지, 얼마나 많은 헤어스타일을 만들어냈는지, 어떻게 펑크 뮤지션 척 브라운을 만나 그의 머리를 자르게 되었는지, 얼마나 노래하는 것을 좋아하는지, 롤러스케이트 강사로 일한 삶은 어땠는지 등 미용사로 살아가는 자신의 삶을 부드럽게 반추한다. 카메라는 미용실 공간을 가로지르며 그가 살아온 삶의 흔적을 오롯이 포착한다. 깔끔하게 액자에 끼운 신문 스크랩, '척 브라운 웨이Chuck Brown way'라는 도로표지판 아래에서 웃고 있는 냇과 척의 사진, 회백색 정장을 차려입은 잘생긴 청년 냇의 사진, "여러분의 헤어스타일은 내가 해결해야 할 문제입니다"라고 쓰인 광고판 등을 말이다.

"한 번은 그만두려고 한 적도 있어요." 냇이 이야기를 시작했다. "그런데 어떤 사람이 '당신은 이 일에서 벗어날 수 없어요. 많은 사람을 보살펴야 하잖아요'라고 하더군요." 그리고 그가 자신이 보살폈던 모습에 대해 이야기를 시작하자, 나는 실제로 그 자리에 있고 싶었다. 그 너저분한 작은 물건들 속에서 축축한 공기를 마시며 가위와 클리퍼의 연주를 듣고 싶었다.

미용사는 특별한 간병인이다. 이들은 현대의 어떤 전문

의료인보다 보통 사람들의 삶에 훨씬 더 깊이 뿌리 내리고 있다. 나는 그들과의 만남을 보살핌을 받는 행위로 여긴다. 미용실이나 이발소의 익숙한 거울 앞이나 집 안 부엌 한가운데에서 늘 앉던 의자에 자리를 잡는 순간, 보살핌을 받기 시작하는 것이다.

미용사는 정성을 다해 우리를 돌본다. 우리가 머리카락에 두는 실제적이고 인간적인 의미를 이해하고 공감하는 것은 물론, 정확하고 침착하며 체계적인 우아함으로 우리에게 다가온다. 미용사는 대다수 일반인에게 직계가족을 제외하면 가장 흔하고 한결같은 간병인이다. 전 세계 거의 모든 도시에서 미용사는 휴식 그리고 치료와 치유의 원천이다.

영국에만 4만1천여 개의 미용업체가 있고, 그곳에서 약 28만7000명의 사람들이 일하고 있다. 이는 영국의 간호사 수와 거의 비슷하며, 안경사와 물리치료사, 정신과 의사, 치과 의사의 수를 합친 것보다 배 이상 많다. 이발소와 미용실은 끊임없이 새로 문을 여는 가게 중에서 그 수가 가장 많은 업종으로 열 손가락 안에 꼽히는데, 영국의 남녀가 평균적으로 약 6주에 한 번, 또는 1년에 여덟 번 정도 미용사를 찾아간다는 사실을 고려하면 놀라운 일은 아니다.

팬데믹으로 세상이 봉쇄되었을 때, 바이러스가 머리카락에 미치는 영향에 관한 농담이 유행했다. 전 세계 사람들은 줌 화면 속에서 느리게 움직이는 늑대 인간이나 고대의 엔키두가 되었고, 머리카락은 방치된 정원의 무성한 잡초처럼 길

들지 않은 채 제멋대로 자랐다. 미처 염색하지 못해 머리 뿌리가 제 색을 드러내거나 머리끝이 갈라지고, 수염이 마구 자랐다. 사람들은 서로를 측은하게 여기며 미용실이 다시 문을 열기를 초조하게 기다렸고, 마침내 문이 열렸다.

그리고 문이 열리자 우리는 기념했다. 되찾은 헤어스타일, 부분 염색, 다듬은 앞머리, 직각으로 세운 짧은 머리 등 우리가 다시 얻게 된 작은 것들에 감탄했다. 하지만 우리가 되찾은 것 중에서 겉으로 티가 덜 나는 부분에 관해 충분히 생각해 보았는지는 의문이다. 이처럼 오래된 돌봄의 마법, 고대로부터 전해져온 다양하고 세심한 보살핌을 다시금 깨닫고 고마움을 느꼈을까? 우리 주위에서 움직이는 손의 친근한 따스함을, 이렇게 특별한 방식으로 마음을 여는 익숙한 편안함을 되새겼을까?

🍬

나는 다시 의자에 앉는다. 수사나는 내 젖은 머리를 괴롭히듯 한쪽으로 빗어 넘겼고, 나는 숨을 죽인 채 첫 번째 가위질이 싹둑 하고 시작되길 기다리고 있다. 가위 날 양쪽이 닫히는 순간에 금속과 금속이 입맞춤하며 마치 가벼운 기침 같은 소리가 들리고, 구불구불하고 젖은 머리카락 몇 가닥이 내 어깨 위에 살포시 떨어진다. 이는 큰일이 아니지만, 어쩌면 큰일일 수도 있다.

삼손과 데릴라의 이야기에는 세계적으로 가장 유명한

이발 장면이 등장한다. 신의 축복을 받아 괴이한 힘을 얻은 삼손은 한때 당나귀 턱뼈만으로 블레셋의 군대를 전멸시킨 전사였다. 그는 머리에 칼을 대지 않기로 맹세한 나실인이었으므로 절대로 머리카락을 자르지 않겠다고 신 앞에 맹세했다. 이후 그의 연인이던 데릴라에게 이 사실을 알리니, 데릴라는 삼손을 배신하고 그를 블레셋인에게 팔아넘겼다. "데릴라가 삼손에게 자기 무릎을 베고 자게 하고, 사람을 불러 그의 머리털 일곱 가닥을 밀고 괴롭게 하여 본즉 그의 힘이 없어졌더라."(사사기 16:19)

유사 이래 남자들이 만들어낸 수많은 한심한 경고와 마찬가지로, 삼손과 데릴라의 이야기는 나쁜 여자를 신뢰하는 건 위험하다는 일종의 경고처럼 전해진다. 그러나 흥미로운 지점은 이발처럼 평범하고 사적인 영역에 비극의 무게를 싣는 방식이다. 이 장면을 묘사한 화가 루벤스는 널리 알려진 회화 작품에서 데릴라의 무릎에 엎드린 거대한 땅덩이처럼 광활한 삼손의 벌거벗은 등, 흔들리는 촛불 속에서 호박색으로 빛나는 근육을 담아냈다. 데릴라가 지켜보는 동안 병사들은 문간에 모여들고, 턱수염을 기른 하인은 첫 번째 머리카락 뭉치를 자르기 위해 상체를 구부린 채 손목을 살짝 비틀어서 삼손을 향해 뻗고 있다. 작품 속 모든 것이 이 동작을 중심으로 회전하고 있다. 가위 날이 갈색의 구불구불한 곱슬머리 위에서 막 닫히려는 찰나다. 루벤스 특유의 바로크풍 색과 빛의 한가운데에 폭풍의 눈이 있다. 시작되는 우주의 폭발. 캔버스의 물감 알갱이 하나하나가 숨죽인 채 가위가 닫히기를 기다린다. 이 순간 이발이라는 행위는 마치 대재앙처럼 격양된다. 곧 싹둑 하는 소리가 온 세상을 울릴 것이다.

신이 내 머리카락을 건드리는 것만큼은 아니더라도, 나는 머리를 자르기 시작할 때 가위가 머리카락 근처에 다가오면 관습에 도전하는 것 같은 흥분을 경험한다. 마치 고대의 주술을 시도하는 것처럼 첫 번째 가위질은 금단의 전율을 불러온다. 지금 당장 가위를 들고 가느다란 머리카락을 몇 올이라도 잘라보면 알 수 있을 것이다. 나는 여전히 이발을 위험하게 여긴다. 허공을 잠시 떠다니던 변신의 주문은 순식간에 사라진다.

다른 사람들도 이렇게 느낄까? 팬데믹 기간 동안 자신이나 친구 또는 가족의 머리카락을 자르기 위해 망설이며 가위를 들었을 때, 손을 약간 떨거나, 확신하지 못해 머뭇거리거나, 혀가 바짝바짝 타는 것 같거나, 몇 세기 동안 지속된 약속이 쨍그랑하며 깨지는 느낌을 받았을까?

아니면 처음 몇 번의 가위질에 또 다른, 좀 더 현대적인 이유로 불안을 느꼈을까? 자본주의가 태동하기 이전의 세상에서 미용사는 대부분 의료인이거나 지역사회의 연장자 또는 하인이었을 테고, 이들의 일은 매우 구체적인 문화적, 종교적 관행과 밀접하게 연결되어 있었을 것이다. 그러나 이제 그들은 보살핌을 베푸는 사람일 뿐 아니라 사업을 하는 사람들이며, 현대의 미용은 자본주의 시장의 상품 중 하나다. 이처럼 우리가 선택하는 이발은 집단의 전통인 동시에 개인의 선택과 사적인 욕망에 달린 문제다.

이는 필연적으로 소통의 문제로 이어진다. 당신은 스스로 원하는 것이 무엇인지 미용사에게 어떻게 설명할 것인가? 잡지 사진 몇 장이면 충분한가? 막연하게나마 새로운 시도를 할 때마다, 나는 매우 특별한 불안에 사로잡힌 채 머리 모양이 잡혀가는 모습을 지켜본다. 고요한 내적 울부짖음. 어떻게 되어가나요? 좋아 보이나요? 균형이 잘 맞춰지겠죠? 만약 잘못되고 있다고 느낀다면, 마음에 들지 않는다고 말할 용기가 나에게 있을까?

이렇게 소통에 실패하거나 상대에 대한 신뢰를 잃을 수 있다는 점은 현대의 이발 경험 밑바닥에 존재하는 가장 큰 두려움이다. 예를 들어 1990년대 TV 시트콤 〈프렌즈〉에서 주인공 중 하나인 피비는 배우 데미 무어와 더들리 무어를 혼동해 친구 모니카의 머리를 젊은 할리우드 섹스 심벌의 세련된 픽시 커트가 아니라, 영국 중년 코미디언의 단정하고 각진 남자 머리 모양으로 자른다. 이 정도로 심한 재앙을 경험한 적은 없을지라도 보통 사람이라면 모니카가 피비의 실수를 깨달았을 때처럼, 마치 출혈을 막으려는 듯 손을 본능적으로 머리 위로 올려 망가진 머리를 부여잡은 채, 창자에서부터 올라오는 공포를 느껴본 적이 있을 것이다.

첫 번째 가위질 직전에 잠시 두려움을 느꼈지만 빠르게 긴장을 풀었다. 나에게 수사나의 미용실은 안전한 곳이다. 평상시에 즐겨 찾는 곳이기 때문에 이곳에서는 오히려 시간이 너무 빨리 흐른다고 느낀다.

미용실은 누군가의 정성 어린 보살핌을 받는 공간으로, 험한 세상에서 한 발짝 벗어나 쉴 수 있는 피난처 같은 곳이다. 많은 사람에게 미용실에서 받는 보살핌은 인생에서 경험하는 가장 중요하고 일관된 형태의 보살핌 중 하나다. 이러한 보살핌은 배움, 우정, 공동체 등에서 다양한 방식으로 나타난다.

데이비드 L. 샤바즈는 미국의 흑인 전용 이발소를 "남성성과 아프리카계 미국인의 문화에 진입하는 젊은이들의 정체성이 형성되는 분주한 공간"이라고 설명한다. 여기서 이발은 젊은이들을 더 큰 사회의 생태계에 함께 묶어주는 자석이다. 남자들은 머리를 자르는 목적 이외에 다른 사람들과 어울리고, 스포츠나 뉴스를 보고 음악을 듣기 위해서, 그리고 무엇보다 이야기를 나누기 위해서 이발소를 찾는다.

시카고와 그 도시의 사람들을 포착한 스티브 제임스의 2020년작 장편 다큐멘터리 〈시티 소 리얼〉은 이발소에서 시작해서 이발소로 끝난다. 제임스에게 이발소는 도시의 일상생활에 진입하는 관문이다. 시카고 컵스와 타이거 우즈의 사진을 벽에 모자이크처럼 장식한 26번가의 이발소 조스Joe's에는 은퇴한 백인 경찰들이 몰려든다. 이들은 맛이 진한 애플 스트러들 조각을 먹기 위해, 서로를 가차 없이 놀리기 위해, 세상이 예전 같지 않다고 불평하기 위해 이곳에 모인다. 그리고 통근 철도로 나뉜 사우스 사이드의 거리에는 유리문 위에 고정된 캔버스천 현수막이 유일한 간판인 '사이드라인 스튜디오Sideline Studio'가 있고, 그 안에서는 클리퍼를 들고 일하는 젊은 흑인 이발사가 의자에서 차례를 기다리는 노인과 열띤 말싸움을 벌이는 중이다. 수많은 곳에서 그러하듯 그들은 오늘날 젊은이들에 관해 논쟁하고 있다. 노인들은 젊은이들이 잘못되었다고 믿고, 젊은이들은 노인들이 이해하지 못한다고 생각한다. 양측의 의견이 팽팽히 맞서며 갑론을박이 펼쳐지다 언성이 높아지고 결국 다른 손님들도 동참한다. 다들 자기 의견에 대해 고집이 완고해서 서로 힘들어하는 지경에 이르지만, 결국 노인은 의자에 앉고 젊은 이발사는 클리퍼로 부드럽게 머리 모양을 잡는다.

이 장면에서 머리를 자르는 행위에 어떤 종류의 부드러움이 필요한지, 그 부드러움이 공간과 그들의 대화에 어떻게 스며드는지 볼 수 있다. 의견이 가장 첨예하게 맞서는 순간에 젊은 이발사는 "손님을 사랑하기 때문에 이러는 것"이라고 말하면서, '사랑'을 이야기한다. 가족의 유대 바깥에 있는, 이념과 의견의 깊은 분열을 초월하는, 필수적이지만 점점 더 희귀해지는 바로 그 '사랑' 말이다.

이 같은 종류의 사랑은 런던에 있는 퀴어, 트랜스젠더 친화적 미용실인 오픈 바버스Open Barbers에서도 찾아볼 수 있다. 오픈 바버스는 2011년 케닝턴의 작은 미용실에서 트랜스젠더 남성인 그레이고리 바스와 펠릭스 레인이 한 달에 두 번 팝업 미용실을 열며 시작했다. 응당 성별에 상관없이 열려 있어야 할 미용실에서조차 빈번하게 성을 기준으로 재단당해 온 이들은 두렵고 종종 굴욕적이던 자신들의 경험을 바탕으로 이 미용실을 기획했다. 이들은 오픈 바버스를 기점으로 성별 구분과 성 정체성에 대한 논의를 펼치고 싶었다. 세상이 자신들을 어떻게 바라보고, 자신들이 스스로를 어떻게 생각하는지 판단하는 데 머리 모양이 어떤 역할을 하는지에 대해 좀 더 포괄적으로 이해할 수 있는 공간을 만들고 싶었다. 이러한 바람으로 바스와 레인은 점점 숫자가 불어난 스타일리스트 팀과 함께 몇 년 만에 자신들의 미용실을 열었다.

오픈 바버스는 무엇보다도 소속감을 중요하게 여긴다. 쇼어디치 공원 바로 옆에 있는 소방차처럼 빨간 가게에서 바스와 레인을 주축으로 한 그들의 팀은 전통적인 미용실과 이발소에서 오랫동안 시스젠더cisgender†에게 제공한 배려와 존중을 모든 사람에게 제공하는 것을 목표로 삼고 있다. 그 때문인지 이곳은 단순히 머리를 자르는 곳 이상의 의미가 있다. 사람들은 이곳에서 침술과 마사지 같은 치료를 받고, 공동체 관련 모임을 열거나 단순히 어울리고, 책을 읽거나 공부를 하기도 한다. 한마디로 안전하게 시간을 보낼 수 있는 곳이다.

† 출생 시 정해진 성 정체성과 본인
스스로 정체화한 성 정체성이
일치하는 사람

트랜스젠더와 이들을 옹호하는 커뮤니티에 대한 공격이 어느 때보다 빈번하고 폭력적인 시기에 오픈 바버스는 퀴어들이 편안하게 보살핌을 받을 수 있는 곳으로 존재한다. 레인은 최근 《디바》 매거진과 인터뷰하며 이렇게 말했다. "저희는 퀴어와 관련한 논쟁이 첨예하게 대립하는 이 시기를 살아가는 사람들을 위해 이 공간을 마련했습니다. 반드시 퀴어에 대해 이야기하거나 자신의 성 정체성을 밝힐 필요는 없지만, 여러분은 여기에 올 수 있고, 우리는 여러분을 위해 이 공간을 제공하고 지킬 것입니다."

이발이 단순히 머리를 자르는 동작 이상의 행위이고 미용사가 머리를 자르는 사람 이상의 존재인 것처럼, 이발소나 미용실도 기본적인 기능이 시사하는 것 이상으로 많은 사람의 삶에서 중요한 부분을 차지한다. 공동체와 소속감을 다지는 장소. 다정한 공간. 종종 거칠어지는 세상에서 부드러움을 잃지 않는 장소. 끊임없이 거세게 변화하는 시대에도 그 성격을 올곧게 지켜가는 장소. 세상에 이런 장소는 많지 않다.

점점 자동화하고 세분화하는 세상에서 우리의 수많은 만남이 컴퓨터와 인터넷을 통해 이루어지지만, 머리를 자르는 과정은 거의 변하지 않았다는 사실에서 믿을 수 없을 만큼 큰 위안을 얻는다. 우리는 지금도 그늘이나 따뜻한 불 가까이에 앉는다. 여전히 우리의 연약한 살갗 가까이에서 움직이는 날카로운 칼날을 의식하지만, 굳이 말로 옮기지 않더라도 안전하게 보살핌을 받고 있다는 사실을 인식하고 상대를 충분히 신뢰한다.

★

지금 수사나의 가위가 내 머리 주변에서 머뭇거리고 있다. 가운 주름에 잘린 머리카락이 고여 마치 눈 쌓인 산처럼 보인다. 꽃병에 꽃꽂이를 하듯이, 그는 내 머리를 원하는 위치로 부드럽게 기울이며 머리카락을 자른다. 나는 몸의 나머지 부분을 검고 긴 가운 아래에 감춘 채, 순종적으로 이쪽저쪽 흔들리는 머리일 뿐이다.

내가 이렇게 거리낌 없이 신체의 자율성을 포기하는 상황은 거의 없다. 우리는 성장하면서 거울 속 자신의 얼굴을 다른 사람과 구별되는 인간으로 인식하는 법을 배우고, 우리의 몸은 우리 자신의 것이라는 사실을 꽤 합리적이고 올바르게 배운다. 누가 우리를 만지고 조종할 수 있는지 그 권한을 둘러싼 정치는 어렵고 까다로우며 시간이 지남에 따라 더욱 복잡해졌다. 과거에는 '조종하다manipulate'라는 단어가 단순히 (아마도 사람의 머리와 같은) 물체를 능숙하게 다루는 것을 의미했지만, 19세기 이후부터는 사람과 관련해 '은밀하게 영향을 미치거나 착취한다'는 보다 부정적인 의미로 사용되기 시작했다. 그렇다면 현재의 우리는 신체적으로든 다른 방식으로든 우리를 조종하려는 시도에서 나쁜 의도를 더 빨리 알아차리지 않을까? 인간이 신체적 자율성을 억압받아 온 역사, 그리고 인간관계에 상처를 입히는 가시적이거나 비가시

28

적인 폭력에 대한 인식이 높아지면서 우리를 만지고, 움직이고, 조종하는 방식에 대한 신뢰를 잃게 된 것이 아닐까?

좋은 미용사, 우리가 신뢰하는 미용사는 우리의 몸을 조종하도록 허락한 이 세상에 몇 안 되는 사람 중 하나다. 우리는 그들의 선한 의도와 숙련된 기술과 인격을 신뢰한다. 어쩌면 우리는 그들에게서 수 세기 동안 이어져온 보살핌과 치유에 얽힌 관습의 흔적을 볼 수도 있다. 그리고 누군가가 우리를 안전하게 만지고, 움직이고, 위치를 바꿀 수 있는 장소가 있다는 사실은 건강에도 이로운 일이다. 신체 접촉은 혈압을 낮추고, 옥시토신 수치를 증가시키며, 수면의 질을 높인다. 그러나 이보다 중요한 사실은 잠시 자신의 온몸을 다른 사람의 권위에 맡겨 통제하도록 하려면 오늘날에는 급진적으로 느껴질 정도의 신뢰가 필요하다는 점이다. 우리 몸의 뼈와 살 깊숙이 새겨진 이러한 신뢰는 한두 번의 클릭만으로도 스팸 메일, 가짜 뉴스, 소셜 미디어 협잡꾼들에게 조종당할 위험에 처하는 디지털 공간에서 이루어지는 수많은 만남을 지배하는 의심과 냉소, 노골적인 속임수를 피할 수 있는 귀중한 안식처가 된다.

내가 시도했던 것 중에 가장 기억에 남는 헤어스타일은 10년 전 7월의 어느 따뜻한 오후에 혹스턴 광장에서 조금 떨어진 작은 미용실에서 했던 것이다. 캐나다 토론토에 본사를 둔 극장업체인 마멜리언 드라이빙 리플렉스Mammalian Diving Reflex가 주최한 '아이들이 만드는 헤어스타일'이라는 행사의 일환이었다. 참여한 아이들은 가위와 클리퍼 사용법과 염색하는 법부터 손님의 머리에 모양을 내는 법까지, 미용사에게 기초 교육을 받았다. 그리고 주말 동안 임대한 지역 미용실에서 영화관 티켓을 예약하듯 자발적으로 체험을 예약한 손님의 머리를 잘랐다.

나른한 오후 햇살을 헤치고 미용실 쪽으로 걸어가면서, 나는 이 만남이 어떻게 될지 마음속에 이미 선명한 그림을 그리고 있었다. 부주의한 손길에 가위가 헬리콥터 사고처럼 내 머리카락을 난도질하는 광란과 혼돈의 '헤어마겟돈 hairmageddon'이 펼쳐질 것이라고, 일종의 벌을 받는 의식이 될 것이라고 상상하며 마음을 단단히 먹었다. 어린 시절에도 분명히 존재하지만 잘 드러나지 않는 진지함을 망각한 채, 많은 어른이 어린 시절의 일상적 삶의 질감이라고 생각하는 무자비하고 혼란스러운 무정부 상태가 내 머리 위에서 표현될 것이라고 지레짐작한 것이다.

하지만 실제는 달랐다. 어린 미용사는 나를 익숙한 큰 의자에 앉히고 거울을 통해 바라본 뒤 어떤 헤어스타일을 원하는지 물었다. 일을 잘해내기 위해 숙고하는 사람의 사려 깊은 마음이 담긴 태도였다. 그 아이는 나를 보살피려는 사람이었다. 그 순간 나는 신뢰가 부족한 상태로 이 자리에 왔다는 것을 깨달았다. 이발이 잘 마무리될 것이라는 신뢰는커녕 어린 아이가 나를 보살피고 책임질 수 있을 것이라는 신뢰조차 없었던 것이다. 지금 돌이켜보면, '아이들이 만드는 헤어스타일'

행사에서 사실 머리를 자르는 행위는 그다지 중요한 문제가 아니었다. 우리 스스로 누군가를 신뢰할 수 있도록 만들고, 그렇게 함으로써 우리가 그들에게 부여하는 힘에 관해 깨닫도록 하는 과정이었다.

아이가 클리퍼를 정리하면서 내게 가장 잘 어울릴 것 같은 스타일을 결정하는 몇 분 동안, 나는 이상적인 이발의 경험에서 항상 느낄 수 있는 조용한 유예의 상태로 돌아왔다. 절대적 신뢰의 장소. 나는 어느새 일 바르비에레에서 수건 더미 위에 앉아 라디오를 들으며 순종적으로 머리를 앞뒤로 움직이는 아홉 살짜리 아이가 되었다.

🍬

나는 약간 실망감을 느끼며 머리를 자르는 시간이 거의 끝났다는 사실을 알아차린다. 수사나는 납작한 클리퍼로 옆머리를 정돈하고 있다. 클리퍼가 계속 윙윙거리며 내 귀 주변을 조심스럽게 움직인다. 미용실은 거의 비어 있다. 염색약이 정착하길 기다리는 여자 손님 한 명이 반대편에 있을 뿐이다. 수사나는 내 목에 묻은 머리카락을 털어내고, 가운을 여민 집게를 뺀 뒤, 마치 마술 공연 마지막에 속임수를 공개하는 것처럼 가운을 잡아챈다.

이것이 마술이라면 다소 실망스러운 일이다. 새로운 나는 이전의 나와 거의 비슷한 모습이다. 어떤 신비로운 변화도 일어나지 않았다. 로맨틱 코미디 영화 주인공 같은 광채도 없

31

다. 단지 머리끝이 이전보다 조금 깔끔해졌을 뿐이다. 나에게 마법의 순간은 머리 손질을 마친 지금이 아니라 그 이전 시간이었다. 선물처럼 느껴지던 보살핌과 그 보답으로 내가 줄 수 있는 신뢰. 결국 마지막에 중요한 무언가가 다시 설정되었다. 세상과 나를 이어주던 끈이 점차 닳아 없어지다가 다시 예전의 상태를 되찾았다.

　　나는 밖으로 나갔다. 미용실의 부드러운 불빛이 사위를 감싸고 있었고, 길 위의 세상은 조금쯤 격양된 모습이었다.

2장

길 위의 작은 방해

1. 노란 외투를 입은 부인

별일 없는 평범한 화요일 아침, 영국 어느 조용한 동네의 강변에 있는 좁은 길에서 낯선 사람 둘이 마주치려고 한다.

　이를 영화의 한 장면이라고 치자. 여러분이 이 상황을 더 잘 이해할 수 있도록 여기서 잠시 장면을 정지하려고 한다. 나는 겨울 코트를 입었고, 내 앞에는 밝은 노란색 외투를 입은 노부인이 있다. 나는 두 팔을 벌리고 있고, 그 부인은 손을 주머니 깊숙이 찔러 넣고 있다. 나는 내가 지을 수 있는 가장 친근한 표정을 지어 보이지만, 그럼에도 노부인은 내가 왜 자기를 막아섰는지, 내가 누구인지, 자기에게 원하는 것이 무엇인지 확신하지 못한 채 혼란스러운 눈빛으로 나를 바라보고 있다. 번뜩 눈꼬리에 짜증이 묻어난 것 같기도 하고, 아니면 단지 내가 그렇게 상상한 것일 수도 있다. 우리 주변의 세계는 별일 없는 화요일 아침의 방식대로 흘러가고 있다. 인근 학교 학생들은 교실로 급히 뛰어 들어가고 있고, 한 나이 든 남자는 조용히 산책을 하고 있다. 두 명의 유치원 교사는 아이들 무리를 태운 빨간색 수레를 밀고 있다. 백조들은 우아하게 원을 그리며 강 위를 떠다닌다. 1월의 하늘은 시리도록 푸르다.

나는 베드퍼드라는 도시에 있다. 나의 파트너 베키와 지역 초등학생들이 함께 하는 프로젝트의 일환으로, 무작위로 고른 대중과 텔레비전 인터뷰를 진행하고 있다. 우리는 교대로 사람들에게 다가가서 인터뷰에 응할 의사가 있는지 물어보지만, 내 차례가 올 때마다 내면의 어떤 저항에 가로막히는 것을 느낀다. 낯선 사람이 다가오는 것을 봐도 그 사람들과 이야기하고 싶은 마음은 전혀 들지 않는다. 그 만남 때문에 내 몸이 움츠러든다. 마치 다이빙보드 끝에 서 있는 것처럼, 기꺼이 물속으로 뛰어들고 싶지만 가슴과 다리가 갑자기 무거워진다. 내 몸이 중력에 질질 끌려서 안전하고 단단한 땅 위로 되돌아가는 것 같다.

내가 느끼는 감정은 일종의 두려움이다. 뼛속 깊이 자리한 동물적 공포 말이다. 노란 외투를 입은 이 멋진 여인과 이야기를 한다고 가정하는 동시에 원초적으로 불길한 기운을 예감한다. 나는 그 여인이 두려운 것이 아니라, 바로 이 잠재적 상호작용, 만남이 두려운 것이다. 만남에 따르는 어떤 부분이 부정할 수 없이 끔찍하게 여겨진다.

이는 나만 느끼는 감정은 아닐 것이다. 2014년에 한 익명의 단체가 런던의 지하철에서 파란색 작은 배지를 나눠 주고 서로 대화를 나누도록 시민들을 초대했을 때, 시민들은 그 생각을 "흉칙한 발상", "생지옥", 그리고 약간의 농담을 섞어 "사회의 근간을 뒤흔드는 시도"로 묘사하면서 공포 섞인 반응을 보였다. 왜 그랬을까? 낯선 사람들과 대화하는 일의 어떤 점이 이렇게 본능적 불편함을 불러일으키는 것일까? 그렇게 끔찍한 일인가?

한 가지 분명한 사실은 우리 대부분은 낯선 사람과 대화한 경험이 심각하게 부족하다는 점이다. 시카고 대학교의 심리학자 줄리애나 슈로더에 따르면 낯선 사람과 대화하는 일은 워낙 드문 경험이기 때문에, 우리는 실제로 대화를 나누는 것이 대체로 즐거운 일임을 잊는다고 한다. 슈로더와 그의 동료 니컬러스 에플리는 참가자들이 매일 통근하면서 낯선 사람과 말문을 트게 하는 일련의 실험을 진행했다. 이 연구를 통해 슈로더와 에플리는 참가자들이 낯선 사람과 대화하는 일을 부정적인 경험으로 예측한다는 점을 알아챘다. 실제로는 대부분 긍정적인 경험인데도 말이다.

사람들이 앞으로 경험할 상호작용에서 최악의 경우를 상정하는 이유는 낯선 사람이 자신과 나누는 대화에 관심이 없을 것이라고 생각하기 때문이다. 자신의 제안이 거절당할까 봐 걱정하는 것이다. 거리에 있는 모든 사람이 방해받지 않기를 바랄 것이라고 간주하고 말을 걸기를 두려워한다. 만약 그들에게 감히 접근한다면, 어떤 정당한 이유가 있더라도 그들은 공포와 경멸의 시선을 보내올 것이다. 세월이 흐르면서 이 두려움은 공포로 전이되어 서로 대화하지 않는 경향을 강화한다.

우리가 항상 이렇지는 않았다. 예를 들어 중세 영국에서는 베드퍼드처럼 상업 도시의 번화한 거리가 공공 생활의 중심지였을 것이다. 가정집이나 상점, 공방은 인파로 붐비는 거리를 향해 문을 열어두었을 테고, 상인과 장인들은 그곳에서 물건을 팔았을 것이다. 이렇게 관습을 거스르는 다층적인 공간에서 공과 사는 온갖 소동으로 질펀하게 한데 뒤섞여 있었을 것이다. 모두가 술에 취해 떠들어댔을 테고, 음유시인, 약재상, 정육점 주인, 사기꾼, 범죄자, 주정뱅이, 외과 의사, 외판원, 지역 귀족 등 다양한 사람들과 만나는 일은 피할 수 없었을 것이다.

그 이후로 수 세기 동안 지속된 사회적·기술적 변화의 물결, 즉 산업혁명, 분리 영역 이데올로기†, 교외 지역의 성장은 우리가 거리와 맺는 관계나 거리에서 벌어질 만남의 종류에 대한 기대를 변화시켰다. 오늘날 우리는 이전과 매우 다른 방식으로 살며 일한다. 공장과 창고, 사무실은 모두 사적인 실내 공간으로, 그곳에서 일하는 사람들에게 오로지 업무 목적으로만 개방한다. 사람들은 이웃에게 이따금 정중하게 인사하는 것 말고는 일상적 거리의 생활이 거의 없는 주택가나 주거용 건물에 살게 되었다. 지하철과 버스 같은 대중교통 시스

† 여성과 남성이 종속되는 영역을 분리해야 한다는 주장

템 그리고 더 주요하게는 자동차가 광범위하게 대중화되어 사람들이 동네와 도시의 거리를 이용하는 방식은 근본적으로 바뀌었다. 거리의 역할은 뒷전으로 밀려서 단지 환승 경로가 되었고, 사람들이 만나서 어울려야 할 공간은 급격히 줄어들었다.

결국 물건을 사거나 사람들과 어울리는 우리의 습관도 변했다. 다양한 문화가 뒤섞이는 도심에 모이는 대신 더 계층화되고 분화된 장소로 이동했다. 일하거나 쇼핑할 때뿐 아니라 사람들끼리 어울릴 때에도 집 안에 있어야 했던 팬데믹 환경 탓에 이 과정은 더욱 가속화되었다. 한때 사람들을 도심으로 불러들이던 상점들은 휴업을 하거나 셔터를 내렸고, 초기에는 도시 외곽의 쇼핑센터와 상점가로 몰리던 대중은 이제 집을 떠날 필요가 없다는 유혹에 빠져들었다. 이러한 변화 때문에 우리가 주로 살고 일하는 사적 공간과 점점 사라지는 공적 공간이 이전보다 훨씬 더 결정적으로 분리되고 말았다.

우리가 낯선 사람과 대화하는 것을 꺼리는 이유를 알 수 있는 대목이다. 도심을 걸어갈 때, 더는 기대하는 것이 없기 때문이다. 현대적 거리는 이제 행인과 상인으로 붐비지 않는다. 대체로 교통 체계를 위한 공간으로 설계될 뿐이다. 누군가 캠코더를 삼각대에 부착해 세워놓고 짐 가방을 쌓아두어 일시적으로 이 장소를 점령했음을 표시하고 베드퍼드 거리에 서 있으면, 그 사람은 규범에서 벗어난 예외가 된다. 다른 사람들이 움직이는 동안, 혹은 다른 사람들이 그 사람을 지나쳐 다른 방향으로 빠르게 빠져나가는 동안, 그는 가만히 서 있는 유일한 사람이 된다.

사람들이 걷는 일 외에 아무것도 하지 않는 거리에서는 낯선 사람에게 다가가기가 훨씬 더 어렵다. 우리는 걸을 때 주변 사람과 상호작용 하기 위한 공간을 거의 남기지 않는 경향이 있다. 예를 들어 도시 보행자 중 가장 대표적인 산책자, 플라뇌르flâneur†에 대해 생각해 보라. 이들의 가장 중요한 특징은 거리를 둔다는 감각, 즉 초연함이다. 산책자는 도시와 사람들의 물질적 조건을 사적인 팬태즈마고리아 phantasmagoria‡로 경험하는 고독한 관찰자다. 이들은 마치 꿈속에 있는 것처럼 도시를 이동한다. 그러한 산책은, 말 그대로 그리고 비유적으로, 우리를 지금 있는 곳에서 멀어지게 한다. 자신의 내부 궤적의 움직임에 갇히고, 우리는 주변의 낯선 사람들에게서 분리된다.

우리는 여기에 함께 있지만 이와 동시에 함께 있지 않다. 그 어느 때보다 붐비면서도 한편으로는 텅 빈 거리를 통과하면서 오직 자신만을 위한 길을 걷는다. 한 곳에서 다른 곳으로 이동하면서, 우리는 주변 사람들이 나와 아무런 상관이 없다고 가정한다. 무지의 협곡이 나타나 나와 주변 사람들을 분리하고 있다. 노란 외투를 입은 노부인에게 나에 대해 설명할 준비를 할 때 가슴속 날개가 요동치고 목이 조여오는 것을 어떻게 표현할 수 있을까. 무중력 상태에 던져진 것 같은 느

---

† 도시의 거리를 유유자적
걸어 다니는 사람으로 19세기
도시의 풍요을 의미하고
이해하는 존재로 묘사된다.

‡ 마치 꿈에서 보는 것 같은 실제
또는 가상의 연속된 이미지

낌으로 미소를 지으며 눈을 마주치고 입을 벌려 말할 때, 내 몸은 허공에 떠오른다.

2. 허드슨가의 10대 커플

여기 한 장의 흑백사진이 있다. 사진 속에는 한 커플이 벽돌 벽 앞에 서 있다. 가장 먼저 눈에 띈 것은 얼굴이다. 소녀의 얼굴 그리고 소년의 얼굴. 이들의 짙은 머리카락은 단정하고, 내가 읽을 수 없는 표정을 하고 있다. 소년의 눈은 왼쪽을 흘겨보지만, 소녀의 눈은 카메라 렌즈를 똑바로 응시하고 있다. 그들은 아주 어리다. 그 점이 가장 인상적이다. 아기 같은 얼굴에 어른 코트를 걸치고 세련된 신발을 신은 채 허드슨가에 서 있다. 왼쪽에 서 있는 소년은 한 손으로 소녀의 어깨를 부드럽게 감싸면서 손가락으로 소녀의 코트 어깨 부분을 쥐고 있고, 다른 한 손은 코트 주머니에 넣고 있다. 무늬가 있는 드레스를 입은 소녀와 셔츠에 넥타이를 맨 소년. 나는 이들의 이름조차 모른다. 단지 1963년 어느 날 우연히 그 시공간에 있었던 젊은이들일 뿐이다. 이들의 초상은 사진작가 다이앤 아버스가 촬영했다.

〈1963년 뉴욕 허드슨가의 10대 커플Teenage Couple on Hudson Street, N.Y.C. 1963〉은 아버스가 이 시기에 촬영하기 시작한 도시의 젊은 커플 시리즈 중 하나다. 당시 그는 마흔 살이었고, 남편이자 협력자이던 앨런 아버스와 4년째 떨어져 지내고 있었다. 이 시기 동안 다이앤 아버스는 자신을 대표하는 작품을 가장 많이 촬영하면서 사진가로서 창작의 절정에 다다랐다. 상업적인 촬영이 없거나 두 딸을 돌보지 않을 때, 그는 촬영할 대상을 찾기 위해 밤낮없이 강박적으로 도시를 돌아다니며 시간을 보냈다. 그때 그는 센트럴파크를 배회하다가 가족이나 아이들에게 다가가서 개인 소장을 위한 간단한 스냅사진을 찍는 상냥하고 어리숙한 아마추어 사진가처럼 굴었을지도 모른다. 그리고 클럽과 술집을 드나들며 분장실의 스트리퍼와 드래그 퀸의 초상을 촬영하거나, 심지어 벌레스크burlesque† 와 누드 해변을 찾기 위해 뉴저지로 갔을지도 모른다. 때로는 '진흙 쇼mud show'라고 불리는 지저분한 싸구려 서커스에 출연하는 마술사, 수염 난 여자, 난쟁이 등 사회의 변두리에 살면서 일하는 사람들을 지속적으로 촬영하기 위해, 관점에 따라 대상을 기념하는 것으로도, 혹은 착취하는 것으로도 보이는 사진을 얻기 위해 펜실베이니아까지 모험을 떠났을지도 모른다. 이 모든 일에 실패했다면 맨해튼 허드슨강 부두 주변의 노동자계급 구역에 있는 자신의 집 근처를 돌아다녔을지도 모른다.

이 사진을 촬영하기 불과 1년 전, 아버스는 35mm 니콘에서 트윈 렌즈 롤라이플렉스로 카메라를 바꿨다. 중요한 변화였다. 가볍고 다루기 쉬운 니콘으로 세계를 묘사하면서 움직임이 흐릿하고 입자가 거친 거리 사진을 촬영할 수 있었다면, 부피가 크고 다루기 어려운 롤라이플렉스로는 선명하고

---

† 18세기 유럽에서 시작되어 미국에서
　발전한 무대 공연으로, 보통 여성
　연기자가 남성 관객을 대상으로
　슬랩스틱 코미디와 음란한 농담,
　스트립쇼 등을 선보인다.

날카로운 이미지를 얻을 수 있었다. 그 스스로 말했듯이 "사물 사이의 진정한 차이를 볼 수 있게" 된 것이다.

이러한 장비의 변화는 단순히 사진의 질감이 달라지는 데 그치는 것이 아니라, 작가와 촬영 대상인 피사체 사이의 관계가 본질적으로 변화했음을 의미한다. 이전에 그랬던 것처럼 얼굴에 카메라를 대고 빠르게 초점을 맞추는 것이 아니라 롤라이플렉스를 허리 높이에 오게 잡고, 카메라를 내려다보며 이미지를 신중하게 조정해야 했다. 이 기술은 아주 복잡해서 그는 처음에 자신이 이 기술을 익힐 수 없을지도 모른다고 두려워했다. 바쁜 도시의 소용돌이를 뚫고 더는 산책자처럼 움직일 수 없었던 아버스는 그때부터 멈춰 있는 유예의 순간에만 움직였다. 낯선 사람을 마주하고 앞에 서서 촬영을 준비하는 동안 그들과 웃으며 이야기를 나누었고, 사진을 촬영할 때 그들의 눈을 똑바로 바라볼 수 있었다. 거리 사진은 만남이라는 행위로 재창조되었다.

원체 수줍음이 많고 조용한 아버스에게 이는 모든 것을 의미했다. 그는 카메라를 초대장으로, 때로는 지렛대로 사용했다. 카메라는 자신과는 근본적으로 다른 사람들의 삶에 스스로를 들여놓는 수단이었다. 편안하면서 상대적으로 고독한 환경에서 자란 한 여성은 이제 부모의 돈에 의해 고립되었던 자신의 세계 바깥으로 손을 뻗어 세상에 닿기 위해 허우적거리고 있었다. 경험, 만남, 연결을 찾아 거리를 걸었다. 그는 이러한 상호작용을 좋아했으며, 오랜 친구 마빈 이즈리얼에게

이를 "모험"이라고 설명했다. 그는 이후 "다이앤에게 그 사진들은 마치 트로피 같았습니다. 모험을 인정받아 상으로 받은 것이죠"라고 말했다.

그렇다면 〈1963년 뉴욕 허드슨가의 10대 커플〉은 실제로 어떤 사진일까? 표면적으로는 액자 중앙에 있는 두 젊은 이의 초상이지만, 그 순간의 기록이자 만남에 관한 사진이기도 하다. 그것은 사진에는 드러나지 않는 사진가 자신과 그의 삶, 그리고 삶의 여러 분열된 조각이 깃들어 있는 이미지다. 그리고 무엇보다 차이에 관해 이야기하는 사진이다. 나이, 재산, 종교, 세상을 보는 관점 그리고 그 안에서 자신의 위치 등 카메라의 앞과 뒤에 있는 사람을 구분하는 차이에 대한 초상이다. 불편해하면서도 호기심이 어려 있고, 약간 짜증을 내면서도 조금은 즐기는 것 같은 그들의 표정을 보면, 날카롭고 뚜렷하게 포착된 흑백 사진에 그 차이가 드리워 있음을 알 수 있다.

'만남encounter'이라는 단어는 '앞에 있다'라는 의미의 라틴어인 '콘트라contra'에서 유래했다. 원래는 적과의 마주침이나 대립을 의미했다. 옛날에는 마주치는 사람이 대체로 적이었다. 오늘날에도 여전히 우리는 어려움이나 문제와 '맞닥뜨린다고encountering' 표현하며, 이러한 만남이 우리의 욕망이 나아가는 궤적, 즉 바깥세상과의 만남을 방해할 것이라고 생각한다.

이 단어의 역사에는 차이의 개념이 깃들어 있다. 누군가를 만난다는 것은 그 사람을 나와 다른 사고와 경험, 의견을 가진 별개의 존재로 인식하는 것이다. 다른 사람과의 마주침을 만남으로 간주하는 것은 둘 이상의 사람이 마주칠 때에는 항상 차이가 존재하며, 만남은 그 차이를 탐색하려는 시도라는 점을 강조하는 것이다. 이러한 일상적 만남은 우리 주변에 사는 사람들, 즉 아는 사람과 모르는 사람, 나와 비슷한 사람과 그렇지 않은 사람의 삶과 맞닥뜨리는 공간을 만들어낸다.

지금도 그렇지만 도시는 항상 차이의 도가니였다. 차이야말로 도시의 으뜸음이면서 반복되는 후렴구다. 도시는 부와 빈곤이 공존하는 장소이자 권력의 중심지이며 소외와 궁핍의 현장이다. 자본주의가 숨을 몰아쉬며 모든 사람을 자기 쪽으로 끌어당기고, 공간과 기회를 차지하기 위해 경쟁하게 내버려두는 곳이다. 이 모든 사람이 도시의 여러 영역에 존재한다. 도시에는 사무 지구와 산업 지구, 부유한 교외 지역과 정부 보조금을 받는 주택 단지가 있다. 노골적이면서 암시적인 배제의 장소. 그러나 이러한 구획은 절대적인 것이 아니고, 그 사이의 경계는 종종 무너진다. 도시에서는 나와 매우 다른 사람들에게 둘러싸이는 일이 흔하다. 우리가 거리에서 보내는 시간은 아주 짧지만, 거리는 우리가 낯선 사람들과 그들의 타자성을 가장 친밀하게 접할 수 있는 장소로 남아 있다. 우리는 같은 신호등에서 신호를 기다리고 같은 버스를 타려고 줄을 선다. 좁은 인도에서는 서로를 더듬으며 지나간다. 이러한 거리를 탐색하면서 암묵적으로 우리 사이의 차이를 가능하게 된다. 살아 있는 육체의 즉흥적인 안무와 다른 육체와의 때로는 두렵기도 한 만남을 통해 우리 사회의 불평등과 복잡성을 체감하면서 말이다.

이러한 상호작용에는 갈등과 가능성, 두려움과 기쁨이 공존한다. 이 만남은 어느 정도의 불확실성과 취약성을 자발적으로 감수하는 것이며, 연민과 공감이 부족한 세상에서 서로에게 연민을 느끼고 공감할 수 있는 여유를 부드럽게 남겨놓는다. 만남은 기회다. 세상에 대한 우리의 인식에 균열을 내고 새로운 빛이 쏟아져 들어올 가능성을 열어준다. 우리가 동네와 도시의 거리를 떠나면 무엇을 잃게 될까? 낯선 사람들의 삶을 가까이에서 접하는 시간이 줄어들면서 세상과 서로를 이해하는 마음의 한구석을 잃게 되지는 않을까?

다이앤 아버스의 사진은 타협하지 않고 감상에 잠기지도 않는다. 그의 사진은 날카롭게 벼려져 있다. 이 사진들을 해석하기 어려운 이유는 그가 기록한 만남 자체가 종종 어려웠기 때문이다. 사진은 그와 피사체 사이의 넘을 수 없는 간극을 인정한다. "여러분의 피부를 벗고 다른 사람의 피부 속으로 들어가는 것은 불가능합니다." 아버스는 이렇게 말한 적이 있다. "다른 사람의 비극은 여러분의 비극과 같지 않아요."

3. 슈퍼마켓 밖의 남자

슈퍼마켓 밖에 있는 남자와 나는 아마 일주일에 한두 번은 이야기를 나누었던 것 같다. 그런데 최근에 내가 그를 실망시켰을지도 모른다는 느낌을 받았다. 우리는 마주치면 서로 인사를 나눴고, 나는 잔돈이 있을 때면 그에게 기꺼이 건네곤했다. 서로 주먹을 마주치며 인사하고 날씨에 대해 이러쿵저러쿵 장광설을 늘어놓을 때마다 그는 내가 자전거를 묶어두는 쇼핑 카트 옆 은색 난간에 기대 있었다. 우리의 상호작용은 항상 다정하고 친근했지만, 서로 굳이 말하지 않는 부분이 걱정스러웠다. 특권과 불평등. 그 모든 불편한 차이. 우리는 100번은 족히 넘게 서로 안부를 물었지만, 나는 그에게 이름을 물어본 적이 없다. 하지만 나는 거기서 그를 만나기를 기대했고, 그도 나와 같기를 바란다.

런던에서 이런 만남은 흔한 일이 아니다. 보통 이런 만남은 내가 도시를 통과하는 여정 바깥에 있도록 설계되어 있다. 한 장소에서 다른 장소로 마찰 없이 쉽게 이동할 수 있도록 말이다. 부분적으로 이는 불편함과 불확실성이 없는 도시 환경이라는 결과를 위해서 빛과 질서로 도시 공간을 채우려는 건축가와 도시 계획자들의 열정이 있어 가능했다. 낮은 분수와 세련된 공공 미술이 있는 단아한 현대적 광장에는 민간업체의 보안 요원들이 조용히 순찰을 돌고 있다. 경사지게 설계한 휴식 장소와 벤치에는 쐐기 같은 적대적 설치물이 전략적으로 배치되어 풋잠을 자거나 오래 모여 있기를 원하는 사람들 무리를 공격적으로 차단한다. 자동차를 운전하는 대중은 도심에서 벗어나서 자동차 운전자만을 위한 상점가와 교외의 쇼핑 아케이드로 이동한다.

이 모든 것은 사람들이 도시를 이동하는 방식에 제약을 두고 그곳에서 마주칠 수 있는 만남을 제한하기 위해서 고안된 장치다. 나는 이론적으로는 이런 종류의 사회공학에 분개하지만, 날씨가 화창한 토요일이면 이 단순함에서 오는 아름다움에 유혹되지 않을 도리가 없다. 분수에서 노는 아이들, 깔끔한 선과 각 잡힌 모서리, 곳곳의 유리와 대리석, 마치 예술가가 그린 도시처럼 모든 것이 완벽하다. 난잡하지도 무질서하지도 않아 따뜻한 바람에 몸을 맡기고 돌아다닐 때 나를 불편하게 하거나 방해하는 요소가 없다. 이것이 그들이 우리를 통제하는 방법이다.

하지만 이 모든 것을 도시설계 탓으로 돌리는 것은 지나치게 안이한 태도다. 나는 나만의 방식으로 원치 않는 상호작용을 피해 도시를 떠다닐 수 있다. 20년 넘는 세월 동안 나는 머리에 온갖 종류의 헤드폰을 쓰고 귓가에 음악을 흘리면서 동네와 도시를 돌아다녔다. 내 주변의 모든 것은 보이지 않는 오케스트라의 홍수 속에 가라앉았다.

1979년에 첫 번째 소니 워크맨이 출시되었고, 첫 두 달 동안 5만 대가 팔리며 순식간에 인기를 끌었다. 이는 소니가 "헤드폰 문화"라고 묘사한 사람과 주변 환경의 관계에 대한 패러다임의 변화를 의미했다. 나중에 발명된 것들, 특히 2001년에 처음 나온 아이팟처럼 들고 있다는 사실을 잊어버릴 정도로 아주 작은 장치로 방대하고 사적인 소리의 세계에 접속하는 문화는 점점 정교해지고 보편화되었다. 《뉴요커》에 보고된 2014년의 조사에 따르면 18세에서 34세 사이의 성인 중 53%가 헤드폰을 세 개 이상 가지고 있었고, 조사 대상자의 73%는 "다른 사람들과 상호작용을 피하기 위해" 헤드폰을 쓴다고 인정했다.

나는 살면서 걸은 모든 동네와 도시를 음악으로 그려낼 수 있다. 10대 후반의 내가 잿빛 에든버러 거리를 걷는 내내 우울한 새소리처럼 구슬프게 휘파람을 불던 벨 앤 세바스찬, 얼룩진 햇빛 속에서 밴쿠버의 스탠리 공원을 자유롭게 돌아다니던 스물한 살의 나를 마치 행진 밴드처럼 따라다니던 더 내셔널의 '복서Boxer', 브리스틀 항구의 조약돌 길바닥에서 솟아올라 낡은 화물 창고에서 전기가 퍽 하고 터지는 듯한 파열음을 내며 알루미늄 냄새로 대기를 채우는 것 같던 데스 그립스, 지난해에 처음으로 노스 런던의 조용한 거리를 걸으며 퍼레이드의 대형 풍선처럼 마음이 부풀어 오르는 느낌을 경험하게 한 에인절 올슨의 '라크Lark'. 하지만 이 모든 공간은 환상이다. 나 혼자 경험하고 기억하는 것이다. 나는 사람들과 그 장소를 실제로 구성한 상황 위에 이 음악들을 겹겹이 쌓아올렸고, 이 과정에서 당시 상황에 대한 기억은 지워졌다.

이와 동시에 이 음악을 내 머릿속에 주입하는 헤드폰

은 사생활을 지키려는 나의 욕망을 세상에 명확하게 보여주는 역할을 한다. 《뉴요커》의 조사에 참여한 모든 사람이 알고 있었듯이, 밖에서 헤드폰을 쓰는 것은 "방해하지 마세요"라는 표식을 귀에 걸어두는 것과 같다. 헤드폰이 실제로 주변 세상을 차단하지 못하더라도, 헤드폰을 쓴 사람은 짐짓 듣지 못했거나 무슨 일이 일어나고 있는지 알아차리지 못한 척 연기할 수 있다. 헤드폰은 관여하고 싶지 않은 것을 무시할 수 있게 해주는 일종의 면허다.

공공장소를 이용하는 많은 사람이 이런 방식으로라도 사생활을 지키려고 하는 것은 평소에 공공장소에서 맞닥뜨려 온 적개심이나 괴롭힘에 대한 정당한 대응이다. 또 원치 않는 관심을 차단하는 편리한 방법이기도 하다. 실제로 여자에게 이어폰을 빼달라고 부탁하는 남자는 인터넷에서 타인의 경계를 존중하지 않는 오만한 남자를 상징하는 일종의 농담이 되었다. 그러나 헤드폰은 절실히 필요한 피난처가 될 수 있는 반면에, 다른 여러 종류의 만남으로부터 스스로를 단절하는 도구가 되기도 한다. 헤드폰은 편안하고 부드럽게 몸을 감싸주는 담요와도 같은 보호막이 되어 공공 공간 속에서 사적 공간을 확보해 낸다.

내가 헤드폰으로 얻은 면허로 정당하게 무시할 수 있게 된 만남 중 하나는 구걸이다. 런던에는 구걸하는 사람이 많다. 상위 10%가 부의 50%를 소유하고, 인구의 4분의 1 이상이 빈곤선 아래에 해당하는 도시에서 이는 놀라운 일이 아니다. 인구 52명 중 한 명이 노숙자인 도시. 이제 대부분의 사람들은 길을 안내해 주고 시간을 알려주며, 비상시에는 누군가에게 전화할 수도 있는 수단인 휴대폰을 가지고 있다. 따라서 낯선 사람에게 다가가 도움을 청할 일은 거의 없다. 런던에서 누군가가 당신에게 말을 건다면 아마도 십중팔구 잔돈을 청하는 경우일 것이다.

잘 발달한 복지국가가 아니었던 과거의 신정국가와 봉건사회에서 구걸은 중요한 사회적 기능이자 가난한 사람이 부유하고 힘 있는 사람에게 그들의 의무를 상기시키기 위해 쓸 수 있는 유용한 전략 중 하나였다. 구걸에는 특별한 도덕적 낙인이 찍히지 않았지만, 기부하지 않는 것에는 확실한 도덕적 낙인이 찍혔다. 그러나 자립과 개인적 책임에 가치를 두는 자본주의사회가 된 오늘날에는 그 반대다. 우리는 구걸하는 행위에 일종의 수치심을 부여했고, 그 결과 빈곤층이 생존을 위해 시도하는 길거리 경제활동의 목록에서 구걸은 마약거래나 절도 같은 범죄보다도 낮은 위치에 자리하게 되었다.

구걸은 사람들을 매우 불편하게 만든다. 그런데 구걸의 진정성에 대한 집요하고 격렬한 논쟁은 이러한 불편함을 구걸하는 사람에게 투영한다. 구걸하는 사람을 도덕적 주체로 놓고 행인들을 이용당할 준비가 된 수동적이고 무고한 사람, 즉 호구로 만들려는 시도 중 하나다. 그러나 구걸하는 사람의 정당성을 초조하게 느끼는 감정은 이 만남에서 실제로 일어나고 있는 일에 비하면 부차적인 것이다. 우리가 느끼는 불편함의 근원은 훨씬 더 깊다.

구걸은 눈빛이 잠깐 마주치고 몇 마디 중얼거리는 듯한 말이 오가는, 그 어떤 만남보다 조용하고 짧은 만남이다. 그런데도 이 만남의 의미는 새하얗고 뜨겁게 빛난다. 물집이 잡히고 화끈거릴 정도다. 구걸하는 사람은 계속해서 거절당할 위험을 감수해야 하고, 도움을 요청받은 사람은 우리 사회의 시스템이 자신의 문제가 아니라고 생각하게 만드는 균열을 인정하게 되는 만남인 것이다. 구걸은 견디기 힘든 죄악을 인정하라고 요구한다. 그렇게 해야만 우리가 살아가는 도시에서 중요한 차이와 만날 수 있기 때문이다.

차이를 인정하는 것은 어마어마한 일이므로 어려울 수 있다. 그렇다면 어떻게 도울 수 있을까? 어느 정도의 도움이면 충분할까? 사람들이 더 이상 동네 슈퍼마켓 밖에서 낯선 사람에게 잔돈을 구걸하지 않아도 되도록 우리 사회의 근본적인 불평등을 해소하려면 개인적으로 무엇을 할 수 있을까? 내가 자주 그러는 것처럼 외면하고 싶은 유혹도 있을 것이다. 그 순간에 부적절한 판단을 내릴까 봐 어떤 종류의 도덕적 판단도 내리지 않으려 하는 것이다.

하지만 다이앤 아버스의 사진에서 알 수 있듯이, 우리를 서로 갈라놓는 것을 마주하고 인정하는 태도는 우리가 그 차이를 해소할 수 있다고 가정하는 태도와는 다르다. 때로는 이러한 균열을 목격하는 것만으로도 충분하다. 작가 힐턴 알스의 표현을 빌리자면 다이앤 아버스는 세상을 온전히 보고 싶어 했다. 바꿀 수 없는 관계의 단절을 직시하고 받아들이고 싶어 했다. 우리 주변에서 맞닥뜨리는 사회문제를 해결하기 위해 우리가 해야 할 일이 많지만, 일상적으로 사람을 마주치는 순간에 그 모든 일을 할 수는 없다. 때로는 차이를 인정하고 그 안에서 연결 지점을 찾는 것만으로도 충분하다. 적어도 불편함을 인식하고, 그 불편함을 즉시 해소할 수 없다는 사실은 인지할 필요가 있는 것이다.

슈퍼마켓 밖에 있던 그 남자는 다시 거기 있는 것 같지만 요즘은 거의 마주치지 않는다. 팬데믹 때문에 익숙하던 일상과 멀어진 후에, 나는 아직 일상에 적응하지 못했다. 아마 앞으로도 완전히 적응하지는 못할 것이다. 요즘은 슈퍼마켓에 자주 가지 않고 갈 때에도 지갑 없이 가서 휴대폰으로 식료품값을 계산하기 때문에, 그와 눈을 마주치면 부끄럽게도 아무것도 줄 것이 없다는 사실에 미안해해야만 한다. 최근에는 내가 아예 그를 피하고 있음을 깨달았다. 나는 그가 눈치채지 못하게 슬쩍 지나쳤다. 오늘은 도울 수 없다는 것을 표시하기 위해서 헤드폰을 귀에 단단히 고정한 채 고개를 끄덕이면서 성의 없는 몸짓으로 스쳐 가는 것은 아주 쉬운 일이다. '오늘은 아무것도 없어요, 미안해요.' 바빠서 어쩔 수 없다고 나 자신을 안심시키고 개인적인 걱정거리나 다른 것에 몰두해서 타인의 방해에 신경 쓸 겨를이 없다고 세상을 향해 온몸으로 말할 것이다.

4. 계집애 같은 놈

난도 메시아스는 런던에 사는 퍼포먼스 예술가다. 그는 검은 머리에 가냘픈 몸과 섬세한 외모를 지녔다. 절제된 우아함을 유지한 채 마치 새처럼 긴 팔다리를 허공에서 움직이며 예쁜 패턴을 그린다. 난도의 공연에는 넋을 잃게 만드는 화려함과 섬세하게 조각한 유리잔 같은 우아함이 있다.

내가 난도의 공연을 처음 본 곳은 웨스트 런던에 있는 펍 위층에서 운영하는 손바닥만 한 비좁은 극장이었다. 그는 하얗고 짧은 모피 코트에 하트 모양 빨간 선글라스를 낀 모습으로 아무것도 없는 검은 무대에 등장해서 5분짜리 카바레 작품 〈걸어 다니는 실패Walking Failure〉를 선보였다. 이름 없는 젊은이에 대한 폭력적인 동성애 혐오 공격을 반추하는 문화 이론가 주디스 버틀러의 녹음된 목소리를 립싱크 하는 작품이었다. 주디스 버틀러가 그 젊은이의 화려한 걸음걸이, 엉덩이의 움직임 그리고 그 때문에 그가 살던 작은 동네의 다른 소년들 손에 죽음을 맞은 과정을 묘사할 때마다 난도는 그 단어 하나하나를 자신의 온몸으로 감싸 안았다. 버틀러가 묻는다. "왜 걷는 방식 때문에 한 인간이 죽어야 할까? 왜 다른 소년들은 그 걸음걸이에 화를 내고, 그를 부정하고, 그의 흔적을 없애려 하고, 무슨 일이 있어도 그 걸음걸이를 바꾸게 해야 한다고 느꼈을까?" 난도가 무대를 활보하는 동안 "그 걸음을 멈추어라, 그 걸음을 멈추어라, 그 걸음을 멈추어라"

라는 버틀러의 말이 반복되었고, 그 질문은 무대에 매달린 채 연약하면서도 전복적인 힘으로 동작 하나하나를 빛나게 하고 있었다.

이 짧은 공연은 난도가 고향 런던의 화이트채플에 있는 한 극장에서 집으로 걸어가는 동안 경험한 동성애 혐오 공격에 직접 대응하기 위해 기획했다. 8명의 청년이 난도를 바닥에 밀치고 주먹질과 발길질을 해댔다. 난도는 "집에 돌아와 보니 무릎에 멍이 들고 내 자존심도 멍들어 있었다"라고 썼다. "찢어진 베일과 닳아빠진 클러치 백을 쓰레기통에 버렸다. 그러나 내 분노는 버리지 않았다."

공연하는 내내 난도의 흰 모피 코트에는 붉은 헬륨 풍선이 여러 개 매달려 있었다. 난도가 무대에서 뽐내듯이 걸어가는 동안, 그의 발걸음은 공중에 떠 있는 풍선의 중력을 거스르는 힘에 매달린 채 매혹적인 발레 동작처럼 가볍게 튀어 오르고 흔들렸다. 짧은 작품이 절정에 이르자 난도는 스테이플 총을 꺼내 풍선을 차례로 터뜨렸다. 하나씩 터질 때마다 풍선이 터지는 소리가 작은 공연장을 채웠고, 이윽고 다 터지자 조명이 꺼지며 난도는 바닥에 떨어지듯 쓰러졌다. 우리는 그 침묵의 웅덩이에 함께 앉아 있었다. 마침내 누군가 박수를 치기 시작했다.

〈걸어 다니는 실패〉는 우리가 어느 도시의 거리에서건 마주치는 차이가 모든 사람에게 똑같이 적용되는 것은 아니라는 사실을 상기시킨다. 어느 사회든 일반적이지 않은 사람으로 낙인찍혀서 언제 가혹한 폭력과 배제의 대상이 될지 모른다는 두려움 속에서 차별을 겪는 사람들이 있다.

작가 세라 아메드는 『낯선 만남Strange Encounters: Embodied Others in Post-Coloniality』에서 친척, 이웃, 공동체의 다른 구성원 등 우리가 잘 알지 못해도 낯선 사람으로 여기지 않는 사람들과 우리가 낯설다고 인식하는 사람을 구분 짓는다. 아메드가 묘사한 것처럼 누군가를 낯선 사람으로 인식하는 것은 능동적인 과정이다. 단순히 누군가를 익숙한 사람으로 인식하지 못하는 것이 아니라 낯설고 일반적이지 않은 사람, 즉 나와 다른 사람으로 인식하는 것이다. 이런 의미에서 다름은 실재하는 것이 아니다. 오히려 그것은 끝없이 재생산되는 과정에 있다. 우리는 피부색이나 걸음걸이 등 타인의 신체에서 나와 다른 부분을 읽어냄으로써 낯선 사람을 인식하고, 나와 다르다고 낙인찍은 사람들을 배제하거나 추방함으로써 공동체를 구성하고 소속감을 형성한다.

도시의 거리에서 이 과정은 가장 구체적인 형태를 띤다. 깨진 유리 조각처럼 거리에 나뒹구는 작은 만남을 통해 매일 일어나는 일이다. 수상한 눈길, 혀 차는 소리, 눈알 굴리기, 웅얼거리는 비난, 농담, 모욕은 폭언과 신체적 폭력으로 확장된다. 아메드는 자신의 책에서 "경계를 강화하려면 누군가가 선을 넘어야, 아주 가까이 다가와야 한다"라고 썼다.

도시의 거리에서 어느 편에 속할 것인가 하는 문제는 다양한 방식으로 드러난다. 소외된 신체를 향한 폭력과 학대가

한 축이다. 또 다른 한 축은 성적 발언, 도발하는 몸짓, 경적, 늑대 울음소리 같은 휘파람, 상대를 불편하게 하고 모욕감을 주려는 의도로 원치 않는 '칭찬'을 다트처럼 허공에 던져서 여성을 괴롭히는 행위다. 이것 역시 일종의 표식이자 배제의 또 다른 방식이다. 도시가 발전하고 공적영역과 사적영역이 분리되면서 가부장제 사회에서 여성은 점점 더 사적이고 가정적인 영역에 국한되고, 공공 공간은 남성적인 것으로 코드화되는 현상이 나타났다. 길거리에서 괴롭히는 행위는 이러한 구시대적 분리를 유지하려는 시도다. 남성 동료를 찾거나 남성의 욕망을 충족하기 위한 경우가 아니라면, 여성은 거리에 속할 권리가 없다고 주장하는 것이다.

　　이성애자 백인 남성인 내가 도시의 거리에서 낯선 사람을 만날 놀라운 가능성에 대해 글을 쓰는 것은 쉬운 일이다. 영국과 캐나다에서 살았던 도시에서 나는 차이 때문에 차별받지 않았고, 공공장소에 머물 권리에 대해 의문을 제기받은 적 없는 특권을 누렸다. 나는 공공장소를 걷는 경험의 대부분이 폭력과 괴롭힘이라는 실제적 위협을 동반하는 것이 어떤 느낌인지, 그리고 이것이 공공장소에서 만나는 사람들과 맺는 관계에 어떤 영향을 미치는지에 대해 제한적으로만 이해할 뿐이다. 하지만 단지 걷는 방식 때문에 누군가에게 당한 폭력을 재현하는 난도 메시아스를 보거나 내가 사는 도시의 거리에서 벌어진 또 다른 인종차별과 젠더 폭력 사건에 따르는 슬픔과 분노에 공감하는 것, 또는 도시를 걷는 경험을 나와 매우 다르게 느끼는 내 파트너가 겪는 무수한 일상적 괴롭힘을 목격하는 것만으로도 우리가 아직 도시에 대해 평등한 권리를 공유하지 못하고 있음을 인식할 수 있다.

공공장소에 대한 많은 사람의 경험을 저해하는 차별에 대한 근원적인 해법은 거리 너머에서 찾아야 한다. 우리 사회를 분열시키는 더 큰 편견과 불평등 문제를 해결하기 위한 시도를 통해서 말이다. 하지만 거리에서도 할 수 있는 일이 있고, 이 일은 사실 이미 이루어지고 있다. 우리 모두는 거리에서 주변 사람들과 일상적 상호작용을 하며 누군가는 이상한 사람으로 치부되고 누군가는 이웃으로 인정받는 상황을 변화시킬 수 있다. 공공장소에서 흔히 경험하는 갈등과 충돌의 눈보라 속에서도 새로운 연결 고리를 찾을 수 있다. 만남의 순간에 우리는 서로의 차이가 가진 복잡성을 더 잘 이해할 수 있고, 차이에도 불구하고, 혹은 바로 그 차이 덕분에 관계를 지속하며 서로 받아들일 수 있는 지점을 찾게 된다. 공공장소에서 점점 더 희귀해지는 이러한 종류의 만남을 만드는 일에는 누구나 동참할 수 있다.

웨스트 런던의 작은 공간에서 공연하는 난도 메시아스를 처음 본 지 3년 후, 나는 도시 반대편에 있는 훨씬 더 크고 웅장한 극장에서 공연하는 그를 다시 보았다. 이번에도 작품의 중심에는 그가 경험한 폭행이 남긴 트라우마가 있었다. 공연은 극장에서 시작되었는데 난도는 거의 벌거벗은 채 조명빛의 웅덩이 속에 있었고, 턱시도를 입은 무표정한 남성들이 그림자 속에서 위협적으로 서성이고 있었다. 하지만 2막이 되자 관객은 객석에서 일어나 극장 바깥 뒤편의 조약돌이 깔린 골목길로 향하도록 안내되었다. 남자들은 행진 밴드가 되었고 관객은 퍼레이드 행렬을 이루었다. 우리는 모두 난도의 뒤를 따라 폭행 사건이 일어난 바로 그 지점을 지나 행진했고, 스스로 '가시성의 과잉된 전시'라고 설명한 하늘색 연회 가운과 모피 코트, 빨간 하이힐, 밝은색 풍선 장식으로 꾸민 그는 거리에서 자신의 자리를 되찾았다.

　　인근 광장에 모여 난도와 턱시도를 입은 행진 밴드가 사건을 대사 없는 뮤지컬 발레로 재현하는 동안 구경꾼들은 혼란과 경악을 금치 못했고, 몇몇은 버스 2층에서 우리를 유심히 구경했다. 사적인 공포를 공적인 구경거리로 재창조하는 비극적 희극이었다. 이 모임은 난도의 멋진 괴상함을 지우지 않고 오히려 적극적으로 옹호했다. 또 지역사회의 감상적 비념을 조장하면서 그가 경험한 폭력을 덮어버리지 않았다. 공연은 여전히 멍들고 상처투성이였지만, 그 고통을 뚫고 연결과 교감을 향한 길을 모색하고 있었다. 그렇게 함으로써 그 만남은 거리와 밤, 도시 자체를 되찾는 회복의 몸짓이 되었다. 그 만남은 모든 것이 될 수 있었고, 언젠가 우리의 현실이 될 수 있을지도 모른다.

요즘 도시는 워낙 거대하고 도시 안의 사람들은 분리되어 있어서 모든 것이 동시에 정지하는 일은 거의 일어나지 않는다. 하지만 날씨는 그런 일 중 하나다. 날씨 때문에 교통이 혼잡해지거나 완전히 멈출 수 있고, 공공건물이 폐쇄될 수도 있다. 사람들이 서둘러 피신하거나 거리로 쏟아져 나올 수도 있다. 온갖 장애물이 도사리고 있는 오늘날의 세상에서도 예기치 않은 기상 현상이 갑작스럽게 들이닥치는 장면은 여전히 장관이다. 이러한 경험은 우리가 주변 도시 환경과 맺은 관계를 잠깐이나마 변화시킨다.

존 업다이크는 단편 「봄비Spring Rain」에서 뉴욕의 폭풍우를 움직임과 색의 소용돌이로 묘사한다. 건물 복도 틈새로 새어 들어온 물은 차양 가장자리를 타고 흘러내리다가 지붕 홈통으로 소용돌이치며 빠져나간다. 이 소란 속에서 사람들은 비를 피할 수 있는 시설로 달려가고 도시는 피난처의 조각이 얼기설기 엮인 "젖은 옷감 사이로 헤엄치는 젖지 않은 무리의 유동적 집합체"로 변한다.

업다이크가 묘사한 대로 폭풍우의 매력적인 점은 "도시를 그 자체로 절묘하게 압축"하면서 한 공간의 지형을 바꾸어놓는다는 것이다. 그것은 사물을 단순하게 만든다. 일반적인 상황에서 분주한 거리는 여정과 목적지의 만화경이며, 다양한 현실이 걸어 다니는 공간 위를 서로 지나치면서 다투는 곳이다. 하지만 폭풍우 속에서는 비와 피난처를 찾는 욕구만이 있을 뿐이다. 폭풍우는 도시를 낯설게 만들면서 타인에 대한 우리의 선입견을 일시적으로 뒤집어놓을 수 있는 잠재력을 갖는다. 이를 통해 우리는 서로 모순되는 욕구를 지닌 개인들의 집합체에서 비를 피할 피난처를 찾는 공동체로 바뀔수 있다.

지붕이 있는 쇼핑몰 입구나 카페 차양 아래에 서서 하늘에서 떨어지는 비를 보면 무척 상쾌하다. 우리는 안전한 피난처에 나란히 서서 세차게 내리는 비를 바라보며, 날씨에 제때 대비하지 못한 불운한 사람들이 마른 티셔츠 귀퉁이에 안경을 닦고 젖은 머리를 흔들며 물을 털어내는 모습을 보며 동정한다. 날씨 때문에 낯선 사람들 사이의 관계는 다시 조정된다. 폭우를 피하려는 공통의 필요 때문에 의견 차이는 잠시나마 사라진다.

이러한 일시적 피난처 바깥에는 빗속에서 모험을 무릅쓰는 소수의 용감한 사람들 사이의 또 다른 연대가 존재한다. 그들은 웅덩이를 지나가면서 우산 아래에서 혹은 우비에 달린 모자를 단단하게 조여 쓴 채 반항적으로 고개를 끄덕이거나 비아냥거리는 미소를 짓는다. 아이들은 첨벙거리고 개들은 오들거리며 행인들은 폭우 속에서 어깨를 으쓱한다.

일반적인 만남의 규칙이 유예되는 것은 아주 잠깐일 뿐이다. 비는 지나가고 사람들은 빠르게 흩어진다.「봄비」에서 업다이크는 "출입로와 지붕 처마 아래에 모여 있던 군중은 마른 콩처럼 산산이 흩어졌다"라고 묘사한다. 이런 종류의 날씨는 보통 몇 분 만에 잦아들기 때문에 그 속에서 가질 수 있는 만남은 지극히 짧고 제한적이다. 함께 겪는 곤경을 인정하고 아주 열악한 환경에 놓여 있다는 사실을 서로 위로하는 만남 말이다.

그러나 어떤 날씨는 더 오래 지속되고, 이 덕분에 다른 종류의 만남이 만들어지기도 한다. 뉴욕에서는 1896년부터 가장 더운 여름날에 콘크리트의 뜨거운 열기를 식히기 위해 소화전 뚜껑을 연다. 이는 어느 정도 묵인된 이벤트로 도시의 거리는 일시적으로 정상 운영을 멈춘다. 예를 들어 스파이크 리의 영화 〈똑바로 살아라〉에서 소화전 뚜껑이 열리면, 영화를 촬영한 베드스터이 거리에서는 곧 휩싸일 치열함 사이에 일시적 유예가 생겨난다. 두 젊은이는 찌그러진 깡통으로 물줄기를 막아서 일종의 분수대를 만들고, 사람들은 그 아래에 모여서 웃고 장난치며 옷을 흠뻑 적신다. 사람들이 즐기기 위해 거리로 뛰쳐나오면 폭염으로 끓어오르던 긴장감은 잠깐이나마 사그라든다.

런던의 폭염은 상대적으로 드물고 덜 혹독한 경향이 있다. 더운 날이면 도시의 여러 공원에 사람들이 몰리지만 뉴욕처럼 거리를 점령하지는 않는다. 그 대신 런던 사람들은 항상 눈에 끌린다.

소빙하기로 알려진 약 1650년에서 1850년 사이의 기간 동안 템스강은 정기적으로 얼어붙었고, 런던 사람들은 계층을 막론하고 얼음 위로 쏟아져 나와 스케이트를 즐겼다. 그들은 그것을 번화한 대도시에 새롭게 생긴 임시 유원지, '얼음 왕국 거리'라고 불렀다. 사람들은 온갖 음식과 음료를 파는 부스를 세웠다. 축제용 구경거리가 들어섰고 기둥에 붙은 보트가 원을 그리며 빙글빙글 도는 조잡한 회전목마도 생겼다. 심지어 찰스 2세가 이 얼음 박람회를 방문하기 위해 얼음 위에서 모험을 감행하는 모습이 목격되었다. 아브라함 혼디위스가 그린 1677년의 〈얼어붙은 템스강The Frozen Thames〉에는 북극의 툰드라처럼 변한 강의 거대한 얼음 덩어리 위에서 즐겁게 뒤뚱거리는 사람들이 아주 작게 담겨 있다. 멀리 보이는 런던 브리지와 서더크 대성당 같은 도시의 일반적인 구경거리들은 조용히 자신의 차례를 기다리고 있었다. 그러나 지금 우리는 다른 세상에 있다.

　날씨가 따뜻해지면서 런던에는 눈이 점점 적게 오는 경향이 있다. 나는 런던에서 15년 넘게 살았는데, 소리를 내며 작동하던 도시의 무자비한 부품들이 멈출 정도로 눈다운 눈이 온 날은 고작 한 손에 꼽을 정도였다고 기억한다. 지하철이 운행을 멈추고 거리에 버스와 자동차가 없는 날. 마치 햇빛에 널어놓은 침대 시트처럼 공원이 찬란한 흰색으로 반짝이는 날. 우리가 서로, 그리고 주변 세계와 관계를 맺는 방식을 규정하던 기존의 규칙이 아니라 새로운 규칙을 상상할 수 있을 만큼 많은 눈이 내려 모든 것이 잠시 유예된 날.

　2019년 2월 1일 밤, 나는 이스트 런던의 한 아파트에서 친구들과 함께 와인을 마시며 다음 날 일찍 일어날 일이 없을 때나 가능한 방식으로 시간을 보내고 있었다. 우리가 눈이 내리고 있다는 사실을 알아차린 것은 자정이 넘은 때였다. 런던에서 보통 내리는 가늘고 감흥 없는 싸라기 눈이 아니라, 시스템 오류로 흰 주먹이 하늘에서 떨어지는 것 같은 폭설이었다. 우리는 외투를 걸치고 거리로 뛰어나갔다.

지저분한 번화가에는 이미 눈이 10센티미터 넘게 쌓여 있었다. 여전히 눈이 내리고 있었고 도시는 누군가 이불로 덮어놓은 것처럼 포근하고 묵직하게 느껴졌다. 버스와 택시들은 질퍽한 회색 눈 위를 살금살금 지나갔고, 킹스랜드 로드와 리치먼드 로드의 교차로에는 동네 10대들과 술에 취한 클럽 손님과 집으로 걸어가다가 우연히 동참한 행인 등 대도시의 거리에서 이른 새벽에 마주칠 법한 사람들이 모여서 눈싸움을 하고 있었다. 흩날리는 눈발 속에서 코트와 모자로 꽁꽁 싸맨 사람들은 누가 누구인지 알아보기 어려웠다. 눈싸움이 절정에 이르자 25명 정도의 사람들은 부채꼴 모양으로 길 양쪽에 몰려나와 주차된 차들을 바리케이드 삼아 빨갛게 언 맨손으로 깨끗한 눈을 뭉치고 있었다. 지나가던 버스에서 내린 사람들도 즉시 그 싸움에 가담했다. 차를 몰고 온 사람들은 속도를 줄이고 지나가면서 뒤 유리창을 열고 눈덩이를 던졌다.

의심할 여지 없이 내가 가세한 최고의 눈싸움이자 오랫동안 기억에 남을 축제였다. 관현악단이 연주하는 오리지널 배경음악이 있어야 할 눈싸움. 히스토리 채널에서 특별 편성해야 할 눈싸움. 놀이로 시작된 눈싸움은 후반전이 되자 행복이 넘치는 단체 무용 공연이 되었다. 우리는 정상적으로 기능하던 세상에 뚫린 구멍으로 기꺼이 온몸을 던졌다. 템스강은 더 이상 얼지 않을지도 모르지만, 적어도 하룻밤 동안 얼음 왕국이 다시 찾아왔다. 도시는 떨면서 멈췄고 우리는 모두 얼음 위에서 스케이트를 탔다. 다양한 종류의 놀이가 아찔한 눈사태처럼 쏟아지면서 우리의 차이는 잊었다.

나는 그 지저분한 번화가를 걸을 때마다 그날 밤을 생각한다. 눈싸움은 어떤 미묘한 방식으로 나와 그 거리 전체, 그리고 나와 내가 거기서 본 모든 사람의 관계를 변화시켰다. 그들 한 명 한 명은 어제도 오늘도 그리고 내일도 잠재적인 눈싸움 선수다. 그 길을 지날 때마다 발걸음을 가볍게 한다. 언제라도 다시 눈싸움이 시작될 수 있기 때문이다.

6. 자전거를 타는 아이들

영국의 작은 동네 세인트헬렌스에는 매일 밤 한 무리의 10대 청소년들이 동네 중심가에서 자전거를 타고 돌아다닌다. 달리 할 일이 없기 때문에 자전거를 타는 것이다. 많은 가게가 문을 닫았다. 청소년 센터는 사실 없는 것이나 마찬가지다. 마음 편히 차지할 공간이 없기 때문에 그들은 끝없이 원을 그리며 계속 움직인다. 다가가고 싶어도 그러기 쉽지 않다. 그들이 자전거를 타고 있기 때문이다. 이 공간을 이동하는 많은 사람이 그들에게 위협을 느끼지만, 그것은 10대 아이들의 문제가 아니다.

아이들에게 그들이 사는 동네와 도시의 어떤 부분을 개선하고 싶은지 물어보라. 내 경험에 따르면 아이들은 보통 놀 수 있는 더 많은 공간을 원한다. 2021년에 나와 파트너 베키는 세인트헬렌스에서 150여 명의 초등학생과 함께 어른들이 눈으로 보고 이해할 수 있도록 아이들의 시선으로 본 동네 가이드북을 만들었다. 이 '세인트헬렌스 책'을 만드는 동안 나는 아이들에게 지금 살고 있는 거리에 어떤 변화를 주고 싶은지 물었고, 놀 곳이 더 많이 필요하다는 대답을 수도 없이 들었다.

그들은 어드벤처 놀이공원을 상상했다. 타이어 그네가 있는 정교한 구조물, 바닥에 설치한 작은 트램펄린, 터널 미끄럼틀, 클라이밍 그물. 그들은 우리에게 암벽등반과 페인트볼 숲에 대해 알려주었다. 1년 내내 진흙탕이 되는 날이 없으며 골대에 그물이 달려서 골을 넣을 때마다 공을 주우러 달려갈 필요가 없는 새 축구장. 아이들은 바다 위를 가로지르는 집라인이 설치된 수중 탐험 공원과 인어, 수중 미끄럼틀을 원했다. 체험형 동물원과 도시 농장, 곤충 호텔과 공동체 정원을 원했다. 아이들의 제안은 대부분 실용적이지 않았지만 동네의 거리의 근본적인 문제를 지적하고 있었다. 놀 공간이 충분치 않다는 점이다.

엑서터 대학교에 있는 '즐거운 대학 클럽'의 설립자인 마틴 쾨너스 박사에 따르면, 놀이는 단순히 시간을 보내기 위한 행위가 아니라 수면과 유사한 필수적인 생리 과정이다. 그는 놀 기회를 빼앗긴 성체 쥐들을 다른 쥐와 다시 접촉하게 하면 자신들이 참여하지 못한 놀이를 따라잡기 위해 훨씬 더 많이 논다는 사실을 발견했다. 우리는 놀이를 통해 일상적 상호작용에서 연민을 불어넣는 방법을 배운다. 놀이는 세상을 사는 법을 배우는 수단이다.

매년 여름 뚜껑이 열린 소화전에서 나오는 반짝이는 연무에 모여든 뉴욕 시민들처럼, 2019년 런던에 눈이 내렸을 때 가장 먼저 나타난 나의 본능은 노는 것이었다. 하지만 어른들이 어린 시절의 자신과 다시 연결되어 도시의 거리에서 다 같이 노는 법을 배우기 위해 항상 날씨가 주는 기회에 의존할 수는 없다. 더 규칙적이고 더 잦은 인간적인 개입이 필요하다.

이러한 개입 중에는 디지털 기술을 사용하는 것도 포함된다. 우리가 개인적인 청각의 세계로 진입할 때 매우 효과적으로 사용했던 디지털 장치와 흡사한 것을 통해 점점 더 많은 사람이 거리에서 함께 놀고 있다. 가장 잘 알려진 예는 '포켓몬고'로, 유저들이 실제 위치에 부착된 디지털 생물을 사냥하고 훈련하며 주변 세상을 탐험하도록 하는 증강현실 게임이다. 2016년의 열광적이고 꿈같던 여름에 포켓몬고는 어디에나 존재하는 문화 현상이었고, 그해 연말까지 5억 회 이상 다운로드되었으며, 유저들은 예상치 못한 장소에 무작위로 모였다. 어색하게 모인 무리는 새로운 포켓몬을 발견하기 위해, 또는 훈련할 장소를 찾기 위해 휴대폰과 주변 환경을 번갈아 바라보았다.

포켓몬고는 수백만 명의 사람들을 거리로 불러냈지만, 유저들이 주변 세상과 맺는 우려스러운 관계로도 악명이 높았다. 유저들이 사냥감을 찾아 혼잡한 길 한가운데로 걸어 나오거나 절벽에서 떨어지거나 사유지 정원으로 걸어 들어가는 등 수많은 일화를 낳았다. 근본적으로 이러한 성격의 게임은 대부분 세계와 그 안의 사람들이 서로 만날 수 있도록 중재한다. 그러나 테크 회사들에게 사람들의 만남을 중재하게끔 허용한다면, 그 회사들이 가치를 두는 우선순위와 선입견이 결국 우리의 상호작용에 영향을 미치게 된다. 어떤 사람들은 소외되고, 차이는 규모에 의해 납작해지며, 소프트웨어 자체의 우선순위에 의해 우리의 잠재된 공감 능력은 무시된다.

나는 본능적으로 더 단순하고 덜 노골적인 형태의 놀이에 끌린다. 이러한 놀이는 단순히 호기심을 자극하려는 것으로 보이지만, 사실은 다른 사람이나 주변 세상과 맺는 관계를 부드럽고 재미있게 재조정할 기회를 제공한다. 2018년과 2019년에 예술가 제니 헌트와 홀리 다턴은 영국 전역의 동네와 도시에서 팝업 로컬 라디오 방송국의 형태를 차용한 〈라디오 로컬Radio Local〉이라는 프로젝트를 시작했다. 이들은 머리에 라디오 안테나를 달고 번화가 한복판에 야외 라디오 스튜디오를 차렸다. 밝은색 옷을 입은 채 행인들에게 차와 비스킷을 나누어 주면서 가던 발걸음을 멈추고 온종일 진행하는 방송 제작에 참여하라고 독려했다. 그들은 실제로 아무것도 정하지 않고 시작해 행인들에게 의존하면서 자신들의 프로그램을 채워나갔다. 특별하게 설계한 창고에서 프로그램의 로고송을 녹음해 달라고 요청하거나, 셀프 연속극을 위해 직접 대본을 쓰고 연기해 달라고 요청하거나, 무엇인지 밝힐 수 없는 주제에 대해 1분 동안 멈추지 않고 이야기하는 조작된 게임 쇼에 참여해 달라고 요청해서 방송 중에 소리가 끊기지 않도록 했다. 그래서 여덟 살짜리 아이가 죽음을 설명하려고 애쓰고, 이어서 연금 수급자가 지하철이 무엇인지 설명하기도 한다. 모든 방송의 마지막에는 예술가들이 하루 종일 교류한 모든 사람을 초대해 방송을 요약한다. 상을 받고, 축하의 의미로 건배하며, 낯선 사람들의 무리가 다른 낯선 관객 앞에서 셀프 연속극을 공연한다.

〈라디오 로컬〉은 우리가 거리를 이용하는 방식을 일시적으로 재구성하려는 시도로, 거리 위의 장애물이다. 제니와 홀리는 거리에서 낯선 사람과 함께 있을 때 느끼는 생경함과 그로 인해 생기는 긴장과 어색함을 조율하는 데 달인이 되었다. 다이앤 아버스처럼 그들은 사람들 사이에 뭔가 새로운 것이 꽃필 때까지 기꺼이 사람들의 차이에서 오는 불편을 감수하려 한다. 제니는 이에 대해 "사람들에게 차 한 잔을 나누어 주는 행위의 장점은 마시는 데 조금 시간이 걸린다는 점이에요. 차를 마시는 시간 동안 사람들은 보통 함께 어울리면서 방송에 참여할 수 있을 정도로 충분히 편안해지죠"라고 말했다.

이 방송에는 제니와 홀리가 자원봉사 도우미들과 함께 지역의 모든 카페와 식당에서 가져온 음식을 평가하는 즉석 식당 리뷰 코너도 있었다. 그들은 먼 과거에는 아마도 일반적이었을 번화한 거리 생활, 즉 도시의 거리가 모든 것의 중심지이고 공공영역과 사적영역의 경계에 훨씬 더 틈새가 많던 생활의 축소판을 만들었다.

2019년 6월에 제니와 홀리는 라디오 방송국을 세인트 헬렌스로 옮겨왔다. 문을 닫은 가게와 폐업 세일을 알리는 밝은 네온 컬러 포스터가 널려 있는 번화가에 임시 스튜디오를 세웠다. 오후 늦은 시간이 되자 10대 청소년들이 자전거를 타고 나타나 이 공간을 점령하려고 시도했다. 아이들은 처음에 이 거리를 임시로 세운 예술 설치물과 공유해야 한다는 사실이 못마땅한지 자전거를 타고 라디오 방송국 주위를 빙빙 돌았다. 그러나 제니와 홀리는 모두에게 그러듯이 아이들을 환영하고, 차와 비스킷을 내주며 라디오 게임 쇼에 참여할 기회를 주었다. 땅거미가 질 무렵까지 10대 아이들은 여전히 그곳에 있었고 자전거는 땅에 널브러져 있었으며, 그들 모두는 라디오 연속극을 공연하기 위해 함께 모인 공동체의 일부가 되었다.

10대 청소년, 연금 수급자, 가족, 이웃 그리고 낯선 이들,

이들 간의 분열이 어떤 식으로든 봉합되었다고 할 수는 없다. 이 공간을 공유하고 공존할 길을 찾으면서, 날이 저물고 가로등이 하나둘 켜질 때까지 일단 함께 놀 뿐이었다.

3장

통화에 얽힌 사적인 역사

1부: 전화 통화

우리가 전화로 이야기하고 있다고 상상해 보자. 당신은 나에 대해 무엇을 알 수 있을까?

내 말투에는 영국 억양이 섞여 있다. 대략 서른 살(?)에서 마흔 살 사이 어떤 남자의 목소리다. 불필요하게 목소리가 크고 음색이 낮다. 내가 말하는 방식에는 어디에서 자라고 어떤 학교를 다녔는지 짐작할 수 있는 작은 단서들이 있을 수도 있다. (이 가정은 맞을 수도 있고 틀릴 수도 있다.) 감기에 걸린 것 같거나 기침을 참는 것처럼 들릴 수도 있다. 숨을 헐떡이는 듯하게 들릴지도 모른다.

뒤에서 수다스러운 목소리가 들린다면 여러분은 내가 카페나 식당, 상점에 있다고 추측할 수 있을 것이다. 장내 안내방송 소리가 들린다면 공항이나 기차역에 있다는 사실을 알 수 있을 것이다. 자동차 소음이나 혹여 새소리가 들린다면 야외에 있다는 것을 알아챌 수도 있다. 내가 큰방에서 작은방으로 이동한다면 목소리의 울림이 변한 것을 감지할 테고, 만약 어색하게 말을 멈추거나 나직하게 고함을 지른다면 통화하면서 동시에 이메일에 답장을 쓰거나 저녁을 짓거나 개를 산책시키는 등 다른 일에 집중하고 있다고 생각할 수도 있다.

당신은 내 키가 얼마나 큰지 알 수 없다. 눈동자의 색을 구별할 수도 없고, 어떤 옷을 입고 있는지 또 어떻게 다리를 꼬고 앉아 있는지 등을 정확히 짐작할 수 없다. 내가 미소를 짓고 있는지도 알 수 없고, 주위에 조용히 앉아서 전화 소리에 귀를 기울이는 사람이 얼마나 많은지도 알 수 없다.

당신은 내가 막 무슨 일을 끝마쳤는지 알 수 없다. 만약 유선전화로 통화한다면 내가 어디에 있는지 알고 있다고 생각할지도 모른다. 하지만 그 가정조차 여러 가지 이유로 틀릴 수 있다. 이처럼 전화를 통한 당신과 나의 만남은 서로에 관한 정보를 전부 알 수는 없다는 사실로 귀결된다.

❧

우리가 얼마나 멀리 떨어져 있는지 상기시키는 동시에 우리를 더 가깝게 느끼게 해주는 전화라는 발명품에는 아주 멋진 특성이 있다. 이것은 일종의 유혹이고, 동화적인 약속이다. 소원은 부분적으로 이루어질 뿐이다. 이 마법의 장치는 주문을 외워서 우리에게 만남의 기회를 주지만, 이 만남은 영원히 어둠에 휩싸여 있을 것이다.

잘 쓰인 동화에서 흔히 볼 수 있듯이, 이 만남의 결과는 고통을 동반하는 기쁨을 낳는다. 행복은 미연에 차단되었다. 전화는 항상 일종의 그리움과 맞닿아 있다. 부재로 형성된 연결을 통해 인간은 전화기라는 장치만으로는 만족할 수 없게 되고, 타인과 실제로 접촉하고 싶은 욕구를 품게 된다. 전화기를 발명한 알렉산더 그레이엄 벨이 전화기에 대고 옆방에 있던 자신의 조수에게 처음으로 한 말은 "왓슨 씨, 이리 오세요. 당신이 보고 싶어요"였다.

그 후 150년 동안 전화기 너머의 사람이 보고 싶고, 그를 만지고 싶고, 그와 함께 있고 싶어서 전화기에 대고 애타게 울어본 사람이 과연 얼마나 많을까?

마리 카르티에는 저서『당신은 나의 종교Baby, You Are My Religion』에서 1940년대에 게이 바에 자주 드나들면서 프로 여자 소프트볼 선수와 사귀었던 퀴어 여성 머나 컬런드에 관한 이야기를 들려준다. 전쟁이 끝난 후 머나는 결혼해서 아이를 가져야 한다는 압박을 느꼈다. 동성애를 정신질환이라고 믿는 정신과 의사와 결혼했고, 집에서 쫓겨나거나 아이들을 잃을까 봐 어쩔 수 없이 자신의 성 정체성을 숨겼다. 한번씩 지독한 불면의 밤을 맞을 때면 머나는 지난 삶 속에 아주 애틋한 기억으로 남아 있는 게이 바에 전화를 걸어 밤늦도록 그곳의 소리를 들으며 전화기 끝에 조용히 앉아 있었다. 머나는 말한다. "전화에서 소음과 웃음소리만 들려도 괜찮았어요.

저는 그냥 거기에 있고 싶었거든요."

멀리 떨어져 있으면서도 가까이에 있는 느낌, 즉 거리감이 있으면서도 밀접한 감각은 전화 통화에서 매혹적이고 은밀한 감각을 만들어낸다. 이는 다른 방법으로는 경험할 수 없는 것이다.

벨은 자신의 발명품을 "전기로 하는 대화"라고 불렀다. 오래된 연인이나 새로운 연인 또는 미래의 연인이 될 가능성이 있는 사람과 밤늦도록 전화 통화를 해본 사람이라면 누구나 이 말에 동의할 것이다. 귀에 가까이 댄 수화기. 얼굴을 마주하는 것보다 더 가깝게, 그 너머에서 들려오는 목소리. ASMR이라는 단어가 생기기 전이었다.

할리우드에서는 영화적 효과를 위해 전화 통화의 특별한 은밀함을 종종 활용해 왔다. 특히 연인 간의 성적인 상황을 직접 보여주는 행위를 엄격하게 금지한 헤이스 코드† 시대에는 더욱 그랬다. 다른 방법으로는 표현할 수 없던 시절에 분할 화면으로 편집한 전화 통화 장면을 통해 관객에게 은밀하고 사적인 감정을 전달할 수 있었다.

예를 들어 1959년 개봉한 영화 〈필로우 토크〉에는 도리스 데이와 록 허드슨이 전화로 이야기하는 장면이 등장한다. 둘은 각각 욕조에 앉아 있다. 분할된 화면에 둘이 함께 등장하는데 두 공간은 완벽하게 정렬되어 있어서 마치 하나의

† 1934년부터 1968년까지 미국에서
  제작하는 영화의 표현 수위를
  도덕적인 기준으로 자체 검열하기
  위한 할리우드의 가이드라인

(매우 긴) 욕조 양 끝에 함께 누워 있는 것처럼 보인다. 그들은 특별한 것 없는 이야기를 감미롭게 나누다가 가끔 웃음을 짓는다. 이러한 달콤한 분위기는 여러 면에서 도덕적인 관습을 거스른다. 어느 순간 록 허드슨은 발을 들어 욕실 벽에 기대고, 도리스 데이도 몇 초 뒤에 발을 뻗어서 마치 서로 발이 닿은 것처럼 보인다. 그들은 그렇게 앉아서 서로의 귀에 대고 속삭인다. 그리움이 적당히 묻어 있는 두 사람의 목소리가 어둠을 뚫고 서로에게 이야기를 건넨다.

열일곱 살 때 나는 스페인의 사라고사에서 진행한 2주간의 문화 교류 프로그램에서 소피아라는 한 소녀와 지독한 사랑에 빠졌다. 우리는 스쿨버스에서 작별 키스를 나누었고 영원히, 그러니까 적어도 앞으로 몇 주 동안은 함께하기로 약속했다. 자연스레 긴 전화 통화가 이어졌고, 어마어마한 전화비가 나왔다. 우리는 이야기를 나누고 또 나누었는데, 서로 할 말이 딱히 없을 때에는 침묵 속에 앉아서 우리가 가장 좋아하는 노래를 틀어놓고는 했다. 이것이 내가 이 전화 통화에서 가장 정확히 기억하는 것이다. 소피아가 시디플레이어 앞에 전화기를 대고 있는 동안 거기에 몰두하며 음악을 듣던 일. 내게 들려주는 음악만큼이나 그 아이의 숨소리에 집중하던 일.

　나는 현재 우리가 가진 매체 중에서 사랑을 가장 잘 표현할 수 있는 것이 전화라고 생각한다. 연애편지는 감상적이고 향수를 불러일으킨다는 점에서 낭만적일 수 있지만, 전화 통화처럼 사랑의 열정과 불안, 어색한 기운, 불확실성, 그리움 등을 모두 담아내지는 못한다.

내 동생이 한밤중에 나에게 전화를 걸어 사랑한다고 말한 적이 있다. 당시 동생은 친구와 함께 정도를 가늠할 수 없을 만큼 약에 취해서 리버풀의 거리를 배회하고 있었다. 10대 시절에는 서로 두 마디만 하면 말다툼으로 이어졌지만, 그날 동생은 새벽 1시에 전화를 걸어서 형제의 의미에 대해 논하더니 나에게 어떤 약을 해봤는지 물었다. 잠시 후 나는 휴대폰 배터리가 다 닳았고 충전기가 없어서 전화를 끊어야 한다고 말했다. (사실이었다.) 그러자 동생은 룸메이트 중 한 명을 깨워서 전화를 빌리라고 했다. 자는 친구를 깨워서라도 해야 할 만큼 이 통화가 무척 중요하다면서 말이다. "왜냐하면 나는 형 동생이니까." 동생은 이렇게 덧붙였다. "그리고 나는 형을 사랑해."

플로리다에 계신 할머니와 나눈 통화는 항상 똑같은 방식이었다. "안녕, 아가야. 잘 지내니?" 할머니의 물음에 내가 잘 지낸다고 대답하면, 할머니는 어김없이 그날이 얼마나 더웠는지, 얼마나 아름다웠는지, 태양이 얼마나 빛나고 있었는지 말한다. 나는 할머니에게 런던이 얼마나 춥고 짙은 잿빛인지 말해 준다. 그러면 할머니는 오늘 날씨가 참 좋다는 말을 되풀이한 뒤에 하늘은 파랗고 자신은 이미 정원에 나와 있다고 말한다. 할머니는 두 지역의 차이, 즉 현재 자신이 살고 있는 열대 낙원과 한때 자신이 집이라고 불렀던 이상한 작은 섬의 괴리를 문득 깨달은 듯 웃음을 터뜨린다. 나는 할머니에게 곧 찾아뵙겠다고 말하고, 할머니는 마치 플로리다 날씨처럼 밝고 따뜻한 마음이 담긴 목소리로 내 말에 수긍한다.

사랑은 감정에 압도당해 어쩔 수 없이 하게 되는 한밤중의 긴 전화 통화 같다. 그러나 한편으로는 일요일 오후에 집으로 걸려오는 전화, 버스를 기다리면서 5분 정도 나누는 안부 전화, 몇 분 뒤에 서로 얼굴을 볼 수 있음에도 집으로 걸어가는 길에 나누는 전화 통화처럼, 자투리 시간에 전화를 통해 나누는 친밀하고 편안한 감정 역시 사랑이라고 할 수 있다.

🍬

우리는 전화 통화를 하면서 조심스럽게 귀를 기울이고 서로를 감싸는 목소리를 경청한다. 우리가 알 수 있는 것만을 꽉 붙든 채 나머지는 상상에 맡기는 것이다.

하지만 상대방에 대한 많은 정보가 숨겨져 있어서 즉시 판단할 수 없는 만남에는 신뢰가 필요하다. 자칫 그 상상을 악용할 여지가 있기 때문이다. 만약 당신의 대화 상대가 어디에서 누구와 함께 무엇을 하고 있는지, 심지어 실제로 그가 어떤 사람인지 알 수 없다면, 당신은 그의 의도를 의심하거나 두려워할 수 있는 정당한 근거를 갖게 된다.

"무서운 영화 좋아하세요?" 1996년에 개봉한 영화 〈스크림〉의 초반에 어떤 불길한 목소리가 드루 배리모어에게 전화를 걸어서 질문한다.

두 사람의 만남은 더없이 안전하게 시작된다. 그러나 단순히 잘못 건 전화가 아니라는 사실이 곧 명백하게 드러난다. 전화기 너머 남성은 부드러운 목소리로 달콤하게 말하지만, "내가 지금 보고 있는 사람이 누구인지 알고 싶소"라고 말하며 여성의 이름을 묻자 대화의 양상은 갑자기 돌변한다.

이는 소름 돋는 깨달음의 순간이다. 순식간에 처음에 생각했던 것과 완전히 다른 종류의 만남이 된다. 전화를 통한 모든 만남은 균형에 대한 기대를 바탕으로 한다. 서로 볼 수 없고 상대방이 무엇을 하고 있는지 알 수 없다는 믿음에서 오는 균형으로, 그것은 무언의 계약이다. 그러나 그 순간 어둠 속을 헤쳐 나갈 때 의지할 수 있는 신뢰가 깨진 것이다. 이제 모든 권력과 정보는 전화선의 다른 한쪽 끝에 닿은 사람이 가지고 있다.

1990년대 후반 어느 시점에 부모님은 장난 전화를 받기 시작했다. 전화벨이 울리고 전화를 받으면 연결은 되지만 아무 말도 들리지 않았다. 어떤 공간의 소리가 들리고 누군가 무표정하게 전화기를 들고 괴롭히는 상황이 상상된다. 이런 전화를 받을 때마다 우리는 공포감에 휩싸인다. 장난 전화가 시작된 지 얼마 지나지 않아 부모님은 전화번호를 바꾸고 전화번호부에서 우리 집 번호를 빼버렸다. 누가 어디에서 건 전화인지는 끝까지 알 수 없었다.

공포 영화 탓이 아니더라도 많은 사람이 전화 통화를 두려워한다. 전화 공포증은 의학적으로 인정받은 질환이며 이해할 수 있는 증상이다.

전화 통화에는 발신자에 대해 안내하거나 수신자를 안심시킬 사회적 단서가 없다. 저어야 할 커피, 바깥이 보이는 창문, 걷거나 관찰할 대상 등 일상적으로 얼굴을 맞대고 이야기를 나눌 때 대화를 완충하는 공통의 방해 요소도 없다. 열정이나 애정으로 긴장감을 보상받을 수도 없고, 맞은편에 앉아 있는 사람에게 사회적 단서를 얻을 수도 없다.

오직 목소리만 있을 뿐이다. 서로 말하고 듣는 행위를 반복하며 목소리만 적나라하게 드러날 뿐이다. 다른 모든 것은 제거된다.

이 진공상태에서는 즉흥적으로 반응해야 한다. 우리가 내뱉는 말은 입에서 나가는 순간부터 보이지 않는 곳에서 내밀한 검토의 대상이 된다. 몇 시간 혹은 며칠 동안 정확한 표현을 고심해서 의미를 명확하게 전달할 수도 없고, 자신의 말에 상대방이 불편해하거나 이해할 수 없는 표정을 짓는 것을 보고 말을 바꾸거나 취소할 수도 없다.

따라서 전화로 하는 대화는 안전망을 제거한 채 아슬아슬하게 줄타기를 하는 것처럼 느껴질 수 있다. 우리는 미소나 고개를 끄덕이는 동작 없이도 상대방의 이해를 구할 수 있기를 바라며 불안하게 기어간다. 한 발이라도 잘못 디뎌서 바닥으로 추락할까 봐 걱정하면서, 스포트라이트의 눈부신 빛에 휩싸인 텅 빈 공간으로 나 있는 길을 조심스럽게 더듬으며 앞으로 나아간다.

이 모든 것이 과도하게 어색하고 정적이며 답답하게 느껴질 수도 있다. 전화 통화에서는 생각보다 자주 이런 견디기 힘든 상황을 맞닥뜨리게 된다.

아주 가깝게 느껴지는 통화가 있는 반면, 전혀 가깝게 느껴지지 않는 통화도 있다. 많은 사람이 전화를 갖게 되면서 적절한 사람과 연결되도록 보장하는 메커니즘이 필요해졌다. 처음에는 전화 교환원들이 스위치와 케이블 뭉치로 사람과 사람을 물리적으로 연결하면서 전기적 대화를 가능하게 하는 회로를 완성해 주었다. 부지런한 전화 큐피드였던 셈이다.

이후 다이얼을 돌리거나 숫자 버튼을 눌러 연결하는 직통전화 시스템이 등장했고, 발신자 스스로 통화하고 싶은 사람과 직접 연결할 수 있게 되었다. 기술은 진보했지만 통화를 원하는 사람이 전화기를 들고 상대방과 연결되기를 바라며 전화를 거는 상황은 여전히 같았다.

그러던 중 1950년대에 모든 것을 바꾼 새로운 기술이 발명되었다. 바로 자동통화분배기였다. 이 장치를 사용하면 교환원이나 접수원 없이도 다량의 수신 전화를 자동으로 분류

할 수 있었다. 이 알고리즘은 발신자가 제시한 정보("해당 문제와 관련해 전화하신 경우 1번을 눌러주세요."), 전화번호로 확인된 발신자 정보, 전화가 걸려 온 시간, 또는 이 세 가지 정보를 모두 조합해 전화 통화를 분석한 다음에 적절한 상담원이나 네트워크에 전화를 할당했다.

결과적으로 전화 상담은 완전히 새로워졌다. 더 이상 전화를 거는 사람과 전화를 받는 사람 사이를 사람이 직접 연결해 줄 필요가 없어진 것이다. 이제 발신자와 수신자는 컴퓨터에 의해 무작위로 서로에게 배정된다. 기계 신들의 변덕에 따라 낯선 사람들이 한데 어우러지게 되었다.

🍬

1970년대 후반과 1980년대 초반에 이르자 자동통화분배기는 현대적인 콜센터를 탄생시켰다. 형광등 조명이 켜진 거대한 창고를 가득 채운 익명의 직원들은 헤드셋을 쓰고 다양한 국가의 발신자에게서 밀려드는 맥락 없는 질문을 끊임없이 처리한다.

이 과정에서 전화로 이루어지는 모든 상호작용의 가장 중요한 특징인 익명성을 악용하는 사례가 나타났고, 심각한 불균형과 부재의 만남이 생겨났다. 뉴델리의 콜센터 직원들은 영어식 이름을 짓고 특유의 억양을 없애는 훈련을 받는다. 폰 섹스 업체 직원들은 거대한 토이저러스 매장을 개조한 남부 플로리다의 일터에서 일하면서 발신자가 선호하는 신체적

81

특성을 미리 입력한 대로 연기한다.

　이 새로운 현실에서 전화선의 한쪽 끝과 다른 쪽 끝의 연결은 너무나 불투명하고, 통화는 일종의 비인격화로 이어진다. 통화하는 사람들은 자신이 제어할 수도 없고, 이해할 수도 없는 네트워크 안을 배회하는 익명의 기하학적 좌표가 된다. 컴퓨터 프로그래밍 코드처럼 버그를 해결하고 주어진 작업을 수행할 뿐이다. 그야말로 자본주의라는 거대한 흐름의 축소판이다. 자본의 이익에 보다 효율적으로 봉사하기 위해 인간의 상호작용을 가장 기본적인 요소로 축소하는 것이다.

　우리 대부분이 한 번쯤 경험했듯이, 이 기계의 중심에서 실제로 인간과 마주하는 것은 힘들고 불쾌할 수 있다. 전화선의 반대쪽 끝에 있는 사람을 허공에 대고 소리를 지르는 목소리에 불과한 존재로 단순화해서 이해하는 것은 너무나 간편한 일이다. 최근 미국에서 실시한 한 설문조사에 따르면 콜센터 직원의 81%가 고객에게 폭언을 들었고, 3분의 1 이상은 폭력의 위협을 받은 적이 있다고 답했다. 이는 콜센터 업계의 이직률이 모든 산업을 통틀어 가장 높은 이유를 설명해 준다.

🍬

내 친구 중 한 명은 수년 동안 영국의 한 민간 철도 회사의 콜센터에서 기차표를 구매하려는 사람들의 전화를 응대하는 일을 했다. 그 친구는 전화를 끊으면 대부분의 상호작용이 끝나버리는 것에 익숙해졌다고 털어놓으면서도, 어쩌면 좋지 않은 방법일지도 모르지만 그 경험을 견딜 수 있게 만드는 방법은 대화를 원하는 것처럼 보이는 발신자를 붙들고 가능한 한 오래 대화를 이어가는 것임을 깨달았다고 말했다. 대화를 나누기에 적당한 할머니와 이야기를 하게 되면 기차표를 사는 과정에 대해 몇 시간에 걸쳐 설명할 수 있었다. 그 친구는 영국 북동부에 있는 한 상점가의 넓은 공간에 있는 책상에 앉아 전화 반대편 끝에 있는 사람들과 그들의 삶에 대해 이야기를 나누었다. 이토록 즐거운 비효율성을 타파하기 위해 설계된 바로 그 프로그램을 전용해 온갖 것에 대해 떠드는 구불구불한 수다였다.

독일 극단 리미니 프로토콜의 2008년 프로젝트인 〈박스 안의 콜 커타Call Cutta〉에서도 비슷한 일이 벌어지고 있었다. (그들은 이 프로젝트를 "대륙 간의 장난 전화"라고 설명했다.) 공연은 사무실 모양의 텅 빈 무대로 관객 한 명을 이끈 다음, 벨이 울리는 전화를 받아 콜카타의 콜센터 직원과 대화하게 하는 것으로 시작한다. 전화를 건 콜센터 직원은 원래 극단의 배우인데, 일시적으로 콜센터 데스크에서 일하면서 먼 곳에서 전화한 고객의 문의에 응대하는 일을 하고 있다. 이처럼 특별할 것 없는 상황에서 점차적으로 이러한 종류의 기능적 만남이 가진 정상적인 관습을 모조리 위반하는 대화가 시작된다. 콜센터 직원은 전화로 자기를 소개하고 그들 사이의 물리적인 거리와 그들의 매우 다른 삶에 대해 허물없이 말을 건넨다. 그들은 사랑과 일 그리고 그들을 하나로 묶은 산업과 노동의 복잡한 관계에 대해 이야기하고, 이 과정에서 평소에는 감춰져 있는 것들이 눈앞에 드러난다.

위의 두 사례는 소외를 유발하는 장치를 다른 용도로 사용하는 두 가지 방식을 보여준다. 콜센터의 자동화된 기계에 내장된 무작위성과 어긋남을 탈취해 의미를 만들어낼 수 있다고, 이러한 통화조차도 진정한 의미를 가진 연결이자 만남이 될 수 있다고 말이다.

실제로 전화는 항상 이러한 가능성을 열어두어야 한다. 일상적인 전화 통화를 진정한 대화로 바꾸기 위해 꼭 관객 참여 공연에 동참할 필요는 없다. 지극히 일상적인 익명의 통화라고 해도, 모든 통화는 듣고 말하는 허물없는 행위에 뿌리를 두고 있다. 아무리 희미해졌다고 해도 거기에는 아직 강렬한 감정이 조금 남아 있다. 여전히 무슨 일이든 일어날 수 있는 공간이다.

아니, 더는 그렇지 않을 수도 있겠다.

🍬

전화 통화를 기어코 죽음으로 이끈 것은 문자메시지인가? 이메일인가? 스팸전화인가? 자동 고객서비스인가? MSN 메신저? 페이스북? 스냅챗? 인스타그램? 스카이프? 줌? 마이크로소프트 연구진인가? 드루 배리모어인가? 장난 전화? 공포영화? 전화 공포증인가? 밀레니얼세대와 Z세대의 변화한 사회적 관습인가? 자동화 때문인가? 인공지능? 경제적 효율성을 높이기 위한 끝없는 노력? 온라인 채팅창이나 자주 묻는 질문 페이지, '문의하기' 양식으로 안내하는 여러 장치나 웹사이트 구석진 곳에 고객 지원 상담 연락처를 숨겨놓은 회사들인가? 휴대폰을 듣고 말하는 데 사용하기보다 보고 읽고 만지고 사진을 찍는 데 주로 사용하는 장치로 만든 애플과 삼성 그리고 다른 스마트폰 업체의 디자이너들인가? 마치 비밀을 알려주듯 사용자의 얼굴을 가까이 끌어안는 유려한 곡선의 플라스틱 수화기가 달린 전통적인 유선전화기에 비하면, 스마트폰은 사실 전화를 걸기에도 그리 편리하지 않을 뿐 아니라 귀에 대고 있기에도 쾌적하지 않은 장치다.

전화는 오랜 시간에 걸쳐 서서히 죽음을 맞이했고, 여기에는 많은 원인이 있다.

이언 보거스트는 2015년 《애틀랜틱》에 기고한 글에서 전화의 죽음의 원인은 유선전화에서 휴대폰으로 전환되었기 때문이라는 주장을 설득력 있게 펼친다.

유선전화는 일련의 스위치로 만든 전기회로를 통해 두 개의 전화기를 서로 연결하는 방식으로 작동했다. 이 사회기반시설은 안정적이고 신뢰할 수 있는 것으로, 마치 끈으로 연결된 두 개의 깡통처럼 두 명의 발화자를 연결했다. 반면 무선전화는 옥상과 기지국에 설치한 일련의 송수신기를 통하는 셀룰러 네트워크 위에서 작동하므로, 우리가 경험했듯이 통화 품질은 걷잡을 수 없이 나빠질 수밖에 없다.

시간이 흐르면서 우리는 전화 통화가 답답하고 신뢰할

수 없는 것이라는 생각에 익숙해졌다. 영화와 TV에서는 종종 결정적인 순간에 전화가 영원히 끊어지거나 음성이 왜곡되어 상대방의 말을 이해할 수 없게 된다. 엄마에게 전화를 걸면 엄마는 침실에 서 있고 나는 부엌에 서 있어야 한다. 그러지 않으면 서로의 목소리를 들을 수 없다. 유선전화는 절대 이런 적이 없었다.

여기에 더해 보거스트는 1960년대에 효율을 위해서 전화 통화의 주파수 대역을 음성대역이라고 부르는 좁은 범위로 압축하게 된 과정을 설명한다. 인간의 음성에 필수적이라고 판단한 대역에 확실하게 초점을 맞추기 위해서 더 높은 주파수 대역을 제거한 것이다. 그러나 이 과정에서 높은 대역에 포함된 소리의 중요한 요소가 손실되었다. 거실이나 사무실, 공중전화 부스 같은 조용한 곳에서 전화를 걸 때에는 문제가 되지 않는다. 하지만 통화하는 사람 중 한 명이 야외에서 돌아다닐 때에는 전화가 전송하는 제한된 버전의 목소리가 커피숍의 저주파 배경소음이나 윙윙거리는 자동차의 소음과 충돌하기 때문에 서로 듣고 말하려면 안간힘을 써야 한다. 이러한 노력과 피로, 그리고 "여보세요?", "제 말 들려요?" 하며 재차 확인하는 상황 또한 유선전화로 통화할 때에는 경험한 적이 없다.

이는 21세기 전화의 가장 큰 비극이다. 항상 어디에나 존재하기를 원했던 전화기는 애초에 전화 통화를 특별하게 만든 본질적인 특성을 상실하게 되었다.

도리스 데이는 황급히 수건을 두른 채 어색하게 창가에 서 있다. 그는 고개를 절레절레 흔들며 전화기를 확인한다. 수신 감도 문제인지 휴대폰이 문제인지 확신하지 못한다.

록 허드슨은 택시를 타고 있고 곧 터널을 통과해야 한다.

도리스 데이는 어퍼 웨스트사이드에서 점심을 먹고 있다. 시저 샐러드를 고르는 동안 휴대폰은 앞 테이블에 놓여 있다. 그는 카우보이 모자를 쓴 채 웃고 있는 록 허드슨의 사진이 깜빡거리는 화면을 본다. 잠시 받을까 말까 고민하지만 식당은 시끄럽고 어차피 그는 해야 할 다른 일이 있다. 그는 소리가 조용히 울려 퍼지도록 휴대폰을 내버려둔다.

록 허드슨은 TV를 켜둔 채로 소파에 누워서 인스타그램 화면을 스크롤 한다. 그는 세상 일에 관심이 많고, 특히 요즘 우리가 세상에 대해 어떻게 이렇게 많이 알게 되었는지 궁금하다. 모든 사물과 사람에 대해 너무 많은 것을 알게 되었다. 그는 모르는 것의 가치에 대해 생각한다.

도리스 데이는 음성메모를 남기고 록 허드슨도 답장을 남긴다. 그들의 말은 포장이 벗겨지기를 기다리는 작은 소포처럼 도착한다. 그들은 소포 하나하나를 자신의 전화기에 대고 말한 뒤 조심스럽게 들어본다. 필요하다고 판단하면 다시 녹음을 하고 맨 마지막에 전송 버튼을 누른다. 마치 연극 대사처럼 파편적인 대화다.

록 허드슨은 창문을 열고 마일스 데이비스의 음악을 듣고 있다. 예측할 수 없는 패턴의 음표들이 스피커에서 어지럽게 굴러 나온다. 그는 마일스 데이비스가 즉흥연주에 대해서 무언가를 들을 수 있는 자유의 공간이라고 설명하는 것을 들은 적이 있다. 록 허드슨은 소파에 누워서 도리스 데이와 한때 나누었던 자유분방한 심야의 전화 통화에 대해 생각한다. 그 통화가 얼마나 재즈처럼 느껴졌었는지. 그가 들은 예상하지 못했던 것들을 모두 떠올린다.

얼마 전 도리스 데이는 록 허드슨이 자기 스스로 소개한 유형의 사람이 아니라는 사실을 알게 되었다. 그는 텍사스의 부유한 목장주가 아니라 바로 아래 블록에 사는 바람둥이 작곡가였다. 도리스 데이는 그의 문자메시지를 읽지 않은 채 내버려두었고, 그는 곧 문자메시지 보내는 것을 멈췄다. 그들은 둘 다 각자의 삶을 계속 이어간다.

록 허드슨은 올드 패션드 칵테일 한 잔을 주문하고 바 구석에 있는 TV에서 나오는 24시간 뉴스를 보고 있다. 앞에 있는 테이블 위에서 휴대폰이 윙윙거리며 울린다. 그는 미스터리의 개념에 대해 골똘히 생각하고 있다.

도리스 데이는 부재중 자동응답 메시지를 켜놓았다. 방해받고 싶지 않았다. 그는 촛불을 켜고 욕조에 몸을 담근다.

그는 우리가 마냥 향수에 젖은 적이 언제였는지, 진정으로 소중한 것을 잃어버린 시점은 언제인지 궁금해한다.

전 세계적 팬데믹의 한가운데에 재미있는 일이 일어났다. 사람들이 다시 전화를 사용하기 시작한 것이다.

2020년 4월, 《뉴욕 타임스》는 미국의 통신 기업 버라이즌이 하루에 약 8억 건의 통화를 처리하고 있으며, 이는 연중 가장 바쁜 기간에 일반적으로 예측되는 양의 두 배가 넘는다고 보도했다. 이뿐 아니라 통화 시간도 코로나 팬데믹 이전의 평균보다 3분의 1가량 증가해서 같은 기간의 인터넷 사용 증가 폭을 크게 상회했다고 한다.

이어서 이 기사에서는 연방통신위원회FCC 제시카 로즌워슬 위원의 말을 인용했다. "우리는 전례 없이 전화를 많이 하는 나라가 되었습니다. 우리는 인간의 목소리를 그리워하고 있습니다."

나는 이것이 사실이라고 확신한다. 나 또한 지난 2년 동안 전화기 반대편에서 들려오는 익숙한 목소리에 감사하며 안도감을 느꼈다. 잦은 고립과 격변, 수차례에 걸친 온라인 회의와 사회적 거리두기 속에서 단순하고 직접적인 연결이 그리웠다. 두 목소리가 서로를 감싸며 세상의 소음을 차단하고 우리를 이어주는 경험 말이다.

하지만 나는 여기에 원초적인 그리움 이상의 것이 있다고 생각한다. 지금처럼 불확실성이 극대화된 시대에는 통제하려는 욕망을 포기하게 만드는 매체로 방향을 돌리는 것이 당연하다. 문자메시지와 이메일이 제공하지 못하는 자발성과 예측 불가능성에 우리 스스로를 개방함으로써 진정으로 무언가를 들을 자유의 공간을 확보하게 된다.

나는 전화 통화에 대한 우리의 사랑이 앞으로도 오랫동안 지속되기를 바란다. 세상은 점점 더 어둡고 혼란스러워지고, 우리의 삶은 파편화되고 있다. 호기심과 그리움으로 설레는 만남을 시작하기 위해 우리를 미지의 세계로 초대해 줄 주머니 속 장치가 필요하다. 강렬한 감정을 느끼며 대화를 나눠 보자.

🍬

통화를 마치고 전화를 끊는 방법에는 여러 가지가 있다.

예를 들면 영화의 한 장면처럼 감사 인사나 작별 인사 같은 어떤 세심한 배려도 없이 전화기를 재킷 주머니에 깔끔하게 집어넣고 다음 장면을 향해 단호한 발걸음을 성큼성큼 딛을 수도 있다.

혹은 장 콕토의 연극 〈인간의 목소리La Voix Humaine〉에 등장하는 이름 모를 여인처럼 무릎을 꿇고 전화기에 대고 "사랑해"라고 거듭 읊조리듯 말하며 전화를 끊을 수도 있다.

내가 전에 술에 취해서 벌인 긴 말싸움 끝에 그랬던 것처럼, 공원으로 휴대폰을 던지는 행위만으로도 간단하게 전화를 끊을 수 있다. 퍽 소리를 내며 내려놓을 수 있는 훅스위치가 없더라도 말이다.

혹시 운 좋게도 훅스위치가 있는 전화기를 가지고 있을 수도 있다. 이 경우 마치 단두대의 칼날이 떨어지는 것처럼 수화기로 작은 플라스틱 버튼을 내리쳐서 다른 쪽 끝에 있는 사람과의 연결을 단칼에 끊는다면 큰 만족감을 느낄 수 있다.

실수로 전화기를 호수나 강, 공중 화장실에 빠뜨리고 그것이 영원히 사라지기 전 몇 초 동안 무기력하게 떠 있는 것을 볼 수도 있다.

그냥 작별 인사를 할 수도 있다.

아니면 아예 전화를 끊지 않고 상대방이 먼저 끊을 때까지 기다릴 수도 있다.

상대방이 먼저 전화를 끊을 수도 있고, 그러지 않을 수도 있다.

둘 중 한 명이 버튼을 눌러서 마침내 전화가 끊어지기 전까지, 어쩌면 둘 다 잠깐의 침묵 속에서 전화기를 붙들고 서로 상대의 숨소리를 듣고 있을지도 모른다.

2부: 화상통화

일설에 따르면 쥘 베른은 1885년에 《뉴욕 헤럴드》의 소유주인 제임스 고든 베넷 주니어에게서 앞으로 1000년 후의 삶을 상상해 달라는 청탁을 받았다. 그리고 4년 후에 그의 단편 소설이 《포럼》에 실렸다. 이 소설은 오랫동안 쥘 베른이 혼자 쓴 것으로 여겨졌으나, 지금은 일반적으로 그의 아들 미셸 베른이 아버지의 아이디어를 많이 활용해서 쓴 것으로 알려져 있다.

『쥘 베른의 2889년』은 미래의 미디어 거물인 프리츠 나폴레옹 스미스 남작의 하루를 그린 이야기다. 그는 기술 혁신가이자 사랑받는 남편이며, 혁명적인 《어스 크로니클》 신문의 소유주이자 베른 부자의 묘사에 따르면 "상상조차 할 수 없는" 100억 달러 규모의 재산을 소유한 인물이다. 베른의 열혈 독자들에게 프리츠 나폴레옹 스미스는 친숙한 유형일 것이다. 베른은 제임스 고든 베넷 주니어나 어려움을 겪고 있던 《뉴욕 월드》를 6년 전에 인수해 막 재기하기 시작한 조지프 퓰리처에게 영감을 받았을지도 모른다. 어쩌면 더 보편적인 당대의 정취를 반영했을 수도 있다. 거물급 기업인, 혁신가, 인류의 지도자들이 가진 관대한 태도와 능력에 대한 믿음 말이다. 이 고위급 인사들은 신이 부여한 모든 시간 동안 일하는 진지한 인물로, 한 나라를 재편하고 역사의 흐름을 전환할 수 있을 정도로 강인한 성정을 지니고 있었다.

하지만 이 이야기의 요점은 상상 속 미디어 거물과 당대의 인류를 이상화하는 것이 아니다. 프리츠 나폴레옹 스미스의 이야기는 미래에 대한 비전과 새로운 시대의 수많은 경이로운 기술을 독자에게 소개하기 위한 장치다. 베른 부자는 태양과 물, 바람에서 얻은 무한한 에너지가 있는 세계를 묘사한다. 그곳에서는 여름에 저장한 열로 겨울을 따뜻하게 데

워서 연중 쉬지 않고 농사를 지을 수 있다. 도시는 전례 없는 규모로 성장해 1000만 명에 달하는 인구가 살고 있다. 인간의 평균 수명은 37세에서 52세까지 연장되었다. 구름 밑면에 광고가 투사되고 있다. 거주와 자원 채취를 목적으로 극지방의 만년설을 녹여서 광활한 면적의 새로운 땅을 만드는 계획이 실행 중이다. 공기 중의 모든 미생물을 걸러내었으므로 미래의 사람들은 분명히 "과거의 무수한 질병에 대해 아무것도 알지 못할" 것이다.

여느 유토피아와 마찬가지로, 베른 부자가 묘사한 세계에는 당대의 가치가 반영되어 있다. 특히 무한해 보이는 과학과 기술의 잠재력에 대한 믿음이 눈에 띈다. 그들은 자연과 자원에 대한 전례 없는 정복을 꿈꾸었다. 베른 부자는 "의식하고 있는 것 같지는 않지만, 29세기의 사람들은 계속해서 동화의 나라에서 살고 있었다"라고 썼다. "과잉된 경이로운 기술에 완전히 동화되어 있었으므로, 새로운 기술에는 관심이 없었다. 그들에게는 모든 것이 자연스러운 일이었다."

하지만 이 경이로운 세계 속에서도 프리츠 나폴레옹 스미스는 고독하다. 그의 아내가 미국의 새로운 수도 센트로폴리스에서 수 마일이나 떨어진 파리로 떠났기 때문이다. 베른 부자가 '직업 모델'이라는 점을 굳이 언급한 이디스 스미스 부인이 이렇게 오랫동안 집을 비운 것은 결혼 10년 만에 처음 있는 일이었다. 그는 아내를 보고 싶은 마음에 '포노텔레포트 phonotelephote'라고 불리는 장치로 눈을 돌린다.

장치를 켜자마자 앞에 걸려 있는 텔레포트 거울에 스미스 부인의 생생한 이미지가 나타난다. 베른 부자가 "전선으로 연결한 일련의 감광 거울"이라고 설명한 포노텔레포트는 센트로폴리스에 있는 프리츠의 사무실과 파리에 있는 스미스 부인의 침실을 연결하기 위해 사용하는 경이롭고 혁신적인 기술이다. 하지만 이 장면에서는 『백설공주』에 나오는 마법 거울처럼 환영을 드러내는 장치로 보이기도 한다. 스위치 하나만 누르면 흥청망청 보낸 전날 밤의 여파로 깊이 잠들어 있는 스미스 부인의 모습이 바다 건너에서 전송된다. "그녀는 레이스에 싸인 베개에 머리를 파묻고 잠들어 있다. 뭐라고? 살짝 꿈틀거린다고? 그녀의 입술이 움직인다. 아마 꿈을 꾸고 있는 거겠지? 그렇다. 꿈꾸고 있다." 그는 눈꺼풀이나 입술의 미세한 떨림 등 아내의 움직임 하나하나를 마치 바로 옆에 있는 것처럼 모두 선명하게 볼 수 있다.

이는 소설에서 꼭 필요한 부분이 아니다. 수많은 웅장한 장면과 진일보한 기술 사이에 끼워 넣은 낭만적인 막간일 뿐이다. 그럼에도 이 순간은 중요하다. 이 메커니즘 자체는 공상에 가까울 수 있지만, 한 장소에서 다른 장소로 이미지를 실시간으로 전달하는 기계장치를 상상한 것은 역사상 최초일 것이다. 이는 완전히 새로운 아이디어로, 시공간에 대한 인간의 이해가 변화하던 기술 격변의 시기 한가운데에서 구상된 것이다. 1889년은 전화기를 발명한 지 겨우 12년밖에 지나지 않은 때이며 영화가 탄생하려면 아직 5년이나 더 지나야 했다. 베른 부자는 이 모든 것을 종합해 이전에는 상상할 수 없던 가능성을 떠올렸다. 이 개념은 앞으로 수십 년 동안 우리의 집단의식 속에 자리 잡을 것이다.

포노텔레포트라는 생소한 이름과 메커니즘, 그리고 적어도 현재로서는 이 기계가 대화보다는 서로를 감시하는 데더 많이 사용되고 있다는 사실에도 불구하고, 우리가 여기서 목격하는 것은 세계 최초로 문서에 기록된 영상통화의 모습이다.

미래는 어떤 모습일까?

나는 파트너 베키와 함께 지난 7년 동안 이 질문을 품었다. 맨체스터에서 상파울루, 오클랜드에서 카이로에 이르기까지 전 세계의 도시에서 수백 수천 명의 초등학생과 함께 워크숍을 진행했고, 아이들에게 미래 도시의 모습에 대한 생각을 물었다.

리스본의 아이들은 인간을 쏘아 도시를 가로질러 전송할 수 있는 공기압 운송 튜브 네트워크를 상상했다. 밴쿠버의 아이들은 식사하는 동안 옆에서 헤엄치는 물고기를 볼 수 있는 유리로 만든 수중 식당을 생각해냈다. 런던의 아이들은 식물로 뒤덮인 기차가 도시를 달리면서 이산화탄소를 빨아들이는 모습을 떠올렸다. 마드리드의 아이들은 노인들이 길을 건널 때 도움을 받을 수 있는 아주 커다란 식물에 대해 이야기했다. 아이들이 보여준 미래의 모습은 도시마다 많은 차이가 있었지만, 하나같이 하늘을 나는 자동차와 로봇을 포함하고 있었다.

이 두 가지 기술은 아이들의 상상 속에서 특별한 지위를 차지하고 있는 것으로 보인다. 그것은 미래 세상에 대한 비전을 물리적으로 표현한, 일종의 토템이다. 새로운 경이로움을 선사하는 다양한 신기술로 둘러싸인 미래의 일상 말이다.

이러한 테크노 유토피아적 미래의 모습은 매우 친숙하며, 우리 대부분은 실제로 미래의 모습을 이렇게 상상하고 있을 것이다. 그것은 우리가 쥘 베른과 그의 뒤를 이은 작가, 예술가, 만화가, 영화감독, 방송 제작자들의 이야기에서 경험해 온 미래다. 로봇은 우리의 순종적인 하인이 되어 거리를 청소하고 침대를 정리해 줄 것이다. 하늘을 나는 자동차는 우리를 몇 초 만에 일터로 데려다주고, 집에 돌아올 때에는 개인 착륙장에 내려줄 것이다. 인공지능은 우리의 많은 문제를 해결하고 일의 부담을 덜어주는 평생의 동반자가 되어줄 것이다. 이 모든 경이로운 기술은 미래 세계에 완벽하게 스며들어서 그 시대에 사는 사람들은 더 이상 그 가치를 인식하지 못할 수도 있다. 심지어 그 존재를 알아차리지 못할지도 모른다.

영상통화 또한 오래전부터 로봇이나 하늘을 나는 자동차처럼 상징적인 미래의 기술이었다. 미래에 대해 많은 것을 약속하는 또 다른 토템으로 여겨졌다.

불과 얼마 전까지만 해도 그랬다. 내가 한창 자라던 1980년대에 영상통화는 여전히 미래적이고 환상적인 것이었다. 예를 들어 1989년에 개봉한, 당시로서는 먼 미래이던 2015년을 배경으로 한 영화 〈백 투 더 퓨처 2〉에서 중년의 마이클 J. 폭스는 벽난로 위에 걸린 커다란 평면 TV 화면에서 번쩍이는 '당신은 해고되었습니다'라는 문구를 통해 직장 상사로부터 해고 통지를 받는다. 또 2032년을 배경으로 한 1993년 개봉작 〈데몰리션 맨〉에서는 사악한 나이절 호손이 회색의 텅 빈 회의실 바닥을 가로질러 걸어가는데, 주차 미터기처럼 보이는 미래적 형태의 은색 물체가 그의 움직임을 따라 회전하고 각 물체에 달린 모니터 화면에 사람의 얼굴이 나타난다.

영상통화는 20세기 말에 이르기까지 약 한 세기 이상 공상과학소설의 한 부분이었다. 가장 앞선 예는 1927년에 프리츠 랑의 영화 〈메트로폴리스〉에 등장한 것을 들 수 있지만, 1960년대에 TV가 보급되기 시작하면서 전 세계 가정의 거실에 말하는 사진이 전송되자 영상통화는 더욱 확고한 자리를 차지하게 되었다. 이때부터 얼굴과 얼굴을 쉽게 연결하는 장치의 등장은 곧 손에 닿을 것처럼 가까워 보였다.

1962년 채널 ABC에서 윌리엄 해나와 조지프 바베라가 연출한 애니메이션 시트콤 〈젯슨 가족〉이 시작되었을 때, 영상통화는 젯슨 가족의 일상생활에서 가장 핵심이 되는 요소로 그려졌다. 이 드라마는 고작 1년 남짓 방영되었지만 24개의 에피소드가 자주 재방송되면서 미국을 비롯한 여러 나라의 아이들이 상상하는 미래의 본질적 부분을 형성하게 되었고, 1980년대에 나는 동생과 함께 '토요일 아침 만화영화' 시리즈에서 다시 부활한 〈젯슨 가족〉의 새 에피소드를 시청하기도 했다.

〈젯슨 가족〉에는 하늘을 나는 자동차, 로봇 가정부, 공기압 운송 튜브, 가정용 컴퓨터, 휴대폰 등과 함께 영상통화를 하는 장면이 흔하게 등장한다. 조지 젯슨의 상사는 영상통화로 직장에서는 감시를 일삼고 집에 있는 사적인 시간마저 방해한다. 제인 젯슨은 영상통화로 어머니의 안부를 확인하고 친구 글로리아와 약속을 잡는다. 주디 젯슨은 영상통화로 남자친구와 대화하다가 아버지가 전화에 끼어들면 놀라서 화면을 움켜쥔다. 교통경찰은 빠른 판결을 위해 하늘을 나는 자동차에 설치된 휴대용 비디오폰으로 판사에게 연결해 교통 위반 사항을 전달한다. 심지어 로봇 로지도 영상 채팅을 하는데, 스크린을 통해 자신이 사랑하는 로봇을 바라볼 때 안테나가 폭죽처럼 반짝거린다.

〈젯슨 가족〉에서 분명히 알 수 있듯이, 상상 속 영상통화는 하늘을 나는 자동차나 로봇처럼 진부한 것이기에 더욱 설득력 있게 다가온다. 완전히 새로운 것도 아니고 (가방이나 바지 뒷주머니에 넣고 다니는 장치로 접속할 수 있는 인간 지식의 총체가 담긴 컴퓨터의 글로벌 네트워크처럼) 상상할 수 없는 것도 아니다. 오히려 우리가 이미 누리고 있는 문화의 형태를 조금 변형한 것이다. 자동차, 그런데 하늘을 나는 자동차. 웨이터와 비서, 교사와 택시 운전사, 그런데 인간이 아니라 기계로 된 로봇. 회의나 대화, 그런데 대면 만남이 아닌 모니터 화면을 통해 이루어지는 것. 이 상상 속 장치들은 우리가 이미 편안하고 친근하게 여기는 삶이 놀라운 신기술에 의해 더욱 발전할 것이라는 상냥한 약속을 건넨다.

스미스 부부, 젯슨 가족, 마티 맥플라이†가 편안한 미래의 의자에 기대어 미래의 음료를 마시며 미래의 저녁 식사를 하는 모습을 지켜보라. 그들은 거울과 컴퓨터 화면, 텔레비전을 보며 이야기를 나누고 있다. 영상은 흠잡을 데 없다. 연결도 완벽하다. 그 모습은 너무나 편하고 일상적으로 보인다. 그동안 우리는 이것이 미래의 모습이라고 배웠다. 미래는 이런 느낌일 거라고. 이렇게 쉽고 편리하며, 어쩌면 재미있을지도 모른다고. 현재와 비슷하지만 더 나아진 모습일 거라고.

젯슨 부부가 비디오폰을 처음 연결하던 그 순간, 영상통화의 실질적 역사도 본격적으로 시작되었다. 가까운 미래에 대한 테크노 유토피아적 꿈이 마침내 실현되는 장소로 1964년에 열린 뉴욕세계박람회보다 더 완벽한 곳이 있을까?

결국 이 거대한 행사의 핵심은 국가의 신화와 기업의 열망을 한데 묶어서 빛나는 미래의 비전으로 발전시키고, 이를 통해 미래의 비전을 현실로 이끌어내는 것이었다. 리처드 바브룩이 설명한 것처럼, 이 박람회의 목표는 "소비재, 민주정치, 쇼 비즈니스, 모더니즘 건축, 미술, 종교적 관용, 가정생활 그리고 무엇보다도 신기술 등 모든 분야에서 미국이 선두임을 입증하는 것"이었다. 1939년에 뉴욕 플러싱 메도스에서 열린 세계박람회는 집집마다 세탁기와 식기세척기, 자동차가 있는 교외의 안락한 삶을 예견했으며, 1964년에 이르자 많은 미국인이 이를 현실에서 경험했다. 그리고 1964년의 박람회는 더 많은 것을 약속했다. 가까운 미래에 우주 관광이 실현될 거라고 상상했고, 미래의 아파트 건물에 착륙장이 있어 비행기가 맑고 푸른 하늘로 수직 이륙할 것이라는 청사진을 제시했으며, 전기는 매우 저렴하고 쉽게 구할 수 있어서 요금을 낼 필요가 없을 거라고 예언했다. IBM은 우리의 모든 필요를 충족할 만큼 똑똑한 로봇을 약속했고, 벨 에어로스페이스는 거대한 박람회장의 우아한 흰색 곡선 지붕 위로 제트 팩을 탄 남자를 날려 보냈으며, AT&T는 부스에서 픽처폰 Picturephone이라는 새로운 장치를 소개했다.

픽처폰은 AT&T가 세계 최초로 진정한 영상통화를 위한 시스템을 개발하면서 시도한 것이었다. 1927년에 벨 연구소에서 선보인 실험용 장치처럼 이전에도 비슷한 것이 있었지만 단방향 비디오만 지원했고 작동하려면 장비로 가득 찬 방이 필요했다. 1970년에 픽처폰이 출시될 무렵까지 AT&T는 개발비로 5억 달러를 투자했으며 1939년 세계박람회에 출품되었던 수많은 기기가 이미 그렇게 된 것처럼 미국의 중산층

가정에서 친숙한 기기가 될 것이라고 예측했다.

전화기 부분은 플라스틱을 공상과학영화에서나 볼 법한 부드러운 곡선으로 성형한 모습이었다. 전면에는 직사각형 모니터 화면과 스피커, 작은 카메라 렌즈를 장착한 평범하고 단순한 타원형 패널이 있었는데, 모두 말을 하고 듣는 데 필요한 친숙한 전화기 모양 송수신기에 붙어 있었다. 세계박람회의 픽처폰은 월트 디즈니가 자체적으로 개최한 세계박람회인 '투모로랜드Tomorrowland'의 일환으로 캘리포니아 디즈니랜드에 설치된 또 다른 픽처폰과 연결되어 있었다. 투모로랜드는 쥘 베른의 소설을 영화로 만든 〈해저 2만리〉의 세트장을 재활용해서 만든 전시관에서 열렸는데, 러시아의 전통 인형인 마트료시카처럼 하나의 미래가 또 다른 미래 안에 둥지를 틀고 있는 형상이었다.

뉴욕세계박람회를 촬영한 저해상도 영상에서 픽처폰이 작동하는 모습을 볼 수 있다. 장치의 이미지는 놀랄 만큼 훌륭하다. 깜박이는 흑백 화면 안에는 카메라를 응시하며 손을 흔들고 있는 두꺼운 뿔테 안경을 쓴 여성이 보인다. 그는 이 미래에 대한 계시, 광활한 대륙을 가로질러 낯선 사람과 얼굴을 마주할 수 있는 기회 등 모든 경이로운 신기술을 받아들이는 듯이 웃음을 터뜨리며 방 안에 있는 무언가 또는 누군가를 향해 잠깐 시선을 돌린다.

그러나 웅장한 박람회장을 떠난 픽처폰은 결국 성공하지 못했다. 1970년에 출시한 상업용 모델은 총 500명 정도의 가입자를 확보하는 데 그쳤다. 사람들은 이 기기가 너무 비싸고 실용적이지 않다고 불평했다. 또 어둠 속에서 편안하게 통화하는 것을 선호하던 사람들은 전화 통화 중에 상대방의 모습을 볼 수 있다는 점을 좋아하지 않았다. 그들은 상대방이 무엇을 하는지 모르는 것에 익숙해져 있었다.

1964년 세계박람회에서 드러난 우주 시대의 야망을 뒷받침한 기업들은 실현할 수 없는 미래를 약속하면서 사람들이 실제로 원하는 것이 무엇인지 모르는 듯한 불분명한 과대광고를 남발했다. 리처드 바브룩의 말처럼 "초현실은 현실과 충돌했고 결국 패배했다". 앞으로 수십 년 동안 테크노 유토피아적 꿈은 점점 흐릿해질 것이다. 〈젯슨 가족〉은 TV에서 몇 번이고 재방송되겠지만, 그들이 상상한 미래의 비전은 닿을 수 없는 곳에 머물러 있을 것이다.

그러나 1970년대와 1980년대의 혼란 속에서도, 기술을 통해 증강되는 미래에 대한 유토피아적 비전이 살아 있던 도전적인 공간이 있었다. 디즈니랜드에서 그리 멀지 않은 북쪽, 실리콘밸리로 알려진 캘리포니아의 한 구석에서는 숨 가쁘게 발전하는 컴퓨터 기술로 완전히 새로운 디지털 인프라를 배양하고 있었고, 반세기가 지나자 마침내 오랫동안 지연된 1960년대의 약속을 이행할 준비가 된 것처럼 보였다.

❧

나는 지금 스티브 잡스의 전설적인 연설을 보고 있다. 그는 새로 출시된 제품을 소개하기 위해 샌프란시스코 시내에 있는 모스콘 센터의 무대 위에 올랐다. 그는 검은 터틀넥 스웨터와 청바지를 입고 있다. 텅 빈 검은 무대 한쪽에는 테이블과 의자가 놓여 있고, 무대 중앙에는 집의 벽만 한 스크린이 있다.

잡스는 이미 한 시간 넘게 무대에 서서 청중을 서서히 흥분 상태로 몰아넣고 있다. 그는 자사의 주력 기기인 아이폰의 최신 기종을 소개하고 있다. 청중은 숨을 헐떡일 정도로 환호한다. 크기, 무게, 디스플레이의 밝기, 지원되는 앱의 범위 등 제품에 대한 정보 하나하나가 마치 신대륙 발견 소식이나 먼 행성에서 도착한 메시지처럼 들린다. 잡스가 해낸 일은 마치 쥘 베른의 소설처럼 우리가 미처 깨닫지 못한 미래를 엿볼 수 있는 계시 같았다.

잡스는 거대한 무대 한쪽으로 걸어가 의자에 앉았다. 그는 야위고 약간 허약해 보였다. 2010년이었다. 2003년에 처음 진단받은 암이 재발한 사실을 아직 공개하지 않았던 때였다. 2011년 1월이 되면 그는 처음으로 짧은 병가를 낼 것이고, 8월에는 영원히 애플을 떠날 것이다. 그리고 불과 몇 달 후인 2011년 10월에 사망하게 될 것이다.

잡스는 의자에 앉아 새 아이폰 4를 켜고 애플의 수석 디자이너인 조니 아이브에게 전화를 걸겠다고 청중에게 말했다. 그러면서 그 전에 모두 무선인터넷 연결을 끊어달라고 정중하게 부탁했다. 청중은 전화기 화면이 눈앞에 1미터 너비로 투사되는 것을 볼 수 있었고, 잡스가 전화를 걸자 몇 번의 탄성과 휘파람 소리가 엄숙한 침묵을 깨뜨렸다. 전화가 연결되고 청중이 가장 먼저 본 것은 아이폰 화면을 가득 채운 잡스의 얼굴이다. 그는 약간 긴장한 듯 기대에 찬 표정을 짓고 있다. 몇 초 후 잡스의 얼굴과 조니 아이브의 웃는 얼굴이 함께 화면을 채우자 박수갈채가 물결처럼 일었다. 영상통화, 즉 페이스타임FaceTime이라는 기능이 아이폰에 등장했고, 그곳에 앉아 있는 청중은 자신들이 이를 가장 먼저 목격하고 있다는 사실을 깨닫게 되었다.

이 시점에 영상통화라는 개념은 1964년처럼 새롭거나 미래지향적인 것이 아니었다. 2003년에 설립된 온라인 통신 회사 스카이프를 통해 2010년까지 월 평균 1억2400만 명의 사용자가 영상통화를 시도했지만 대부분은 연결에 실패했다. 2010년에는 간단한 비디오 인터페이스를 통해 사용자를 무작위로 짝지어 전 세계 어디에서나 낯선 사람과 즉흥적으로 얼굴을 마주할 수 있는 놀라운 기회를 약속한 챗룰렛 Chatroulette이라는 온라인 플랫폼이 단기간에 열풍을 일으켰다. 하지만 결국에는 얼굴을 가린 주인들이 그릇된 자부심으로 발기한 남성 성기를 끝없는 행진처럼 전시할 뿐이었다. 영상통화는 인터넷 세계의 쓰레기 더미 속에서 등장해 온라인 생활의 일부가 되었다.

그럼에도 페이스타임은 다른 느낌을 준다. 페이스타임은 초기 공상과학소설의 장치, 즉 개발자가 이질감 없이 우리의 생활과 쉽게 통합할 수 있을 것이라고 상상했던 단순함에 가까웠다. 어디에서 무엇을 하든 버튼 하나만 누르면 화면에 얼굴이 나타난다.

따라서 이 이벤트는 기념할 만한 일이다. 애플과 애플의 슈퍼스타 CEO가 이끈 또 다른 승리이며, 한 세기에 걸친 약속이 마침내 이루어진, 우리 모두가 기다려온 미래였다. "정말 놀랍습니다." 잡스는 이야기를 계속했다. "저는 미국에서 〈젯슨 가족〉, 〈스타 트렉〉, 커뮤니케이터†와 함께 자라며 영상통화를 꿈꿔왔는데, 이제 현실이 되었습니다." 현실이라는 단어를 말하면서 그의 목소리가 한 옥타브 올라가고 눈이 커졌다. 마치 자신의 회사가 이룩한 성과를 믿을 수 없다는 듯한 태도였다.

그러나 이 상호작용에는 단절이 있었다. 아이브는 인질극 비디오의 피사체나 처음으로 사진을 찍는 빅토리아시대의 신사처럼 불확실한 표정으로 미소를 지으며 카메라를 응시하고 있었다. 그는 언제 말을 해야 할지 모른 채 화면 위에 떠 있었다. 잡스 역시 눈으로는 미소를 짓고 있었지만 이는 악물고 있었다. 어릴 적 꿈이 마침내 실현되었다는 경이로움은 신호 부족으로 통화가 약간 지연되고 있다는 불만스러운 표정에 묻혀버렸다. 그는 강당의 무선인터넷 신호에서 기기를 끊지 않은 청중을 장난스러운 듯 장난스럽지 않게 꾸짖었다. "페이스타임은 절대 끊기지 않아요. 그러니까 여러분 중 일부는 무선인터넷을 끄지 않은 거예요. 어서 꺼주세요."

이 신성한 무대에서도, 열렬한 신자로 이루어진 청중 앞

† 〈스타 트렉〉에 등장하는 영상통화 기기

에서도, 모든 것이 조금은 어색했다. 아이브는 계속 미소를 지으며 함께하려고 노력하고 있었다. 그는 자신도 똑같은 TV 프로그램을 보며 자랐다고 말했다. "저는 멋진 미래에 대한 낙관적인 시각을 좋아했었는데, 이제 현실이 된 것 같은데요."

"현실이죠. 특히 사람들이 무선인터넷을 끄면 더욱 그럴 것 같군요." 잡스는 강조했다.

잡스는 자신과 아이브의 소통 부족을 청중 탓으로 돌렸지만, 10년이 지난 지금 생각해 보면 그가 옳았다고 확신할 수 없다. 나는 두 사람의 대화가 어색한 것이 통화가 약간 지연되었기 때문이 아니라고 생각한다. 그것은 두 사람이 서로 다른 세상에 있었기 때문이다. 잡스는 수백 명의 사람들이 자신의 말 한 마디 한 마디에 귀를 쫑긋 세우고 응시하는 거대한 무대에 서 있었다. 한 시간 동안 이어진 연설이 절정에 달하며 잡스의 심장은 두근거렸고, 그의 목소리는 스피커 시스템을 통해 넓은 동굴 같은 공간에 울려 퍼졌다. 반면 아이브는 벽에 그림이 걸린 작은 사무실처럼 보이는 공간에 있었다. 이 순간이 바로 이 연극 같은 쇼 전체에서 그가 맡은 유일한 일이었다. 그 방에 다른 사람이 몇 명이나 있었는지는 알기 어렵지만 그다지 많지는 않았을 것이다. 그는 스티브 잡스를 바라보고 있는 사람이 몇 명이나 될지 이론적으로는 알 수 있었겠지만, 스티브 잡스와 같은 느낌을 받을 수는 없었을 것이다.

이 두 오랜 친구는 완전히 다른 공간에 있었다. 그들이 괴리감을 느끼는 것은 당연한 일이지만, 문제는 괴리감이 없는 것처럼 행동했기 때문에 발생한다. 잡스가 상상해 보라고 한 것처럼, 이 기계는 매끄럽고 마찰 없는 연결을 제공해 서로를 마치 실재하는 것처럼 볼 수 있다는 것을 전제로 한다. 하지만 나는 분명히 그럴 수 없다고 생각한다. 그것은 환상이다. 이 두 사람은 서로에게 추상적인 어떤 것에 지나지 않는다. 한 쌍의 화면에 나타난 한 쌍의 얼굴일 뿐이다.

그것은 앞으로 일어날 일에 대한 경고로 받아들여졌어야 했다.

🍬

2020년이 되자 사람들이 페이스타임을 이용한 지 10년이 지났다. 그동안 페이스타임은 고화질 비디오 같은 발전을 이루며 더욱 역동적인 경험을 선사했고, 4G 연결과 광섬유를 활용한 광대역을 확보해 출시 당시 스티브 잡스를 실망시켰던 연결 지연 문제를 최소화할 수 있었다. 스카이프의 사용자 수는 현재 10억 명이 넘었고, 온라인 영상 채팅을 위한 경쟁 플랫폼도 등장하기 시작했다. 전직 시스코Cisco의 소프트웨어 엔지니어였던 에릭 위안이 설립한 화상 회의 전문 기업 줌Zoom은 기업공개를 완료한 첫날 시가총액 160억 달러를 기록하며 주식시장에 상장했다.

그러던 중 코로나바이러스가 발생해 거의 모든 도시와

동네가 봉쇄되고, 수십억 명의 사람들이 난생처음으로 외출할 수도, 친구를 만날 수도, 일상적인 모임에 참석할 수도 없게 되었다. 그 결과 이러한 비디오 플랫폼은 우리의 연결 문제를 해결하기 위한 필수적인 대책으로 빠르게 자리 잡았다. 화상통화, 특히 줌은 우정을 유지하고, 회의에 참석하고, 수업이나 강의를 진행하고, 예술 행사에 참여하는 수단으로 이용되었다. 2019년 12월 31일에는 하루에 1000만여 건의 회의가 줌에서 이루어졌고, 2020년 4월이 되자 그 수는 3억여 건에 이르렀다.

사회적 거리두기 기간에 집에 갇혀서 오로지 컴퓨터와 스마트폰만 활용하게 된 사람들에게 영상통화는 더 이상 사회생활의 한 단면이 아니라 사회생활 그 자체가 되었다.

이렇게 준비되지 않은 상황에서 온라인 사회에 몰입하는 시도를 통해 많은 것을 배울 수 있었다. 한 가지 분명한 것은 사람들이 집에서도 사회적이고 전문적이며 예술적인 공간에 쉽게 접근할 수 있게 되었다는 사실이다. 이제 우리는 물리적으로 참석이 불가능하더라도 행사에 동참할 수 있는 간단한 방법을 알게 되었다. 팬데믹이 끝난 후에도 이러한 선택지를 원하는 사람들이 계속 이용할 수 있도록 한다면 이벤트의 접근성을 높이고 불필요한 이동을 크게 줄일 수 있을 것으로 기대를 모았다.

하지만 영상통화에도 문제가 있다는 사실이 곧 드러났다. 봉쇄 이전에는 대부분의 사람들이 영상통화를 거의 경험하지 못했다. 기술에 정통한 일부 사용자를 제외한 대부분의 사람들에게 영상통화 경험은 여전히 그 참신함, 즉 공상과학소설에 등장하는 것처럼 멀리 떨어져 있는 사람의 얼굴이 눈앞 화면에 나타난다는 짜릿함이 거의 전부였다. 2019년 말, 《포브스》의 한 기사에서 줌의 고객서비스 책임자인 짐 머서는 자사의 화상회의 플랫폼을 처음 접했을 당시의 놀라움을 표현하면서, 수많은 비디오를 거의 "부두교"처럼 쉽게 관리할 수 있는 기능에 대해 설명했다.

이러한 참신함이 업무, 오락, 친목 도모 등의 영역에서 영상통화에 몰입하기를 강요하는 팬데믹으로 이어지면서, 영상통화가 피곤한 경험이 될 수도 있다는 인식이 광범위하게 퍼지기 시작했다. 사람들은 이것이 얼마나 사람을 지치게 만드는 일인지 실감했고, 얼마나 자주 당황스러움과 어색함, 소외감을 느끼게 하는 일인지 피부로 느꼈다. 과도한 영상통화로 생기는 피로, 즉 배터리의 산화 물질이 뇌로 새어 들어오는 듯한 무거움을 표현하기 위해 '줌 피로Zoom fatigue'라는 용어가 등장했다.

캘리포니아 스탠퍼드 대학교의 가상 인간 상호작용 연구소의 창립 책임자인 제러미 베일런슨을 포함해 여러 학자가 이 증상의 원인을 다각도로 진단했다. 사람들이 몸짓언어를 통해 전달받던 사회적 단서가 없기 때문에 대화를 인지하기 위해 더 많은 노력을 기울여야 한다는 점, 항상 상대의 클로즈업한 얼굴을 똑바로 응시해야 하는 데에 따르는 과도한 감각 자극, 대화의 상대방에게 자신이 보이는 상황에서 나타나는 자의식, 비디오카메라의 좁은 프레임에서 벗어나지 않으려고 하며 생기는 움직임의 제한 등을 그 원인으로 꼽았다. 《기술 정신 행동》 저널에 실린 글에서 베일런슨은 이러한 문제를 해결하기 위해 카메라에서 좀 더 멀리 떨어져 앉거나 비디오 피드를 더 자주 끄는 등 사용자가 스스로 실천할 수 있는 방법과 비디오 플랫폼 자체를 재설계하는 방법을 해결책으로 제안했다.

겉보기에 이러한 문제는 모두 고칠 수 있는 버그처럼 보인다. 줌 피로는 시간이 지나면 해결되는 일시적인 문제라는 것이다. 베일런슨은 대면 미팅과 줌 미팅의 유사점이 차이점보다 훨씬 많다고 강조한다. 그는 "이 매체의 성공은 다른 많은 기술과 마찬가지로 대면 대화를 매끄럽게 모방할 수 있는 능력에 달려 있다"라고 말한다.

🍬

쥘 베른부터 스티브 잡스에 이르기까지, 과거의 기술 이상주의자들은 기술을 매개로 매끄럽게 통합되는 세상을 약속했다. 우리가 살고 있는 세상과 매우 흡사하지만 더 나은 세상. 디지털기기를 통해 우리에게 이미 익숙한 사회적 만남을 더욱 원활하게 재현할 수 있는 세상. 그래서 우리는 사회생활을 할 수 없게 되었을 때, 직장인을 위해 직장인이 설계한 소프트웨어를 활용해 온라인에서 이를 재현하려고 노력했다.

디너파티와 펍 퀴즈 대회, 생일 파티, 강좌, 강연을 극장 안에서 재현했고, 이전과 똑같이 작동하게끔 하려고 노력했다.

인간이라는 동물의 감각 중에서는 시각이 가장 우월하며, 눈으로 보는 것은 인간에게 가장 익숙한 일로 알려져 있다. 그렇기 때문에 멀리 떨어져 있는 우리를 연결하기 위해 사용하던 전화기는 항상 분리된 느낌을 주었다. 서로 모습을 보지 못한 채 하는 전화 통화는 어둠이나 알 수 없는 상황, 종종 불확실성이나 떨림, 심지어 그리움과 맞닿아 있기도 했다.

이와 대조적으로 화상 채팅의 시각적 요소는 우리가 더 깊이 연결되어 있다는 믿음을 준다. 맨 처음부터 화상 채팅의 신화는 마치 창문이나 프리츠 나폴레옹 스미스가 사용하던 마법의 텔레포트 거울 같은 기능을 한다는 가정에 기대어 있었다. 통화를 위한 장치의 존재감이 희미할 정도로, 채팅에 참여한 사람들이 실제로 한 공간을 공유하는 것처럼 자연스럽게 상호작용할 수 있을 것이라고 생각했다.

그러나 팬데믹을 겪으며 우리는 이것이 신화라는 것을 배웠다. 기술이 아무리 발전해도 현재로서는 완벽하지 않다. 앞으로도 그럴 것이다. 대역폭이 부족하거나 설계 또는 구현에 실패했기 때문이 아니라 장치를 사용하고 있다는 느낌을 지울 수는 없기 때문이다. 화상 채팅을 통한 상호작용의 경험은 대면 대화와 완전히 다르다. 제아무리 매끈하게 작동한다고 해도 플랫폼은 여전히 플랫폼이다. 실제로 같은 공간을 공유하지 않음에도 우리가 함께 있다고 설득할 뿐이다. 2010

년의 스티브 잡스와 조니 아이브처럼 우리는 가까이에 있지만 근본적으로 각자 서로 다른 궤도를 도는 위성처럼 분리된 공간에 머물러 있다. 그리고 우리가 그 사실을 얼버무리거나 무시하려고 할수록 우리의 만남은 더욱 어색해진다.

사실 나는 앞으로 일어날 일에 대한 경고가 계속 있었다고 생각한다. 초창기 공상과학소설은 우리의 찬란한 미래에 대한 이미지를 제시했지만, 의도치 않은 불편함, 기이함, 소외감을 암시하는 내용도 담고 있었다.

『쥘 베른의 2889년』에서 스미스 부부는 텔레포트를 통해 함께 앉아 있으면서도 반쯤 언쟁 중이다. 그들은 식사를 같이 하는 것이 가능하다고 확신했지만, 남편에게는 아침 식사 시간인 데 반해 아내의 하루는 이미 몇 시간 전에 시작되었다는 사실을 너무 늦게 알아차린 것이다. 아내가 이미 일어나 밖으로 나가 거리에 있는 동안 남편은 초조하게 기다리고 있었다. 〈젯슨 가족〉에서도 친구 글로리아에게 갑작스레 전화를 받은 제인 젯슨은 민낯을 글로리아에게 보여주지 않기 위해 서둘러 얼굴에 가면을 썼지만, 통화 도중에 글로리아도 같은 행동을 했다는 사실을 깨닫는다. 복면을 쓴 두 여성은 변장 뒤에서 서로를 불편하게 쳐다보며 아무렇지 않은 듯, 모든 것이 완전히 정상인 듯 약속을 잡는다.

하지만 정상이 아니다. 어색하다. 낯설다. 그들은 서로에게 다정하게 미소 지으며 같은 공기를 마시는 척 연기한다. 실제로는 우주에 떠 있는 것처럼 부유하고 있지만, 단단한 현실을 딛고 있다고 스스로 설득한다.

🐟

그렇다면 어떻게 해야 할까? 미래에 대한 희망이 모두 사라진 것일까?

2021년에 인터넷에서 일어난 최고의 사건이 된 텍사스 394번 사법 지방법원의 민사 몰수 심리에서 그 해답을 찾을 수 있을 것 같다. 변호사 로드 폰턴은 조수의 노트북을 빌려서 줌을 통해 진행한 청문회에 로그인했는데, 조수가 마지막으로 줌을 사용할 때 다른 사람이나 동물의 얼굴을 자신의 얼굴에 겹쳐 쓸 수 있는 필터 기능을 사용하고 있었다는 사실을 알지 못했다.

그래서 폰턴이 비디오를 켜자 그의 얼굴 대신 슬프고 혼란스러워 보이는 푸른 눈으로 카메라를 응시하는 폭신한 회색 아기 고양이의 얼굴이 나타났다.

"폰턴 씨, 동영상 설정에 필터가 켜져 있는 것 같습니다." 이 사건을 맡은 판사가 폰턴에게 정중하게 말했다. 폰턴은 커다란 고양이 눈을 깜빡이며 곤혹스러운 듯이 풀죽은 목소리로 조수가 필터를 없애려 하고 있지만 방법을 잘 모르겠다고 설명했다. 그는 나머지 청문회 참석자들에게 그들이 준비되었다면 자신도 진행할 준비가 되어 있다고 말하고는 이

113

렇게 덧붙였다. "저는 지금 생방송 중입니다. 고양이가 아니에요." 마침내 그 순간 줌 대화방에 있던 모든 사람이 웃기 시작했다.

수없이 봐도 질리지 않는 이 비디오에는 아주 멋진 점이 있다. 법정의 격식, 고양이 변호사의 진심이 가득한 영혼, 현실과 비현실, 진지한 것과 진지하지 않은 것의 충돌, 반짝이며 자신을 드러내는 매체. 그리고 그 매체와 우리가 맺는 관계의 기묘함. 이 모든 것이 노트북 앞에 앉아 불안정성과 환영의 디지털 공간에서 실제 현실 세계의 회의를 진행하기 위해 최선을 다하는 사람들의 모습에 담겨 있다.

줌은 2020년 8월에 필터를 처음 도입했다. 가장 큰 목적은 줌 피로를 호소하는 사람들에게 대안을 제시하는 것이었다. 줌의 설명을 빌리자면 "사람들이 가상 미팅에서 편안함을 느끼고, 개성을 표현하고, 일상에 즐거운 순간을 만들 수 있도록" 하기 위한 시도였다. 그러나 더 중요한 것은 이러한 필터가 서로의 상호작용을 매개하는 인터페이스인 줌 자체에 집중하게 한다는 점이다. 이 필터는 우리가 영상통화의 타자성을 가시화할 수 있도록 도우며, 줌의 인위적인 특성에 집중하면서 그 공간이 허용하는 가능성을 탐구하도록 이끈다. 더 이상 현실 세계에서 사람들이 상호작용하는 방식을 재현해야 한다는 강박에 얽매이지 않아도 된다는 뜻이기도 하다.

영상통화가 과거의 소설에 등장한 것과 다르다는 점을

인식하면 어떤 모습으로 변하게 될까? 이 완전히 새로운 만남의 얼개를 파악하려면 어디서부터 시작해야 할까?

나는 그 해답을 우리가 이전에 무너뜨리려고 한 단절과 타자성, 서로에 대한 내재적 분리를 인정하고 나아가 기념하는 데에서 찾아야 한다고 생각한다. 모든 회의를 고양이 모습으로 진행하거나, 카메라를 자신의 얼굴이 아니라 창밖으로 향하게 하여 온갖 풍경, 모순된 관점, 하늘의 다양한 색조를 콜라주 해보는 것도 좋을 것이다. 장난스러워질 수 있는 방법을 찾아보고, 그렇게 함으로써 연민을 잃을 대로 잃은 디지털 공간에 관대함을 불어넣을 수 있기를 바란다.

2021년 2월, 베키와 나는 매일 저녁 런던의 작은 아파트에서 줌에 로그인해 브라질 상파울루의 청소년 그룹과 함께 침실에서 연극을 했다. 이 가상 리허설 공간에 스며든 어색한 기운을 극복하기 위한 시도 중 하나로 매 세션을 시작하면서 다른 게임을 시도했는데, 이는 서로를 더 가깝게 만들 뿐 아니라 분리된 현실을 인식하고 함께 놀기 위한 방안이었다. 어느 날은 집에서 자신을 행복하게 만드는 물건을 찾아서 컴퓨터 앞으로 가져오라고 했다. 또 다른 날에는 각자 자신의 방에서 볼 수 있는 물건과 그렇지 않은 물건 두 개를 설명하게 한 다음, 나머지 사람들에게 무엇이 어떤 물건인지 맞히게 했다.

하지만 뭐니 뭐니 해도 가장 인기 있었던 건 '레인보 스크린'이라는 게임이었다. 통화에 참여한 모든 사람에게 각각 다른 색을 지정한 뒤, 비디오를 끄고 5분 동안 봉제 인형, 장식품, 옷, 책, 천 조각 등 손에 닿는 모든 것을 활용해서 화면을 최대한 그 색으로 채우라고 요청했다. 5분이 지난 뒤 우리는 동시에 비디오를 다시 켰다.

화면이 불꽃처럼 환하게 빛났다. 각각의 창은 단색의 사각형이 되어 그 자체로 하나의 세계를 이뤘다. 하지만 줌의 사각형 비디오 모음으로 함께 보았을 때는 완전히 다른 세계, 즉 현실도 비현실도 아닌, 어디에도 존재하지 않는 새로운 우주였다. 그것은 디지털 무지개이자 색채의 기이한 폭동이었다.

4장

자동차 안에서

먼 미래의 어느 시점이 되면 자동차는 과거의 유물이 되고, 자동차를 타고 운전하는 것이 어떤 경험인지 기억하는 사람이 아무도 살아 있지 않은 때가 올 것이다. 반드시 그렇게 될 것이다. 도로를 전부 파헤쳐서 마치 그리스 유적처럼 무너진 고가도로의 잔해를 발견하고, 증조할아버지의 다락방에서 낡은 자동차 번호판을 발견해도 멍하니 바라보게 될 때가 올 것이다. 남은 자동차는 영화나 사진 속 이미지, 최면을 걸듯 원을 그리며 끝없이 움직이는 수천 대의 미니어처 자동차, 마치 해골처럼 박물관에 전시된 20세기 도시의 디오라마 Diorama†뿐일 때가 올 것이다.

 이러한 시점이 오면 미래의 사람들은 이 독특한 발명품에 대해 어떻게 생각할까? 그들은 우리가 자동차에 부여한

† 특정 장면을 재현하기 위한 축소 모형

의미에 대해 어떻게 판단할까? 그들은 이 멸종해 버린 기계에 대한 우리의 한없는 애정을 어떻게 이해할까? 영화에서 아주 경건하고 애정 어린 갈망을 담아 자동차를 대하는 장면, 자동차에 이름을 붙이고 청소하고 광택을 내며 닦는 방식, 전시장과 콘퍼런스 센터에 반짝이는 신차를 마치 예술품처럼 전시한 사진을 보면 당황한 표정을 지을까? 복잡한 도시와 햇볕이 내리쬐는 산길을 꿈결처럼 달리는 자동차 광고를 본다면 어떤 느낌일까?

그들은 이해하려고 노력하겠지만 그러지 못할 것이다. 그들에게 자동차는 그저 물건일 테니까. 역사에 등장하는 사실이자 수백 년 동안 찬란한 빛을 발하며 세상을 뜨겁게 달구었던, 그저 경이로운 공학 기술일 뿐일 것이다.

🍬

2010년에 나는 글래스고에 있는 한 극장의 초청을 받아 극장 건물을 수리하면서 문을 닫는 기간 동안 여는 특별한 이벤트로 새로운 공연을 올리기로 했다. 극장 건물이 필요하지 않은 공연이라면 무엇이든 제안해도 좋다고 했다. 고민 끝에 나는 인근 주차빌딩 옥상에 주차된 차 안에서 공연을 하고 싶고, 그러려면 극장에서 차를 한 대 사 줘야 한다고 말했다. 놀랍게도 그들은 흔쾌히 내 친구 제마에게 200파운드를 지불하고 내게 중고 흰색 스즈키 스위프트를 사 줬다. 내 생애 첫 차였다. 마치 잘못 그린 자동차 그림처럼 생긴 데다 시속 80

킬로미터가 넘으면 신경질적으로 흔들렸지만, 나는 그 차가 멈추는 날까지 더없이 사랑했다.

차를 이용한 공연은 이상하고 운명적인 자동차와 나의 관계를 이해해 보려는 시도였다. 나는 내 차가 수천 년이 지나 박물관에 전시되어 그 시대 사람들이 우리 시대 사람들에 대해 알 수 있는 단초가 된 모습을 상상했다. 헤드폰을 쓴 관객 한 쌍이 스즈키 스위프트의 뒷좌석에 앉아서 미래의 시민 역할을 맡으면 귓가에 들려오는 목소리가 그들에게 이야기를 들려주기 시작한다. 엔진 소리가 울리고 라디오가 속삭이는 가운데 그들은 상상 속 여행을 떠난다. 그들은 사막 횡단 고속도로를 달리는 가족의 일원이 되었다가, 드라이브인 극장에 차를 세운 두 명의 열혈 10대 청소년이 되었다가, 쏟아지는 빗속에서 교통체증에 갇힌 택시 기사와 승객이 되었다.

이 공연의 의도는 신화와 일상이 서로를 붕괴시키는 장면을 목격하는 것이었다. 공연은 멀리 떨어진 곳의 아름다운 이미지를 연상시켰고 음악은 그에 맞추어 고조되었지만, 두 관객은 글래스고 중심부의 비 내리는 주차장 옥상에서 200파운드짜리 해치백 뒷좌석에 그저 앉아 있었을 뿐이다.

영국의 고속도로를 오르내리며, 브리스틀의 주차빌딩 옥상에서, 에든버러의 오래된 군사 훈련장에서, 음악 페스티벌이 열리는 서퍽 숲 주변의 진흙탕에서, 마드리드의 오래된 정육점에서, 공연을 계속 이어갈수록 우리가 이 위험한 장치에 대해 갖는 애정의 상당 부분이 운전하는 행위와 무관하다는 사실이 더욱 분명해졌다. 자동차에 대한 애정은 우리가 그 안에서 맞닥뜨리는 만남과 관련이 있었다.

물론 어떤 사람은 속도나 기계장치 때문에 자동차를 사랑한다. 어떤 사람은 자신의 부를 과시하는 지표로서 자동차를 사랑한다. 하지만 내가 이 공연에서 본 것은 그런 사랑이 아니었다. 내가 본 것은 헤드폰에서 들리는 지시를 따르거나, 함께 킥킥거리며 드라이브를 즐기거나, 조용한 곳에 주차하거나, 시원한 창문에 이마를 대고 잠을 자는 등 자신들만의 세계에 빠져 있는 두 사람의 모습이었다. 관객이 차 문을 열었다가 쾅 하고 다시 닫거나 앞좌석에 함께 앉아 서로의 어깨에 팔을 걸친 채 창밖을 응시할 때, 지나가던 행인들은 종종 멈추어 서서 무슨 일인지 궁금해하며 어리둥절한 표정을 짓곤 했다. 하지만 구경꾼은 차 안에 앉아 있는 관객의 주의를 분산시키지 못했다.

강화유리 창문 너머로 두 사람은 그들만의 우주에서 경험을 공유하고 있었다. 공적공간과 사적공간, 실내와 실외의 경계에서 아슬아슬하게 흔들리며 깊은 친밀감을 남기는 만남을 즐기고 있었다.

1막

그 안에 있다고 상상해 보자. 헤드폰을 끼고 뒷좌석에 기대어 차가운 차창에 머리를 기댄 채 하늘을 올려다보고 있다. 밑바닥에서 울리는 엔진의 윙윙거리는 소리가 여러분을 포근하게 품는다. 차가 이리저리 움직이자 몸이 부드럽게 흔들리고 숨을 천천히 쉬게 된다. 머리 위로는 가로등, 모텔 간판, 건물 모퉁이, 지나가는 구름이 얼핏 보인다. 휴가 중에 코르티나담페초, 알레그로, 시에라, 피에스타, 몬테고베이, 코르도바, 퍼시피카, 몬데오, 선빔† 같은 이국적인 이름을 가진 공간을 지나가는 중일 수도 있고, 여느 때처럼 가게나 할머니 댁에 가는 길일 수도 있으며, 잠드는 것 외에는 목적이 전혀 없는 여정일 수도 있다. 그렇다면 효과가 있을 것이다. 눈을 감으면 곧 잠이 들어버릴 테니까.

내가 아주 어릴 때, 엄마는 나를 확실하게 재우기 위해서 작은 흰색 미니에 나를 태우고 한동안 드라이브를 하곤 했다. 낮이든 밤이든 효과가 보장되었다. 마치 마술처럼 시동을 걸자마자 나는 곧바로 꿈나라로 떠났다. 나는 이때가 기억나지 않지만, 엄마는 작은 인간이 본인 손이 닿지 않는 곳에 누워 잠을 자는 동안 운전에 집중하려고 애썼던 일을 분명히 기억하고 있다.

　이 기술은 인터넷이 없던 시절에 부모가 자녀에게 대대로 물려주던 소소한 요령 중 하나였던 것 같다. 놀라운 성공률을 보장하는 공공연한 비밀이었다. 2012년 영국의 소매업체 마더케어Mothercare가 실시한 설문 결과에 따르면, 조사에

121　† 전형적인 모텔 간판 이름

응한 부모 1000명 중 절반 이상이 아이를 재우기 위해 자동차를 활용한 적이 있다고 답했다. 어쩌면 지금 이 순간에도 지친 부모와 잠든 아이가 탄 수천 대의 자동차가 끝없이 빙빙 돌고 있을 것이다. 햇살 아래에서 동네를 한 바퀴 깔끔하게 돌면서. 이른 새벽에 텅 빈 고속도로를 산책하듯 오르내리면서. 같은 광고판을 100번도 넘게 지나치면서. 심야의 라디오에서 흘러나오는 사랑 노래를 들으면서. 승객이 잠들었는지 확인하기 위해 가끔 뒤돌아보면서.

아기들은 달리는 자동차의 어떤 점에서 편안함을 느낄까? 일부 발달심리학자는 낮은 수준의 지속적인 움직임과 엔진의 조용한 백색소음이 아기들에게 자궁에 있던 때의 기억을 불러일으키고, 태초의 평온한 시간으로 부드럽게 돌아갈 수 있도록 한다고 설명했다. 자동차는 아기가 오랫동안 잠을 자며 성장한, 그리고 큰 충격과 함께 탈출한 바로 그 공간을 대체하는 금속 고치인 것이다.

그토록 어린 시절부터 많은 사람이 자동차처럼 위험한 기계를 편안하고 보호받는 느낌, 즉 우리가 가장 부드럽게 느끼던 최초의 만남이 이루어진 공간과 연관 짓는 것은 좀 이상한 일이다. 미국에서는 매년 많은 사람이 총기 사고만큼 잦은 자동차 사고로 사망한다. 하지만 이 작은 금속 요람에는 프라이버시와 따뜻함이 있다. 우리는 담요나 우주복처럼 자동차로 몸을 감쌀 수 있다. 자동차는 세상을 완전히 가리지 않으면서도 난폭하고 낯선 세상에서 우리를 지킬 수 있는 보호막이 되어준다.

나이가 들어도 우리는 이러한 만남의 기억을 계속 간직한다. 이 기계를 자궁의 느낌과 연관 짓지 않는다고 해도, 엔진의 윙윙거리는 소리는 신경안정제처럼 작용한다. 두꺼운 창문과 잠글 수 있는 문, 전자기기를 갖춘 자동차는 안락한 집의 연장선상에 있는 공간이라고 볼 수 있다. 바퀴가 달린 여분의 방. 집 한구석에서 떼어낸, 움직일 때 함께할 수 있는 작은 공간.

우리 가족은 어디든 함께 차를 타고 가면서 같은 카세트테이프를 반복해서 들었고, 멀미가 날 때까지 책을 읽었으며, 빨간 차와 하얀 차의 숫자를 세는 자동차 게임을 했고, 동생과 나는 잠들 때까지 별것 아닌 일로 다투곤 했다. 이 여행은 내 기억 속에 고스란히 각인되어 영국의 모든 고속도로를 따라 끝없이 이어지고, 그 와중에 휴게소마다 들르는 하나의 여정으로 완성된다. 녹은 초콜릿과 휴게소 화장실의 오디세이. 내 어린 시절만큼이나 길고, 재미있고, 지루하고, 짜증스럽고, 즐거웠던 가족 여행.

패밀리 카라는 개념은 자동차가 등장할 무렵까지 미국과 유럽에서 개념이 정의되지 않았던 가족의 규모에 대한 몇 가지 가정에 의존하고 있다. 자동차를 단순히 상류층의 놀이기구가 아니라 중산층이 사용하는 일상품으로 여기기 시작한 1920년대 초부터 온 가족이 탈 수 있을 만큼 큰 자동차가 시판되기 시작했다. 에스테이트 카†는 더 많은 승객과 더 많

† 미국에서는 스테이션 왜건으로 불리며, 차체 뒷부분을 확장한 형태의 차량을 뜻한다.

은 짐을 실을 수 있도록 포드의 모델 A 같은 기존 차량을 개조해서 생산한 것이다. 원래는 군용이나 상업용으로 제작했지만 일반 대중에게 판매되면서 인기가 급상승했다.

그러나 이 차에 수용할 수 있는 가족 구성원의 수는 엄격하게 제한되어 있었다. 이모, 삼촌, 조부모 등 대가족이 모두 탑승할 수 있는 공간은 없었다. 그때나 지금이나 패밀리 카는 부모와 한두 명의 자녀 그리고 기껏해야 한두 명의 성인이 더 타는 데 알맞은 크기다. 따라서 이러한 차량은 평범한 가족 구성원의 정의를 일반화하는 데 도움이 되었다. '핵가족 nuclear family'이라는 용어는 이러한 패밀리 카가 대량 생산되면서 대중화되었다.

이 움직임는 금속 상자 안에서 자신과 주변 사람의 관계에 대해 생각하는 방식이 구체화되었다. 자동차는 전통적으로 핵가족의 가치를 표방한다. 심지어 좌석 배치 방식조차 운전석에 아버지, 그 옆에 어머니, 뒷좌석에 자녀가 앉는, 전통적인 가족의 운영 방식에 대한 특정한 청사진을 제시한다.

자동차 안의 핵가족은 차가운 유리창 너머로 지나치는 들판, 건물, 다른 자동차를 마치 그들만을 위해 만들어진 영화처럼 바라보면서 세상 속에 존재하지만 세상과 분리된 채 원하는 곳 어디든 운전해서 함께 갈 수 있다. 가족은 각 개인이 주변 환경을 접하고 경험하는 렌즈가 되며, 시속 65킬로미터로 달리는 금속에 둘러싸여 있지 않을 때 필연적으로 접하게 되는 외부의 영향을 피할 수 있게 해준다. 이곳에는 도시

거리의 소음과 지저분한 환경에서 벗어나 마치 전자처럼 원자핵 주위에서 각자의 궤도를 돌고 있는 사람들만 존재할 뿐이다.

이러한 방식으로 세상을 접하는 것은 우리 주변의 사물과 사람을 인식하는 방식에 어떤 영향을 미쳤을까? 패밀리 카는 서구 사회에서 핵가족의 정의에 어떤 영향을 미쳤을까? 이 사악한 기계가 우리에게 가족을 항상 우선시해야 한다는 교훈을 주지는 않았을까?

분명한 것은 한때 우리를 더 큰 전체와 연결해 주던 사회적이고 시민적인 유대가 패밀리 카라는 제한된 공간 안에서 마치 쾅 닫히는 금속 문에 끼인 손가락처럼 납작해질 위험에 처해 있다는 사실이다.

동생과 나는 뒷좌석에 앉아 바깥세상을 등지고 서로 얼굴을 마주 보다가 엄마가 양 떼나 지나가는 스포츠카를 가리키거나, 수평선 너머로 반짝이는 바다가 보일 때만 뒤를 돌아보곤 했다. 비가 오면 앞 유리창의 와이퍼가 심장박동처럼 쿵쾅거리면서 움직였고, 비를 피하기 위해 뛰는 보행자의 모습을 볼 수 있었다. 우리는 차 안에서 비 한 방울 맞지 않은 보송보송한 상태로 빗방울이 흘러내린 자국을 따라 창문 위로 손가락을 그었다.

2막

다시 눈을 뜨면 상황이 변해 있다. 이제 여러분은 앞자리에 앉아 있다. 조금 더 나이가 들었고 그만큼 현명해졌다. 여러분은 고속도로 옆 쉼터나 조명이 어두운 철도 교각 아래의 주차장 같은 조용한 곳에 차를 세운다. 아랫동네를 비추는 별이 보이는 전망대처럼 높은 곳에 주차했을 수도 있다. 어둠 속에서 차 안에는 그림자와 공간만이 존재하고, 유일한 조명은 빨강과 초록, 주황으로 빛나는 대시보드뿐이다. 그럼에도 옆에 누군가가 있다는 것을 느낄 수 있고, 내 심장이 뛰는 속도에 맞춰 상대방의 심장이 두근거리는 것을 알아챌 수 있다. 라디오에서는 친근한 팝 클래식 시리즈가 흘러나온다. 각 노래는 점점 더 파격적이고 도발적인 내용으로 치닫는다. '거칠게 태어난Born to Be Wild', '닥치고 운전해Shut Up and Drive', '내 품 안으로Into My Arms', '육체적인Physical', '사랑을 나눠요Let's Get It On', '충돌Crash', '꿈꿔요 자기 꿈꿔요Dream Baby Dream'…. 유혹적인 형태로 만들어진 플라스틱과 인조가죽에 둘러싸인 채, 여러분은 서로 한데 묶여 있음을 느낀다. 맹렬한 메커니즘으로 맞물려 돌아가는 톱니바퀴. 전기 심장 속에서 빛나는 빛†을 받으며 함께 드라이브를 하는 젊은 연인을 그린 영화 속의 연인들.

† 이탈리아의 작가 필리포 마리네티의 「미래주의 선언」에서 따온 표현

자동차는 사실 처음부터 자유를 약속하며 판매되었다.

우리는 항상 자동차로 어디든 갈 수 있고 무엇이든 할 수 있다는 이야기를 들어왔다. 1924년에 이미 포드 광고는 "포드 자동차를 가지면 미지의 장소로 자유롭게 모험을 떠날 수 있다"라는 아이디어로 잠재고객을 유혹했으며, 오늘날에도 자동차 광고는 탐험과 모험의 유령에 사로잡혀 있다. 거대한 먼지기둥을 일으키고 사막 계곡을 가로지르며 질주하는 대형 SUV, 텅 빈 숲의 굽은 도로를 질주하는 우아한 세단, 석양 속으로 사라지는 새빨간 컨버터블, '디스커버리(발견)'나 '이스케이프(탈출)'라는 이름을 붙인 포드 자동차 등은 더 멀리, 현실을 통과해 그 너머로 갈 것을 약속한다.

하지만 자유의 종류는 여러 가지다. 일반적으로 비싼 스바루를 타고 산길을 질주하거나 낡은 폭스바겐 캠핑카를 타고 지중해권 국가를 횡단하려고 시도하지는 않을 것이다. 모든 자동차가 새롭고 가보지 않은 곳으로 탈출하기 위한 수단은 아니다. 많은 사람에게 자동차는 그 자체로 목적지다. 만남과 친밀감, 우정과 기쁨 그리고 자유가 있는 공간. 어쩌면 이러한 공간은 자동차가 유일할지도 모른다.

특히 여전히 집에서 형제자매와 함께 방을 쓰는 아이들과 청년들에게 프라이버시는 희소가치를 가진 상품이다. 나만의 공간 없이 다른 사람의 집에 사는 동안에는 그 사람의 규칙에 맞춰 생활해야 한다. 하지만 돈을 아껴서 마련한 내 차 안에서는 나만의 규칙을 정할 수 있다. 몇 제곱미터의 공간을 오로지 나만을 위한 세상으로 만들 수 있다. 서구의 정신에서 필수적으로 강조하는 사유재산을 소유할 수 있는 것이다.

일단 색깔과 브랜드를 선택할 수 있다. 시트를 고르고 차 옆면에 줄을 그릴 수도 있다. 백미러에 묵주나 가족사진, 향기 나는 크리스마스트리를 걸어놓을 수도 있다. 담배꽁초와 햄버거 포장지로 어지럽혀도 되고, 빗물에 씻겨나가길 바라면서 진흙을 묻힐 수도 있다. 아니면 광택이 날 정도로 흠잡을 데 없이 깨끗하게 닦을 수도 있다. 음악을 고를 수도 있다. 카스테레오를 선택할 수도 있다. 지나가는 집의 벽을 덜컹거리게 하는 서브우퍼로 트렁크를 가득 채울 수도 있다. 창문에 선팅을 할 수도 있다. 차체 하부에 파란색 네온 조명을 붙일 수도 있다. 갈아입은 옷, 개 장난감, 잡지로 뒷좌석을 뒤덮을 수도 있다. 원한다면 글러브 박스를 모래로 채울 수도 있다. 이 공간은 전적으로 나만의 것이다.

여러 세대에 걸쳐 청년들은 집에서 지켜야 하는 규칙과 기대에서 벗어나 이 신기한 금속 그릇 안에서 자기 자신을 새롭게 발견해 왔다. 친구나 연인과 함께 이야기를 나누고, 담배를 피우고, 술을 마시며 즐거운 시간을 보냈다.

자동차의 내부 공간은 이런 일들을 하기에 여러모로 완벽한 장소다. 긴장한 젊은이들이 어색한 기운을 피하면서 가깝게 마주할 수 있는 구조로 설계되었기 때문이다.

차 안에서 이루어지는 만남은 마치 대화에 서툰 사람들을 위한 초급반 수업 같다. 연구자들에 따르면 자동차는 승객들이 서로 눈을 마주치지 않는 구조로 좌석이 설계되어 새로운 생각을 떠올릴 때 거의 방해를 받지 않으며, 여기에 카스테레오와 외부 세계의 풍경이 조합되어 편안한 배경음과 무한한 확장성이 보장된다. 자동차는 일반적인 대면 소통이 아닌 새로운 소통 방식을 모색하기에 이상적인 환경이다.

그리고 전망대, 쉼터, 조용한 막다른 골목 또는 여러분이 얼마나 뻔뻔스러운지에 따라 개방된 공간에서도 일어나는 자동차에서의 로맨틱한 만남도 있다. 나는 한밤중에 에든버러 도심에 주차된 차 안에서 두 사람이 섹스를 하는 것으로 추정되는 장면을 우연히 목격한 순간을 선명하게 기억한다. 차는 위아래로 흔들리고 있었고 창문에는 김이 자욱하게 서려 있었으며 부드러운 달빛은 마치 에드워드 호퍼가 그렸을 법한 춘화처럼 텅 빈 대학 주차장을 우울한 웅장함으로 밝게 비추고 있었다.

섹스와 자동차의 관계는 길고 험난하며, 이 둘은 서로 거부할 수 없이 끌린다. 김이 서린 창문을 손바닥으로 짚으면서 좁은 뒷좌석에서 어색하게 상대의 몸을 더듬는 장면은 익숙한 클리셰다. 자동차가 정말 그렇게 섹시할까? 나는 그렇지 않다고 주장하고 싶다. 하지만 이런 행위가 좀처럼 허용되지 않는 환경에서 젊은이들이 섹스를 할 수 있는 장소는 많지 않다. 자동차는 문을 잠글 수 있는 침실과 가장 비슷한, 사생활과 친밀감이 보장되는 공간이다. 집이나 공공장소에서 우리의 행동을 지배하는 규칙이나 기대치에서 멀찍이 격리되어 있다.

음주, 대화, 흡연, 섹스, 낯선 도로를 과속으로 운전해서 아무에게도 들키지 않기를 바라는 마음으로 어두운 구석에 주차하는 행위. 이 모든 행위는 여러모로 위험하지만, 어쩌면 우리는 그 위험에 끌리는 것일 수도 있다. 통제력의 끝자락에서 자신의 행동이 심각한 결과를 초래할 수 있고, 사람들이 크게 다칠 수 있다는 사실을 처음으로 깨닫는다. 단단한 금속 우리 안에서 뼈와 살이 서로 부딪히며 흔들릴 때, 부러지기 쉬운 뼈와 연약한 살의 위태로움을 실감할 수 있다. 운전은 성인이라면 익혀야 할 필수적인 기술이 되었으며, 면허 실기 시험은 상징적인 성인식으로 지위가 격상되었다. 위험과 섹스, 책임감이 지배하는 성인 세계로 진입하는 것이다.

나는 10대와 청년 시절에 자동차 안에서 많은 것을 배웠다. 평생 기억에 남을 우정과 로맨스, 만남을 쌓았다. 부모님 집 앞 길거리에 차를 세워두고 보낸 저녁 시간. 친구의 농장 언저리에 있는 빈 들판에서 술에 취해 미끄러지듯 스키드마크를 만들던 시간. 스완지에서 비를 맞으며 집으로 돌아오던 날 밤에 마치 카우보이라도 된 양, 차 안에서 말보로 레드를 연달아 피우던 기억. 휘발유 냄새와 유리잔, 전자기기가 뒤엉킨 차 안에서 나 자신과 내가 가장 아끼는 사람들과의 관계를 이해하는 법을 배우던 모든 순간이 떠오른다.

3막

마지막 막에서 우리는 더 이상 누군가와 함께하지 않는다. 당신은 앞좌석에 있고 나는 뒷좌석에 있거나 그 반대일 수도 있다. 나에게 당신은 백미러에 떠 있는 한 쌍의 눈일 뿐이다. 다른 차 말고 우리 주변에는 아무것도 없다. 잔뜩 밀려 있는 차선들. 공기 중으로 올라가는 배기가스에 후미등의 빨간 빛이 비친다. 어두운 실내에서 그림자 같은 형상이 어렴풋이 보이지만 정확히 식별할 수는 없다. 신호등은 요란하게 색깔을 바꾸며 깜빡이지만 누구도 주의를 기울이지 않는다. 우리는 실제로 말을 하지 않는다. 이제 우리는 각자의 세계에 갇힌 낯선 두 사람이다. 밖은 어둡지만 지금이 늦은 시간인지 이른 시간인지는 알 수 없다. 차들이 천천히 앞으로 움직이고, 당신은 자동차 경적 소리를 들으며 창밖을 응시하다가 슬며시 잠이 든다.

🍬

자동차는 시간이 갈수록 한 인간의 삶에서 빛을 잃는 경향이 있다. 시내에 나가거나 우편으로 편지를 받는 것 같은 삶의 또 다른 일들도 자꾸 반복되면서, 그리고 성인이 가져야 할 책임감이 더해지면서 서서히 빛이 사라진다. 한때는 새로운 탐험과 자아 발견의 공간이던 자동차는 직장 생활, 가족에 대한 의무 그리고 자신과 사랑하는 사람들을 부양하는 데 필요한 유지 관리 대상 중 하나가 되어버린다.

　일반적으로 성인이 차 안에서 경험하는 가장 흥미로운 만남은 사랑하는 사람, 즉 편안하고 친숙한 사람을 태울 때가 아니라 목적지까지 데려다줘야 하는 낯선 사람을 태웠을 때 발생하는 짧고 업무적인 상호작용일 것이다. 이를테면 택시 기사와 고객의 만남은 서로 전혀 모르는 두 사람이 일시적으로 좁은 공간에 갇혀 있는 상황에서 이루어진다. 이때는 자동차 안의 친밀감이 완전히 다른 성격을 띠게 된다. 두 사람은 이 친밀한 공간에서 어떻게 상호작용할까? 대화를 할까? 논쟁을 할까? 서로 시선을 마주할까? 승객이 가고자 하는 목적지를 말하는 것 이상의 이야기를 할 때 서로를 받아들일 수 있을까? 이러한 만남에는 일반적으로 당사자들이 이 만남에 응할 것인지 결정을 내리는 일련의 과정이 뒤따르며, 이러한 과정을 거치는 동안 두 사람 사이에는 서서히 함께 자동차 여행을 할 수 있을 정도의 연약한 신뢰가 형성된다.

　예를 들어 택시를 탈 때는 어디에 앉아야 할까? 대부분의 지역에서는 관습적으로 승객이 뒷좌석에 앉는다. 런던이나 뉴욕 같은 도시에서는 운전자의 공간과 승객의 공간을 구분하는 플라스틱 가림막이 설치되어 있는 경우도 있다. 택시 뒷좌석에 앉는 것은 운전자와 승객의 분리를 가시화할 수 있는 방법이다. 한 명은 서비스 제공자이고 다른 한 명은 고객이라는 근본적인 차이를 명확히 할 뿐 아니라, 계급, 지역, 언어 등 무수히 많은 차이점이 존재할 수 있음을 강조한다. 이러한 구분을 넘어서 대화하는 것은 쉽지 않은 일이다. 운전자와 승객은 각자의 평행 현실에서 함께, 또는 따로 떨어져서 부유하게 된다.

그러나 호주와 뉴질랜드, 스코틀랜드와 아일랜드의 시골 일부 지역에서는 그 반대다. 승객은 거리를 둘 때 느낄 수 있는 편안함을 선택하는 대신 앞좌석에 앉아서 자신이 만난 사람을 탐색한다. 심지어 뒷자리에 앉는 것이 자연스러운 경우에도 적극적으로 앞자리를 선택하는 대담한 사람들이 있다. 이는 자기 자신을 물리적으로 분리되지 않도록 하려는 행위다. 운전자가 원하든 원하지 않든, 문자 그대로나 비유적으로나 자기 자신을 운전자와 평등한 위치에 놓으려는 것이다.

낯선 사람과의 예기치 않은 만남에는 잠재적인 아름다움과 기쁨도 있지만, 폭력과 공포의 유령 또한 도사리고 있다. 미국 국립산업안전보건연구소NIOSH에 따르면 택시 기사는 미국 내 모든 직업 가운데 살해당할 위험이 가장 크다고 한다. 일반 근로자보다 업무 중 살해당할 확률이 20배 이상 높으며, 경찰관이나 경비원 다음으로 폭력의 희생자가 되기 쉽다. 영국의 《i》 신문이 최근 실시한 설문조사에 따르면 운전자의 93%가 인종차별을 겪은 적이 있다고 답했고, 이 중 일부는 늘상 인종차별을 당한다고 답했다. 승객 역시 마찬가지다. 특히 여성과 소외된 사람들은 괴롭힘과 폭력에 노출될 위험을 안고 택시나 차량 공유 서비스를 이용한다.

택시는 공과 사의 개념이 복잡하게 얽혀 있는 공간이다. 예측 불가능성, 이질감, 때로는 적대감처럼 우리가 일반적으로 공공장소에서 느끼는 모든 경험이 개인의 차량 한 대에 모두 스며 있다. 이 공간에서 만나는 모든 사람은 낯선 이와의 만남에서 오는 어색함과 긴장감을 견뎌내야 한다. 어쩌면 우리는 이러한 상호작용을 경험하며 낯선 사람과의 만남에 따르는 불편함을 극복하는 방법을 다시 배울 수 있을지도 모른다. 서로의 차이를 인정하고 어떻게든 연결될 방법을 찾으려는 어설픈 시도에는 연민과 희망이 공존한다.

먼 미래에는 2020년이 자동차 역사상 획기적인 해였다고 기록될 것이다.

구식으로 치부되기 시작하던 자동차는 세계적인 팬데믹의 위험을 헤쳐 나가는 수단으로 등극했다. 다른 시대였다면 낯선 사람들이 모여 예배를 드리거나, 파티를 열거나, 웃거나, 이 세 가지를 한꺼번에 즐길 수 있는 종류의 경험을 깔끔하게 정렬한 자동차에서 하는 것은 의심할 여지 없이 이상하고 다소 삭막한 광경이었을 것이다. 그러나 팬데믹 기간에는 사람들이 평상시에 하던 수많은 활동이 안전하고 편안한 자동차 안에서 이루어졌다. 영국의 노스 서머싯에서는 드라이브스루 병원에서 진료를 받기 위해 차들이 길게 줄을 섰고,

캘리포니아의 벤투라 카운티 박람회장에서는 나란히 주차한 자동차 관객을 대상으로 스눕 독의 공연이 펼쳐졌다. 드라이브인 스탠드업 코미디 쇼, 드라이브인 뮤지컬, 드라이브스루 백신접종 센터, 심지어 드라이브스루 슈퍼마켓도 등장했다. 사람들은 화장지를 차에 싣기 위해 몇 시간씩 줄을 섰다. 나는 여름의 어스름한 저녁 햇살 아래에서 알렉산드라 팰리스 외부 주차장에 설치한 대형 스크린으로 영화 〈죠스〉를 보는, 생애 첫 드라이브인 시네마를 경험했다.

드라이브인 시네마의 경험은 참신하긴 했지만, 내가 그토록 사랑하는 영화관을 그것으로 대체하고 싶지는 않았다. 극장 안의 즐거운 공동체, 숨소리와 웃음소리 그리고 우리 사이에 다른 세상이 펼쳐지는 것 같던 순간들이 그리웠다. 이러한 경험은 우리와 세상 사이에서 장벽이 되어주는 이 금속 갑각류가 코로나바이러스 이상의 것을 차단한다는 사실을 상기시켰다. 유명인이 도로를 빠져나가려다 찍힌 흐릿한 파파라치 사진을 본 적 있는 사람이라면 누구나 알겠지만, 차 안에 누가 타고 있는지 정확히 파악하기는 생각보다 매우 어렵다. 빗속이나 밤에는 반사되는 빛에 눈이 부셔서 차 안에 탄 사람이 거의 보이지 않는다.

각자의 자동차를 탄 채로 만남을 갖는 유일한 방법은 신호음과 깜박임으로 이루어진 난해한 언어를 의사소통 수단으로 활용하는 것이다. 하지만 이러한 언어는 전적으로 상황에 맞추어 사용해야 하며, 같은 신호를 서로 똑같이 이해하고 있다는 불완전한 가정에 의존한다. 예를 들어 이집트에서 복잡한 카이로의 교통체증을 헤쳐 나가는 동안 내 친구 샤자가 알려준 것처럼, 자동차의 경적 소리는 모든 것을 의미한다. 경적 소리는 신호등이자 경고등이며, 감사 인사나 꺼지라는 욕설이기도 하다. 분주한 카이로 거리의 새벽 합창이 알려주듯이 경적은 무한한 음악적 가능성을 지닌 장치다.

이러한 모호한 의도는 밀폐된 차 안의 익명성과 만나며 거의 필연적으로 잦은 도로 난동 사건으로 이어진다. 도로가 혼잡해질수록 운전자 간의 시비가 기하급수적으로 증가하고 폭력으로 확대되며, 때로는 심각한 부상과 사망으로까지 치닫는 사건이 발생한다. 《뉴욕 타임스》에 따르면 2014년부터 2016년까지 미국에서는 총 136명이 도로 난동 사건으로 총에 맞아 다치거나 살해당했다. 익명성에 서로를 숨긴 채 가느다란 신호로만 연결된 자동차 사용자들은 인간성에 대한 신뢰를 잃게 되었다.

지난 100년 동안 세계 대부분의 지역에서 자동차가 주요 교통수단으로 자리 잡으면서 우리의 동네와 도시는 자동차를 수용하기 위해 변화해 왔다. 빠르게 달리는 자동차는 우리의 공동 공간을 침범하고, 이웃을 분열시키고, 거리의 한쪽을 다른 한쪽과 분리해 보행자의 영역을 제한한다. 심지어 움직이지 않을 때에도 도로 양쪽에 엄청난 공간을 차지한 채 주차되어 있어서 다른 사람이 그 공간을 사용할 수 없게 만든다. 최근의 한 연구에 따르면 런던에서만 노상주차 차량이

14제곱킬로미터 이상, 즉 하이드 파크 10개에 해당하는 넓이의 공간을 차지하는 것으로 나타났다. 이 모든 것이 걷거나 자전거를 타기 어려운 환경을 만들고 차 밖에서 보내는 시간을 더욱 줄어들게 한다. 이는 본질적으로 공공영역의 상당 부분을 사유화해 우리가 세상에서 낯선 사람을 만나는 방식을 근본적으로 변화시킨다.

자동차에 대한 의존도가 높아지면서 우리가 서로 마주할 기회는 크게 줄어들었다. 운전 중 깊은 상호작용을 하는 사람은 가족, 친구, 연인, 가끔씩 짧은 여행을 함께 하는 낯선 사람 등 매우 제한적이다. 그렇다면 우리가 매일 지나치는 다른 사람들과는 어떤가? 서로를 보고, 상호작용하고, 연결되기 위해 마음을 쓸 여유가 얼마나 있을까? 우리가 서로 마주칠 수 있는 공간은 과연 얼마나 남아 있을까?

우리는 결산의 시기에 도달했다. 20세기를 빛내고 변화시킨 인간과 자동차의 위대한 로맨스는 이제 막을 내리고 있다. 최근 나는 미국 최고의 대기오염 전문가 중 한 명이 10세 아이들에게 대기오염을 줄이기 위해 인간이 할 수 있는 가장 확실한 일은 운전을 하지 않는 것이라고 말하는 장면을 보았다. 그 아이들이 나처럼 자동차에 애착을 가질 수 있을까? 아마도 그렇지 않을 것이다. 아이들은 자동차 없는 세상을 꿈꾼다. 제트 팩과 움직이는 바닥, 트램펄린으로 만들어진 거리를 꿈꾼다. 운하와 자전거도로, 자전거 버스를 꿈꾼다. 그들은 운송 문제를 풀 수 있는 무수히 많은 해결책(공기압 운송 튜브와 튜브 슬라이드 등)을 상상하고 있다.

나는 어린 시절의 자동차 여행과 10대 시절의 밀회, 늦은 밤 택시를 타고 미지의 세계로 향하는 꿈을 꾼다. 하지만 이 모든 것이 잊힐 미래도 꿈꾼다. 자동차를 통한 만남으로 충족했던 필요와 욕구를 다른 방식으로 충족할 수 있게 된 미래 말이다. 나는 새로운 범주의 만남, 즉 공적공간과 사적공간 사이의 새롭고 더 평등한 관계를 꿈꾼다.

나는 박물관에 전시된 수많은 유물처럼 사람들이 호기심 어린 눈으로 자동차를 바라볼 미래를 꿈꾼다. 과거의 사람들이 이 물건을 왜 그토록 사랑했는지, 그들은 결코 이해하지 못할 것이다.

5장

함께 하는 식사

첫 번째 식사: 도미노피자 다섯 판

에슬람의 아버지는 택시 뒷좌석에 직접 피자를 싣고 왔다. 우리는 극장의 가장 큰 리허설 룸의 광택 나는 나무 바닥에 양반다리를 하고 둥글게 모여 앉아 피자를 먹었다. 가운데에는 골판지 상자가 캠프파이어처럼 쌓였다. 우리는 모두 13명으로, 나와 베키, 어시스턴트 콘스탄티나 그리고 3주 동안 함께 공연을 만든 초등학생 10명이 있었다.

공연은 한 시간 후에 시작될 예정이었다. 관객은 이미 도착하기 시작했고, 베키와 콘스탄티나와 나, 우리 셋은 모두 지쳐 있었다. 아이들도 마찬가지였다. 우리는 하루 종일 짐짓 선생님이나 부모님처럼 연기하면서 아이들을 조용히 시키고 그들이 해야 하는 일이 무엇인지 알려주었다. 그러나 테이크 아웃 피자를 먹는 사람들은 특별한 허가를 받는다. 손과 입가에 소스나 기름기를 잔뜩 묻히고 먹는 것이 문제 되지 않고 예절의 정치학은 일시적으로 폐기된다. 피자 상자를 열고 구운 빵과 녹은 치즈 냄새가 불꽃놀이처럼 공기를 가득 채우는 순간, 평소 우리의 관계를 규정하던 위계질서는 잠시 유예된다. 우리는 다 같이 웃으며 가장 좋아하는 피자 토핑, 여름휴가 계획, 장래 희망에 대해 이야기했고 바쁜 하루 중에 잠시나마 함께 시간을 보낼 수 있는 그 순간을 즐겼다. 몇 분이 지나면 모두 아래층으로 내려가 의상을 갈아입고 최종 사운드 체크를 하며 긴장한 마음을 가라앉혀야 할 것이다. 그러고 나서 입구가 열리면 강당에는 관객이 들어오기 시작할 것이다. 하지만 그 모든 것은 미래의 일이다. 지금은 상자에서 바로 꺼낸 테이크아웃 피자를 함께 먹으며 플라스틱 컵에 가득 따른 다이어트 코카콜라 를 마실 뿐이다.

최고의 음식이 대부분 그러하듯, 피자는 궁핍한 삶과 생존 전략의 익숙한 조합으로 탄생했다. 나폴리의 번화한 거리에서 '라차로니lazzaroni'라고 불리던 하층민은 일거리가 있을 때에는 짐꾼이나 배달원으로 일하면서도, 다른 선택의 여지가 없을 때에는 도둑질이나 구걸을 하면서 생존을 위해 고군분투했다. 이들은 매일 아침 눈을 뜨면 시대를 초월한 질문에 답하려고 노력했다. 어떻게 하면 하루를 버틸 음식을 먹을 수 있을까? 음식을 살 돈이 없고 요리할 부엌도 없는 상황에서 이 질문에 답하는 것은 쉬운 일이 아니었다. 라차로니들의 기발한 해결책은 토마토와 허브를 얹은 납작한 원반 모양의 빵이었다. 값싸고 쉽게 구할 수 있는 재료로 만드는 이 음식은 아무리 작고 비좁은 부엌에서도 누구나 간단히 만들 수 있었으며, 길거리에서 맨손으로 집어서 먹을 수도 있었다.

나폴리의 골목길 주방에서는 세계 최초의 피자를 만들어 조각낸 뒤 기운 없고 지친 사람들에게 팔았다. 어린 소년들은 피자 조각을 진열한 이동식 테이블을 들고 붐비는 거리를 지그재그로 누비고 다녔다. 밤에는 쟁반에 피자를 담아 할머니들이 앉아서 쉬고 있는 아파트 계단 앞을 지나가기도 했다. 할머니들은 계단에 앉은 채 쉴 새 없이 움직이는 도시의 소음을 들으며 몇 푼 안 되는 돈으로 피자 한 조각을 사 먹었다.

피자는 지금 세계 어느 곳에서나 찾을 수 있다. 나폴리의 가난하고 배고픈 서민의 음식으로 시작된 피자는 이제 하얀 타일로 장식한 비스트로나 화려한 체인 레스토랑 그리고 세상의 모든 힙스터 바에서 팔리고 있다. 비록 지금은 어엿한 요리가 되어 더 커지고, 맛이 진해지고, 비싸지는 등 많은 변화가 있었지만, 적어도 본래의 풍미는 유지되고 있다. 피자는 여전히 지친 사람들을 위한 음식이다. 순간을 낚아채는 음식이자 즉흥적으로 점심 식사를 해야 하는 모임을 위한 음식이다. 고된 하루 일과를 마무리하는 저녁 식사이자 진이 빠진 늦은 밤의 마지막 휴식처다. 피자는 식사라기보다는 어떤 문제의 해결책에 가깝다.

열아홉 살 때 나는 에든버러 도심의 작은 학생 극장에서 주로 시간을 보냈다. 오래된 교회를 개조한 극장으로, 작은 직사각형 무대가 있고 전에 교회 의자가 있던 자리에 빨간 영화관 좌석 100개를 간신히 들여놓았다. 이곳에서 우리는 매일 저녁과 주말에 길게는 몇 시간씩이나 쉼 없이 연습에 몰두했고, 학교 숙제는 무시한 채 원대한 야망을 지닌 다양한 성격의 작품에 모든 것을 쏟아부었다. 우리는 무어 살인 사건[†]에 관한 라이너 베르너 파스빈더의 잘 알려지지 않은 연극과 찰스 2세에 관한 하워드 바커의 연극을 공연했다. 한 공연에서는 실제 잔디로 덮인 인공 언덕을 만들었고, 또 다른 공연에서는 요크 신비극York Mystery Plays[‡]을 4시간 길이의 실험적인 연극으로 각색했다.

마지막 연극이 특히 기억에 남는다. 부활절 연휴 동안 다른 아이들은 모두 부모님과 함께 집에 있었지만, 우리는 극장 전체를 하얗게 칠하고 최후의 만찬을 재현하는 즉흥연기에 오랜 시간 동안 빠져 있었다. 우리는 겟세마네 동산의 배신을 예수와 유다의 탱고로 바꿔서 표현하기 위해 끝없이 연습했다. 하루가 저물어가고 있었지만 아무도 집에 가고 싶어 하지 않았고, 누군가가 길 건너 주류점에 가서 값싼 레드와인한 병과 도미노피자를 사 왔다. 우리는 페인트 얼룩을 묻히고 피곤에 찌든 눈을 한 채 우리 자신과 우리가 만들어낸 기묘한 우주와 사랑에 빠졌고, 흰 무대 위에 주저앉아 상자에서 바로 꺼낸 도미노피자를 먹었다.

이 즉흥적인 식사는 내 대학 생활 전체에서 첫손에 꼽을 만큼 좋은 추억 중 하나다. 소속감을 느끼게 하는 식사였다.

[†] 1960년대 중반 영국의 맨체스터 근교에서 일어난 연쇄살인사건

142

[‡] 중세 영국의 요크 지방에서 유행한 짧은 단막극 시리즈로 주로 성서의 이야기를 시대순으로 각색한 내용을 담았다.

아무리 사소한 일이라 해도 함께 하는 노력이 어떤 의미인지 깨닫게 하는 유대감을 공유하는 식사였다. 나폴리의 북적이는 길거리에서 먹던 음식이 이 낯선 섬의 끝자락에 있는 차갑고 텅 빈 교회에서 우리를 하나로 모이게 한 것이다.

　어떤 음식에는 그것을 함께 먹는 사람들의 이야기가 담겨 있다. 음식을 함께 먹는 행위는 관계를 연습하고 사회적 역할을 수행하는 일종의 행위 예술이다. 철학자 게오르크 지멜은 1910년에 발표한 에세이 「식사의 사회학The Sociology of the Meal」에서 "사람들이 가진 모든 욕구 중에 가장 공통적인 것은 먹고 마시는 것"이라고 썼다. 이는 모두가 공유하는 욕구이며, 함께 식사할 때 우리는 그 공통의 욕구를 인식하게 된다. 개인의 취향과 삶이 각자 다르더라도, 먹는 행위와 그 행위의 근본 목적에 있어서는 하나가 되는 것이다. 하지만 이와 동시에 음식을 나누는 데에는 매우 현실적인 한계가 있다. 음식 전체는 나눌 수 있지만, 수프 한 숟가락, 초콜릿 한 조각, 오렌지 한 조각 등 각각의 음식은 오직 한 사람만을 위한 것이며, "한 사람이 먹은 것은 어떤 상황에서도 다른 사람이 먹을 수 없다"라고 지멜은 말한다. 한 입 베어 삼키고 나면 그 음식은 내 안에 있는 나의 것, 나만의 것일 수밖에 없다.

　누군가와 음식을 함께 먹는 행위는 우리에게 많은 공통점이 있다는 사실과 우리가 서로 근본적으로 구분되는 개별적인 존재라는 사실을 동시에 상기시킨다. 우리가 한데 묶여 있다는 유대감을 공유하면서도, 그 유대감 너머에 있는 개인

143

의 신체적 자율성을 드러낸다. 이 만남은 우리가 속해 있는 공동체나 사회와의 관계를 영원히 조율해야 한다는 사실을 드러낸다.

따라서 함께 식사하는 행위가 단순히 영양을 섭취하는 것 이상의 의미를 갖는다고 해도 놀라운 일은 아니다. 음식을 함께 먹는 행위는 글 한 편은 말할 것도 없고, 책 한 권에도 모두 담을 수 없을 만큼 다양한 역사를 가진 사회적 의식이다. 함께 음식을 먹을 때 우리는 사회적 세계를 재현하면서 주변 사람들과 맺은 관계를 재확인하거나, 나아가 새롭게 상상하기도 한다. 함께 하는 식사는 애정이나 친밀감을 표현하는 방법이 될 수 있다. 또 우리의 세련된 취향이나 사회적 위치, 부를 과시하는 행위가 될 수도 있다. 이 밖에 일종의 여흥이 될 수도 있고, 우리가 살고 싶은 삶과 그것을 함께 나누고 싶은 사람들에 대한 환상이 될 수도 있다. 가장 단순한 일상의 식사에도 이러한 상징적 의미가 담겨 있기 때문에, (초대받지 못한 사람들은 말할 것도 없이) 함께 식사하는 사람들의 관계는 공고해지기도 하고 약화되기도 한다.

에든버러의 먼지 쌓인 낡은 교회 극장에서 서둘러 사다 먹은 피자에는 이러한 의미가 전부 담겨 있었다. 사회학자 앨리스 줄리어는 "사람들은 음식을 함께 먹을 때 무엇을 어떻게 해야 하는지에 대한 사회적 지식에 의존한다"라고 주장했다. 우리는 이러한 문화적 템플릿cultural templates을 우리가 같은 가치를 공유하며, 함께 소속되어 있음을 보여주는 방법으로 이해한다. 이러한 퍼포먼스는 복잡한 무언극 같은 격식 있는 만찬 자리에서 적절한 옷차림과 각 코스에 맞게 선택한 수저와 포크, 팔꿈치를 테이블에 대지 않는 매너 같은 요소를 통해 더 분명히 드러날 수 있을 것이다. 그러나 도미노피자 다섯 판을 잘게 나누어 골판지 상자 위에 놓고 먹는 행위 역시 매너와 관습에 대한 퍼포먼스다. 당신에게 익숙한 춤이거나 아니면 불편한 춤일 뿐이다.

나와 베키와 콘스탄티나, 그리고 우리의 어린 협업자들은 분명히 이 춤을 잘 알고 있었다. 우리는 가운데 쌓인 피자 더미에서 맨손으로 피자 조각을 뜯어 먹었고, 바닥과 몸에 부스러기를 떨어뜨렸으며, 구겨진 종이 냅킨이나 바지 뒤에 기름진 손을 닦고, 고무처럼 늘어난 노란색 치즈를 턱에 묻히곤 했다. 나폴리의 부유층은 피자를 먹는 사람들을 매너라고는 모르는 반항아라고 생각했다. 하지만 비매너 또한 또 다른 종류의 규칙이다. 집단적 타락의 표식이자 집단 내의 유대를 도모하는 데 도움이 되는 일종의 엘리트 혐오 의식을 내포하고 있다. 오늘날에도 이런 종류의 비공식적 식사에는 친밀감이 있다. 우리는 피자와 함께 신뢰와 동지애를 나눈다. 기름기와 소스가 잔뜩 묻은 더러운 손은 종종 우리가 나누는 연대의 원천이다.

물론 이러한 식사에도 종종 사적인 걱정과 불안이 끼어든다. 내가 정당한 몫을 얻고 있는 걸까? 지나치게 많이 먹는 건 아닐까? 내가 과연 이 자리에 있어도 되는 걸까? 내가 먹은 조각만큼만 계산해도 될까? 내가 버섯을 싫어하는 걸 알면서 왜 버섯이 든 피자를 주문했을까? 우리 중 절반이 채식주의자인데 고기 피자는 왜 이리 많은 걸까? 다른 사람이 남긴 크러스트를 먹으면 사람들이 역겹다고 생각할까? 나는 사실 피자를 그다지 좋아하지 않는데 괜찮을까?

개인과 집단은 항상 무언의 대화를 주고받는다. 하지만 적어도 내게 그런 걱정은 배경 소음에 불과하다. 함께 하는 식사의 너저분한 친밀감 덕분이다. 이것이 내가 대학 시절부터 지금까지 테이크아웃 피자 파티를 좋아하는 이유 중 하나다. 사람들이 아무리 복잡하고 고급스럽게 만들려고 해도 피자는 여전히 고급스럽지 않은 채 남아 있다. 나폴리의 거리는 우리의 손가락에 달라붙어 모두를 하나로 묶어주고, 적어도 잠시 동안은 우리가 서로에게 속해 있음을 알려준다.

두 번째 식사:
로스트비프, 당근과 순무, 구운 감자, 요크셔푸딩

"저녁 다 됐다!" 누군가가 계단에서 이렇게 소리를 지르면 우리 가족은 천천히 모여들어 식사를 했다. 항상 엄마, 아빠, 나, 동생 이렇게 네 식구뿐이었다. 이것이 내가 기억하는, 최초의 '함께 하는 식사'였다. 소시지와 매시드포테이토, 스테이크와 돼지 콩팥 캐서롤, 스파게티 볼로녜세, 콘비프 해시, 일요일에는 로스트비프를 중심으로 구색 맞춘 정찬이 준비되기도 했다. 모든 식사가 공연이라면 이 식사는 가장 진부한 공연일 것이다. 차리고 먹고 말다툼하는 일상의 소소한 드라마가 거의 매일 반복된다. 이 일상적인 의식을 통해 우리는 가족이란 무엇이며 가족이라면 응당 어떠해야 하는지에 대한 생각을 다듬고, 특정한 집에 모이게 된 특정한 집단을 하나로 만드는 관계를 재확인한다.

그렇지만 동생과 나에게는 그냥 저녁 식사였다. 우리의 관심은 메뉴가 무엇이며 얼마나 먹을 수 있는가 하는 것뿐이었다. 우리 가족의 저녁 식사는 음식을 차린 식탁만큼이나 견고하고 믿음직해 보였다. 음식을 만드는 데 들어가는 노력은 생각해 본 적이 없었다. 누가 요리를 하고, 누가 음식을 차리고, 누가 먼저 먹어야 하는지에 관해 생각할 겨를이 없었다. 동생과 나는 식사 전에 방에서 놀거나 TV를 봤기 때문에, 가정생활의 복잡한 정치를 놓치고 있었던 것이다. 가족의 식사를 위한 노동은 대부분 보이지 않는 것이었고, 그 노동의 책임이 누구에게 있는지 가리는 언쟁도 없었다.

혹여 부모님이 고생하는 것은 아닌지 궁금해한 적도, 우리 모두가 먹어야 하는 음식이 모자라지 않을까 걱정해 본 적도 없다. 부모님도 퇴근 후에 지칠 대로 지쳐서 소파에 누워서 누군가가 가져다주는 저녁을 먹고 싶었던 적이 있을 것이다. 동생과 나는 미봉책이나 지름길 같은 메뉴, 간편식, 찬장 깊숙한 곳까지 뒤져서 나온 재료의 조합을 알아차리지 못했다. 내 파트너인 베키는 엄마가 자신과 오빠에게 종종 차려주던

'피크닉 티'라는 메뉴를 기억한다. 거실 바닥에 담요를 깔고 그 위에 과자, 삶은 달걀, 햄 한 조각, 치즈 같은 온갖 간식을 올려놓은 뒤, 마주 앉아서 소풍 온 시늉을 하며 먹었다고 한다. 베키는 수년 뒤에야 엄마가 남은 음식을 처리해야 할 때 이 음식을 차렸다는 사실을 깨달았다. 자투리 재료와 남은 음식으로 든든한 한 끼 식사를 차리는 방식이었다. 베키에게 이 피크닉 음식은 엄마가 오빠와 특별히 잘 지낸 날에만 차려주던 진정한 만찬이었다.

일반적으로 아이들은 차려지는 음식의 종류나 양 또는 음식을 차리는 사람에 대해 언급할 권한을 가지고 있지 않다. 그렇기 때문에 아이들이 주체성이나 개성을 발휘할 수 있는 방법은 차려진 음식에서 먹을 부분과 먹지 않을 부분을 골라내는 것뿐이다.

어릴 때 음식을 까다롭게 가리는 것은 단순히 어떤 음식을 좋아하고 싫어하는지 결정하는 것 이상의 의미가 있다. 그것은 자기표현의 수단이자 반란의 한 형태다. 어쩌면 일종의 게릴라전으로, 사실상 아무 권한도 갖지 못한 공간에서 자신의 신체적 자율성을 드러내는 방법이다. 음식을 까다롭게 가리는 것은 부모가 정해놓은 정체성 바깥에 있는, 자신만의 호불호를 가진 개인이 되어가는 과정의 일부다. 파스타에서 완두콩을 골라내고, 올리브나 케이퍼 또는 과즙이 많은 초록색 사과를 달라고 하고, 감자칩에 묻은 케첩 덩어리를 쳐다보다가 울음을 터뜨리고, 포크를 달라고 하다가 던져버리는 등 친구의 아이들이 음식에 까탈스럽게 구는 모습을 지켜보는 것은 흥미로운 일이다. 무의미한 반항을 하는 아이들의 사소한 행동이 내게 깊은 기쁨을 준다. 내가 보고 있단다! 이 버릇없는 녀석, 혼자 창작 요리를 만드느라 바쁘구나. 네가 아는 유일한 방법으로 네 몫의 조그마한 자유를 주장하고 있구나. 언젠가 승리할 그날까지!

이러한 가정의 반란에 대처하기 위해 어른들은 다양한 전술을 개발한다. 강경한 할머니와 무서운 이모들은 타협을 거부하고 완전한 준수를 요구한다. 따르지 않으면 큰 대가를 치러야 한다. 타협하지 않는 입을 벌리기 위해서 칙칙폭폭 하는 소리를 내며 숟가락을 기차처럼 움직이기도 한다. 완두콩을 먹으면 아이패드와 디저트를 주겠다는 회유도 있다. 어느 날 엄마는 나와 동생에게 전화를 걸어서 우리가 먹으려 하지 않는 음식을 시도라도 해본다면 앞으로 어떤 편식도 받아들이겠다고 말했다. 완두콩과 버섯 그리고 무엇보다도 으깬 당근과 순무를 싫어하는 내가 마지못해 한 조각을 입에 넣고 얼굴을 찡그리며 토할 것 같은 표정을 짓자 엄마는 나의 편식을 받아들였다.

좀 더 창의적인 해결 방안도 있다. 음식 팟캐스트 〈프루프Proof〉에서 작가 아메드 알리 아크바르는 자신의 어머니와 누나들에 관한 이야기를 들려준다. 그들은 시내에 새로 문을 연 '파키스탄 치킨헛'이라는 테이크아웃 음식점에 음식을 주문한 것처럼 꾸며서 그에게 엄마가 직접 만든 파키스탄 요리를 먹이려고 했다. 매번 음식을 테이크아웃 상자에 포장하고 종이봉투에 넣어서 가족 중 한 명이 현관문 앞까지 배달했다. 평소에는 먹기를 거부하던 음식이 갑자기 맛있는 요리가 되었다. 아메드는 이 경험이 직계가족 중 파키스탄에서 태어나지 않은 첫 번째 구성원으로서 정체성의 혼란을 극복하는 데 부분적으로 영향을 미쳤다고 말한다. KFC나 피자헛 음식 같기도 하고, 파키스탄 음식 같기도 한 테이크아웃 음식은 문화적 위화감을 해소하는 데 도움을 주었다. 마치 아메드 자신만큼이나 미국적이면서도 파키스탄적인 저녁 식사가 완성된 것이다. 산타클로스나 이빨 요정†에 대한 이야기처럼, 아메드가 이를 얼마나 믿었는지는 알 수 없다. 가족 모두가 함께 하는 게임인 동시에 가족의 소속감과 연대감을 위한 퍼포먼스였을 것이다.

이 이야기는 가족이 함께 하는 식사의 표면 바로 아래에 있는 불안에 대해서도 시사하는 바가 있다. 계급과 문화, 정체성에 대한 불안은 우리가 제대로 식사를 하고 있는지, 올바른 자리에 앉아 있는지, 서로 적절한 말을 하고 있는지, 다른 가족처럼 행동하고 있는지 우려하는 형태로 나타나기도 한다.

20세기 미국 중산층의 저녁 식사 풍경을 담은 노먼 록웰의 그림처럼, 식탁에 둘러앉아 정중하게 이야기하며 서로에게 소금을 건네는 것이 올바른 가족의 식사 풍경이라는 일종의 망령, 중산층이 가진 번영과 존경의 패러다임이 있다. 〈심슨 가족〉의 초기 에피소드에서 가장인 호머는 TV 앞에서 화면에 시선을 고정하고 음식을 입에 쑤셔 넣으며 저녁을 먹는 아내와 아이들의 모습을 지켜보면서 공포에 질린다. 나중에 그들은 식탁에 둘러앉아 정중하게 저녁을 먹는 이웃집의 모습을 창문 너머로 보게 된다. 심슨 가족과 판이하게 다른, 서로에 대한 존중과 품위가 넘치는 모습이었다. 이는 간단한 비유다. 심슨 가족이 저녁을 먹는 방식은 실패한 가족을 상징한다. 조지 H. W. 부시 전 대통령은 미국 가정을 향해 월튼 가족[†]처럼 행동하고 심슨 가족처럼 행동하지 말 것을 요구한 것으로 유명한데, 이 말에는 그릇을 무릎에 두고 텔레비전 앞에 앉는 대신 식탁에 둘러앉아 저녁을 먹는 것이 올바른 가족이라는 관념이 내포되어 있다.

부시가 굳이 가족의 이상적인 식사 풍경에 대해 언급할 필요조차 없다. 구글에서 '가족 저녁 식사'를 검색하면 여러 페이지에 걸쳐 음식이 잔뜩 놓인 나무 테이블이 나온다. 엄마와 아빠와 아이들이 서로를 사랑스럽다는 듯이 바라보고 있다. 웃고 있는 할머니와 할아버지, 모두 함께 잔을 부딪는 모습, 스파게티나 샐러드를 더 달라고 요청하는 사람들. 이것이 올바른 가족의 행동 방식이다. 식탁 위에는 샐러드와 갓 구운 빵이 있고, 창문을 통해 햇살이 쏟아져 들어오고 있다.

우리 가족은 〈패트리어트 게임〉이나 〈에어 포스 원〉 또는 DVD 대여점 블록버스터에서 빌려 온 1990년대 스릴러 영화에 시선을 고정하고 음식을 입에 밀어 넣으며 TV 앞에

† 미국 드라마 〈월튼네 사람들〉의
등장 인물

서 저녁 식사를 해결했다. 음식을 한 입 가득 물고 씹으며 액션에 대한 각자의 해설을 계속 이어나갔고, 방해가 되지 않게끔 완두콩을 먼저 먹어 치웠으며, 엄마가 아마도 나를 위해 특별히 남긴 것이 분명한 마지막 감자를 집어 들었다.

그러나 그 어떤 식사에 대해서도 후회한 적은 없다. 우리는 식사 자리에서 신의 은혜를 말하거나 그날 있었던 일에 대해 토론하지 않았지만, 식사 때마다 우리만의 진부한 의식을 치렀다. 우리의 저녁 식사는 음식을 나누고 서로의 시간을 공유하는 법을 배우는 일종의 만남이었다. 우리가 어떤 가족인지, 혹은 어떤 가족이 될 수 있는지 함께 배워가는 자리였다.

세 번째 식사: 섹스 후 슬픔을 달래는 구운 염소 치즈

마리엘렌 드 로스차일드 남작 부인은 파티만 열어도《뉴욕 타임스》에 대서특필되는 상류사회의 기이한 인물이었다. 부인은 40년 동안 유흥을 예술의 형태로 승화했다. 1959년부터 1975년까지 80개의 게스트용 스위트룸과 100명의 하인을 수용할 수 있는 공간을 갖춘 페리에르에 있는 가문의 웅장한 성에서 호화로운 행사를 열었고, 이 시기의 대표작으로 '초현실주의 무도회'를 꼽을 수 있다.

1972년 12월의 어느 날 밤, 부인은 남편과 함께 하는 저녁 식사에 150명의 손님을 초대했다. '검은 넥타이와 초현실주의적 헤어스타일'이라는 드레스 코드를 갖춘 그들은 파리

에서 출발하는 짧은 여행을 거쳐 성에 도착했다. 밥 딜런의 노래 '라이크 어 롤링 스톤Like a Rolling Stone'에 나오는 인물처럼 부유하고 아름다운 사람들이 모여들었다. 오드리 헵번은 섬세한 고리버들 새장을 얼굴에 뒤집어 쓰고 미소를 지으며 모나리자의 얼굴이 그려진 큰 마스크를 쓴 알렉시스 폰 로젠베르크, 이른바 르데 남작과 이야기를 나누었다. 방 한구석에는 살바도르 달리로 분장한 살바도르 달리가 의자에 기대어 왁스칠을 한 콧수염 끝을 쓰다듬고 있었다. 그리고 그 가운데에는 로스차일드 남작 부인이 사진 촬영을 위해 포즈를 취하고 있었다. 부인은 옅은 푸른색 실크 가운을 입고, 금으로 된 뿔과 다이아몬드로 만든 눈물로 장식한 사슴 머리를 쓰고 있었다.

초현실주의 무도회는 하나의 예술 작품이자 한 편의 연극이었다. "연극은 처음 그것에 대해 듣는 순간부터 시작하고, 그것을 마지막으로 생각할 때까지 끝난 것이 아니다"라는 말을 로스차일드 남작 부인은 아주 잘 이해한 것 같다.

만찬은 음식을 차리는 것으로 시작하는 것이 아니라, 남작 부인의 초대장이 도착하면서 이미 시작되었다. 부드러운 소리를 내며 두꺼운 카펫에 떨어진 고급스러운 초대장이 펼쳐지며 아름다운 세룰리안블루 빛 하늘에 떠 있는 희고 푹신한 르네 마그리트 스타일의 구름이 드러났다. 어떤 가면을 쓸지 고민하고 누가 참석할지 궁금해하며 파리의 밤을 지나 여행하면, 어두운 겨울 하늘을 뒤로한 채 조명으로 환하게 밝힌성이 모습을 드러낸다. 고양이 분장을 하고 중앙 계단에서 잠자는 척 연기하는 하인, 털이 나 있는 접시, 생선용 포크, "아주 맑은" 수프와 "섹스 후 슬픔"을 달래는 구운 염소 치즈가 적힌 메뉴 등 초대받은 순간부터 일어나는 모든 일이 일종의 만남이라고 생각할 수 있다. 샴페인에 취한 밤에 대한 기억, 최고급 레스토랑에서 나누는 이야기, 사교계를 다루는 잡지 칼럼, 미술 및 디자인 포럼이나 온라인 기사에서 숨 가쁘게 쏟아내는 역사상 가장 유명한 만찬에 대한 온갖 소문들. 함께 식사하는 행위뿐 아니라 이 모든 것이 만찬의 일부다.

이는 《뉴욕 타임스》에 실린 부고 기사 제목처럼 '사교계의 스타 안무가'였던 마리엘렌 드 로스차일드가 연출한 공연이었다. 이 공연은 남작 부인이 자신과 같은 사회적 현실을 공유하는 사람들과 함께 시간을 보내기 위해 마련한 수단이었다. 사회학자 앨리스 줄리어에 따르면 만찬 파티는 "참석자들이 다른 참석자들과 맺는 관계, 그리고 더 큰 세상과 맺는 관계 속에서 자기 자신을 확립하는" 일종의 퍼포먼스다. 기발한 가면과 머리 장식, 정장과 드레스, 비용, 은밀함과 극도의 화려함. 영화배우와 백만장자, 유럽 여러 왕실의 먼 친척 인 참가자들은 서로에게 자신의 어떤 점을 알리려고 한 것일까? 우선 이들은 자신이 최신 유행을 모두 꿰고 있는 흥미롭고 세련된 사람이라는 점을 말하고자 했다. 한 여성은 당시 그려진 지 8년밖에 되지 않았던 르네 마그리트의 그림 〈인간의 아들The Son of Man〉에 경의를 표하기 위해 자신의 얼굴 앞에 사과를 매단 그림이 그려진 의상을 차려입었다.

그러나 이 모든 소동의 이면에는 아마도 두려움과 불복종의 조짐이 숨어 있었을 것이다. 그로부터 불과 4년 전에 파리는 불타고 있었다. 거리에서 폭동을 일으킨 학생들, 바리케이드, 총파업, 문서를 불태우며 국경으로 가는 가장 빠른 길을 고민하던 정부 관료들. 프랑스는 혁명의 벼랑 끝에 서 있었고, 도시의 벽에는 "현실주의자가 되라. 하지만 불가능을 요구하라Soyez réalistes, demandez l'impossible"라는 68혁명의 슬로건이 적혀 있었다. 다다이즘과 초현실주의의 교리가 1968년 5월의 학생과 노동자들의 골수 깊숙이 박혀 있었고, 그들은 현실을 불안정하게 흔들고 오직 논리를 통해 불가능을 가능하게 만들라고 강력히 요구했다. 초현실주의 무도회에 참석한 손님들은 의상과 실내장식, 살바도르 달리와의 만남 등 겉으로 보이는 초현실주의를 순수하게 재현하면서 그 안에 담긴 날카로운 정치적인 함의를 희석하고자 했다. 초현실주의가 가져온 낯섦과 부조리를 단지 안온하고 변치 않는 현실을 장식하는 공상으로 치부하는 편안한 세상으로 돌아가기 위해서 말이다.

최고급 샴페인을 마시고 은수저로 염소 치즈를 찍어 먹으며 섹스 후의 슬픔을 달래는 그들을 파베르제의 스노볼 속 작은 인형이라고 상상해 보라. 그들의 세상은 이미 사라진 지 오래다. 파티에 참석했던 사람들은 거의 세상을 떠났고, 남작 부인도 25년 전인 1996년에 죽었다. 무도회가 열리고 몇 년이 지난 후 로스차일드 가문은 페리에르성을 파리 대학교에 기부했고, 이곳은 지금 요리학교로 이용되고 있다.

이러한 이야기의 매력 중 하나는 현실과 놀라울 정도로 동떨어져 있는 것처럼 느껴진다는 점이다. 교외의 웅장한 성에서 이루어지는 특별한 만남, 모두가 연극의 등장인물로 분한 모습 등이 우리의 삶과 완전히 다른 정교한 연극 같다. 아니, 영화일 수도 있다. 스탠리 큐브릭의 영화 〈아이즈 와이드 셧〉에 등장하는 불길한 가면무도회는 초현실주의 무도회에서 영감을 받아 페리에르성을 모델로 지은 버킹엄셔의 시골 저택에서 촬영했다는 소문이 있다. 또 다른 시대의 부유하고 아름다운 사람들이 영원히 지속되기를 바라는 세상의 모습을 연극으로 만든다. 0.1%를 위해 벌이는, 느슨한 소속감을 확인하는 의식이다.

그런데 이렇게 만화같은 화려함의 이면은 우리와 동떨어져 있을까? 거의 모든 만찬 파티는 잔디밭에 쌓은 장난감 요새처럼 사회적 현실을 구축한 다음 그 안에서 살아가고자 하는 시도다. 만찬 파티를 주최하고 참석할 수 있는 여유를 가진 사람들에게 파티는 여전히 중요한 사회적 만남의 장이다. 요즘에는 연극적인 과시보다는 진정성과 겸손을 드러내는 것이 유행이다. 40년 전보다 더 많은 초대가 주방에서 이루어지고 있으며, 호스트가 손님 앞에서 음식을 준비할 수 있도록 주방은 예전보다 훨씬 더 크게 설계한다. 왓츠앱으로 보내는 가벼운 듯 조심스러운 초대 문구, 호스트와 호흡을 맞추어야

하는 게스트의 선물("와인 한 병과 여러분이면 충분해요."),
음악 선곡, 행사가 끝난 후에는 인스타그램을 위한 셀피.

　　우리는 마리엘렌 드 로스차일드 남작 부인만큼 큰돈이나
대담성은 없다. 하지만 저녁 식사를 위해 사람들을 초대할
때마다, 적어도 그 저녁 시간만큼은 불확실한 세상에서 우리
가 차지한 자리가 변하지 않을 것처럼 느끼게 해 주는 작은
시도를 하고 있다.

　　네 번째 식사: 녹인 초콜릿에 찍어 먹는 딸기

딸기를 먹여주는 내 손가락을 깨물었던 어떤 남자를 떠올린
다. 나는 항상 그 일이 사고일 거라고 생각해 왔지만, 확실하
지는 않다. 딸기는 디저트 코스였고 와인이 넘쳐났기 때문에
그 시점에는 모든 손님이 꽤 취해 있었다. 나는 그때 테이블
밑에 특수하게 뚫린 구멍으로 손을 뻗어 접시에서 음식을 집
어 손님 입에 넣었다. 손가락을 오무린 나의 손은 마치 기이
한 숟가락 같았다.

　　우리 중 10명 정도가 어둠 속에 웅크리고 앉은 채 손님을
한 명씩 배정받아 음식을 먹여주고 있었다. 이 장면을 위해
얼마나 많은 연습을 했는지 기억나지 않지만, 충분하지는 않
았을 것이다. 눈으로 보지 않은 상태로 접시에서 딸기를 집은
뒤 녹인 초콜릿이 담긴 그릇에 찍어서 먹기 좋게 내놓는 일은
생각보다 어렵다. 아마 세 번째 딸기를 먹이고 나서 그에게

물렸을 것이다. 낯선 사람의 이가 내 검지손가락 옆면에 박히자 날카롭고 낯선 통증이 밀려왔다. 피를 흘릴 만큼 상처가 깊지는 않았지만 멍이 들 정도였다. 남은 음식을 차리려고 마침내 테이블 밑에서 나왔을 때, 나는 그의 눈을 똑바로 볼 수 없었다.

'녹인 초콜릿에 찍어 먹는 딸기'는 예술가 샬럿 자비스가 런던 중심부의 화이트크로스가에 있는 갤러리의 앞쪽 전시실에서 연 사교 만찬을 위해 고안한 것이었다. 2009년이었고, 샬럿은 내 하우스메이트였다. 우리는 월섬스토에 있는 빈 사무실 건물의 꼭대기 층에서 다른 7명의 하우스메이트와 함께 살았다. 샬럿은 가끔씩 그곳을 비밀 레스토랑으로 활용했다. 한 번에 최대 30명의 손님을 유료로 받고 실험적인 공연을 곁들인 고급 식사를 제공했다. 크리스마스를 테마로 한 저녁 식사에서는 엘프 복장을 하고 술에 잔뜩 취한 산타를 부축한 채 방 안을 돌아다니며 선물을 전달한 기억이 난다. 우리 세대는 런던 비밀 레스토랑의 황금기, 즉 버려진 교회와 빈 창고에서 팝업 디너가 열리고 가짜 책장 뒤에 숨어 있는 주류 밀매점 스타일의 다이닝 룸이 성업 중이던 시절을 경험했다. 해크니 지역에 있던 자갈이 깔린 뒷골목의 평범한 아파트를 개조한 작은 레스토랑을 기억한다. 눈에 잘 띄지 않는 옅은 푸른색 문 뒤에 화려한 미식의 세계가 숨어 있었다.

최초의 레스토랑은 약 800년 전 중국 송나라의 번화한 도시에서 시작되어 등장과 동시에 대도시의 새로운 즐길 거리로 인정받았다. 그때부터 음식은 단순히 생명을 유지하거나 무언가를 기념하기 위한 것이 아니라 일종의 유흥으로 인식되었다. 작가 케이티 로손과 엘리엇 쇼어에 따르면 초창기 중국 레스토랑 중 일부는 유흥가에 자리 잡았으며, 노래하는 웨이터부터 완전한 연극 공연에 이르기까지 식사와 함께 다양한 형태의 공연을 제공했다. 일종의 초창기 극장식 디너 레스토랑이었던 셈이다.

유럽에서는 19세기에 들어서며 가스와 전기로 조명을 밝히기 시작했고, 밤을 지배하던 어둠이 걷히고 볼거리와 즐길 거리가 있는 부르주아의 놀이터가 필요해지면서 진정한 레스토랑 문화가 형성되기 시작했다. 레스토랑은 함께 식사를 즐기는 행위를 여가 생활이라는 상품의 형태로 변화시킨 공간이다. 여가를 즐기는 사람들이 있는 곳에는 보통 그 여가를 실현해 주기 위해 일하는 사람들이 있다. 식당에서 이들은 좁은 공간을 공유하고 서로 어깨를 부딪히며 다닌다. 아주 작은 차이로 즐거움과 노동이 분리되기도 하고, 때로는 그마저도 분리되지 않는다.

불편함은 일하는 사람과 즐기는 사람 사이의 관계에서 생긴다. 우리는 다양한 사회적 예절과 익숙한 농담, 식당마다 팁의 액수가 다르다는 불문율, 무례한 손님, 음식의 비밀에 관한 농담, 웨이터에게 감사하라는 권유, 서비스를 받기 위해 눈을 마주치려는 긴장된 시도 등을 통해 이 불편함을 완화하려고 한다. 서비스를 제공하고 제공받는 행위에 내포된 복잡한 질문을 덜어내려는 시도다. 우리는 이 모든 것을 잊어버리고 식사를 즐기려 애쓴다.

당연하게도 대부분의 레스토랑은 즐거움과 오락을 위해 설계되어 있다. 하지만 '녹인 초콜릿에 찍어 먹는 딸기'를 기획한 샬럿은 휴식과 만족뿐 아니라 불편함과 관습에 대한 도전에서도 즐거움을 찾을 수 있다고 생각했다. 샬럿을 처음 알았을 때부터 그는 어둠을 들여다보고 그 안에서 무엇을 찾을 수 있을지 알고 싶어 했고, 그가 주관하는 식사 실험은 항상 이를 반영했다. 자신의 피로 만든 검은 푸딩을 제공한다고 주장한 일이나, 키프로스 미술관의 창문 앞에서 식사하는 모습을 들여다보도록 지나가는 행인들을 섭외한 일 등이 그 예다.

내가 공연자 겸 웨이터로 일했던 화이드크로스가의 식사에서는 관객이 1미터 길이의 손잡이가 달린 티스푼으로 서로 음식을 먹여주는 디저트 코스, 큰 소리를 내며 음식을 씹는 입을 클로즈업한 영상을 상영하는 파스타 코스, 한 남성 공연자의 나체 위에 초밥을 올려서 서빙하는 스시 코스 등이 있었다. 스시 접시 역할이었던 남자는 코스가 끝나자 자리에서 일어나 옷을 입고 테이블의 손님 사이에 합류해 서빙하는 사람과 서빙을 받는 사람 사이의 구분을 무너뜨렸고, 눈앞에서 인간과 사물 사이를 오가며 손님들을 불편하게 만들었다.

그리고 초콜릿 딸기가 제공되었다. 하얀 종이 식탁보 사이로 우리의 손이 일제히 등장했을 때 손님들은 놀라는 한편 함박웃음을 터뜨렸다. 애니메이션에 나오는 생명체처럼 식탁을 가로지르는 손의 움직임은 재미있으면서도 매력적이고, 심지어 초현실적이었다. 그리고 음식을 먹일 차례가 왔다. 나는 손가락을 섬세하게 놀려서 손님의 입을 벌리고 그 안에 음식을 넣었다. 가장 친밀하고 감각적인 방식으로 제공하는 최음제 같은 음식이었다. 하지만 동시에 모든 것이 아득하게 동떨어져 있었다. 우리는 테이블보 주름 속에 숨어 있었다. 잘린 팔들이 소리 없이 움직일 뿐이었다. 서비스를 제공하는 행위와 받는 행위가 자아내는 부드러움과 긴장감이 당황스러울 정도로 선명하게 표현되었다. 나는 아직도 두 번째 손가락 관절 옆의 물린 자국과 작은 회색 멍을 기억한다.

다섯 번째 식사: 롤로 한 개

롤로는 작고 동그란 초콜릿 캐러멜이다. 작은 손가락 마디 크기의 과자를 금박에 싸서 11개씩 묶어서 판매하며, 박스 옆면에는 친숙한 갈색 라벨 위에 '롤로ROLO'라는 단어가 밝은 빨간색 글씨로 새겨져 있다. 시중에서 파는 과자 중에서 롤로는 기본적으로 몰티저스나 허쉬 키세스, M&M's보다 더 좋지도 나쁘지도 않은, 무난한 제품이다. 하지만 롤로에 대해 모든 사람이 알고 있는 사실, 적어도 1980년대나 1990년대에 영국에서 자란 사람들이라면 누구나 알고 있는 사실이 있다. 롤로는 일반 대중이 1파운드 미만으로 구입할 수 있는, 가장 단순하고 완벽하게 사랑을 표현하는 매개체라는 것이다. TV에서 그렇게 말했기 때문이다.

1980년부터 2003년까지 20년이 넘는 기간 동안 롤로는 "마지막 남은 롤로를 줄 수 있을 만큼 사랑하는 사람이 있습니까?"라는 메시지와 함께 광고되었다. 이 광고는 옥외광고판과 잡지, TV에 등장했는데, 처음에는 영원한 사랑의 상징으로 서로를 위해 마지막 롤로를 부지런히 모아둔 커플이 등장하는 만화 광고 시리즈가 10년에 걸쳐 진행되었다. 그 후에는 코끼리에게 마지막 롤로를 주지 않는 소년, 기차 여행 중에 어두운 터널을 지나면서 누가 마지막 롤로를 먹을지 눈치 싸움을 벌이는 커플 등 이 공식을 뒤집는 광고가 이어졌다. 시간이 지남에 따라 마지막 롤로를 나누는 것은 진지하고 낭만적인 행동이라는 생각이 우리의 집단무의식에 지리 잡았다. 이보다 더 단순하고 낭만적인 상징은 드물기에, 아마도 나와 비슷한 세대의 사람들에게 그런 인식이 굳어진 것인지도 모르겠다. 내가 아는 사람 중에 마지막 롤로를 누구에게 줄 것인지 정하지 못한 채 롤로 포장을 뜯는 사람은 아무도 없다. 이는 네슬레가 식민지로 삼은 우리의 문화적 기억 속 한 부분이다.

음식을 나누는 행위는 인간이 지닌 동물적 본성을 드러내는 원초적인 행동이다. 인간도 다른 동물처럼 새끼와 먹이를 나눈다. 그러지 않으면 죽기 때문이다. 때로는 다른 성체와도 먹이를 나눈다. 개똥지빠귀, 큰어치, 제비갈매기 등 많은 새들은 '구애급이求愛給餌, courtship feeding'라는 행동을 하는데, 보통 수컷이 먹이를 가져와서 짝과 나누어 먹는 행위를 뜻한다. 그러나 영국조류학신탁BTO 웹사이트에 따르면 구애 급이는 일반적으로 잘못 알려진 용어라고 한다. 이 새들은 구애를 하는 것이 아니다. 수컷 새가 자기 새끼의 생존 확률을 높이기 위해 암컷이 낳을 알의 부화를 앞당기는 수단이다.

영장류도 종종 먹이를 나누는데, 이는 생물학적 편의성 보다는 더 큰 집단 안에서 개별 구성원 간의 유대감을 형성하는 행동에 더 가깝다. 마치 그루밍처럼 말이다. 침팬지나 오랑우탄처럼 일부일처제로 살아가지 않는 종은 보통 암컷과 수컷이 번식하는 짧은 기간에 국한해 먹이를 나누지만, 올빼미원숭이처럼 일부일처제로 살아가는 몇몇 종은 번식 후에도 새끼를 양육하는 동안 먹이를 나누는 경우가 있다. 이는 먹이를 나누는 행동의 상징적 또는 행동적 성격이 더 강한 사례다. 먹이는 유대감을 형성하는 도구로, 심지어 우리가 로맨스로 인식할 수 있는 애정의 징표로 주고받는 것이기도 하다.

초기 인류 역시 이와 비슷한 이유, 즉 사냥꾼으로서 기술을 시연하거나 가족을 부양할 능력을 증명해 보이기 위해 음식을 나눈 것으로 보인다. 아직까지 남아 있는 일부 수렵채집 공동체에서는 사냥꾼이 자신의 힘과 기술을 증명하기 위해 쉬운 사냥감보다 어려운 사냥감을 선택하기도 한다. 이렇듯 음식은 구애나 짝짓기와 밀접한 관련이 있으며, 음식을 나누는 행위는 앞으로 좀 더 육체적인 일이 일어날 수 있음을 의미한다.

음식과 섹스, 섹스와 음식, 섹시한 음식, 최음적 소비로 정의되는 식도락적 만남. 이렇게 욕망이 충돌하는 지점에서 초콜릿이 처음 등장했다. 아즈텍왕국의 황제 몬테수마 2세는 격렬한 섹스의 전주곡으로 카카오 거품을 내어 한 잔씩 마셨다고 전해지며, 스페인 사람들이 초콜릿을 유럽에 처음 들여온 이후 초콜릿은 상류층 사이에서 최음제로 각광받았다. 찰스 2세는 매년 내연녀보다 초콜릿에 더 많은 돈을 썼을 정도다. 시간이 지나면서 초콜릿과 유럽 귀족의 성적 탐욕 사이의 연관성은 희석되었고, 1860년대에 들어서자 초콜릿은 본격적으로 상품화되었다. 빅토리아시대의 쇼콜라티에들은 밸런타인데이에 중산층이 접할 수 있는 초콜릿 상자를 대량으로 생산하기 시작했다. 그 무렵 음식을 나누어 먹는 일은 시람들에게 완전히 익숙해졌고, 음식 선물은 시대와 계급에 걸맞게 상대방에 대한 예의와 존경을 표하는 행위를 상징하게 되었다.

누군가에게 초콜릿을 선물하는 것은 욕망이 들끓는 만남에 대한 은유다. 초콜릿만큼 은유적인 음식은 없다. 균일한 사각형 모양으로 대량생산된 과자에 모든 갈망과 풍요와 욕망이 응축되어 있다. 하트 모양의 상자에서 뜨거운 피가 흘러나오는 것 같다.

다시 마지막 롤로에 대해 이야기해 보자. 이제 롤로를 나누는 행위는 치기 어리면서도 낭만적인 감정의 상징이 되었다. 하트 모양 상자에 담긴 초콜릿 중 한 개만 먹어도 충분하고, 아예 입을 대지 않더라도 감정을 표현할 수 있다. 2017년 영국의 《데일리 메일》은 글로스터셔주 스틴치콤에 사는 린 브룩스라는 여성이 1984년 밸런타인데이에 지금의 남편 리처드가 처음으로 선물한 마지막 롤로를 보관하고 있다고 보도했다. 지난 30년 동안 나무 상자에 보관되어 있던 롤로는 이제 벗겨지고 검게 변한 초콜릿 덩어리에 불과하며, 가끔 친구와 가족에게 보여주는 용도로 쓰일 뿐이다. 린은 기사에서 "우리 둘 다 롤로를 좋아해요"라고 말하면서 이렇게 덧붙인다. "지금도 남편은 저에게 마지막 롤로를 선물하고, 저도 남편에게 항상 똑같이 합니다."

내가 개인적으로 롤로를 사본 적이 있는지 모르겠지만, 만약 사게 된다면 마지막 한 개는 반드시 누군가에게 나누어 줄 것이다. 연인이든 낯선 사람이든, 친구든 적이든, 상대가 누구라도 기꺼이 나눌 것이다. 우리가 만나게 된다면 당신과도 나눌 것을 약속한다. 내게는 나누어 줄 사랑이 너무 많다.

여섯 번째 식사:

비리야니, 사모사, 병아리콩 마살라, 케밥, 대추야자

그들은 해가 지기 직전에 식사를 준비하기 시작했다. 6월의 태양이 집 아래로 내려앉았고, 구름 한 점 없는 하늘은 더 짙은 푸른빛으로 변했다. 노스 런던 핀즈버리 파크 지역의 세인트토머스 로드는 차량 통행이 통제되었고 연두색 식탁이 도로 중앙에 깔렸다. 길 양쪽 집 사이에는 장식용 깃발이 걸렸다. 하루 종일 시달린 갈증을 풀 수 있도록 물병도 놓여 있었다. 사람들이 도착하기 시작하자 이슬람 국제 비정부기구 무슬림 에이드Muslim Aid의 자원봉사자들이 녹색 티셔츠를 입고 분주하게 움직였다. 거리에서 열린 이프타르Iftar는 오후 8시에 지역 정치인과 지역사회 지도자들의 연설로 시작해 해가 지고 난 밤 9시 무렵부터 음식을 무료로 제공할 예정이었다. 비리야니, 사모사, 병아리콩 마살라, 케밥, 대추야자 등 다양한 음식이 준비되었다. 누구나 참석할 수 있는 자리였다. 무슬림 에이드는 이 관습에 익숙하지 않은 사람들에게 "이프타르는 매일 라마단 금식을 끝내며 먹는 해 질 녘의 식사"라고 알려주었다. 그리고 이렇게 덧붙였다. "전통적으로 이프다르는 대가족이나 단체가 함께 모여서 먹는 식사입니다."

금식은 이슬람교의 다섯 가지 중심 기둥 중 하나다. 매년 이슬람력 아홉 번째 달에 시행하는 라마단 금식은 해가 떠 있는 동안 음식이나 음료를 먹고 마시는 것을 금하는 것으로, 매일 밤 이프타르를 열면서 끝난다. 코란에는 이프타르에 대해 자세히 기록되어 있어, 그 뿌리가 초기 이슬람문화까지 거슬러 올라간다는 사실을 알 수 있다. 유대교와 기독교에서도 다양한 종류의 금식은 중요하게 지켜야 할 의식이다. 체로키 영성주의에서 금식은 '키 큰 사람the long man'이라는 뜻을 가진 강 유뉘 구나히타Yun'wi Gunahi'ta에 도움을 청하는 방법 중 하나다. 종교적 의식으로서의 금식은 신앙을 시험하고 경건한 마음을 표현하거나 때로는 참회하는, 절제의 힘을 위한 것이다. 무엇보다도 금식은 극복하는 행위다. 금식을 끝내는 것은 이러한 극복을 기념하는 것이며, 우리의 강함과 연약함을 모두 인정하는 것이다. 그것은 우리의 본질적인 인간다움, 즉 인내하는 능력의 표현이다. 그리고 인내는 함께 할 때 더 쉽다.

옥스퍼드 대학교의 심리학 교수 로빈 던바는 2017년에 사람들의 식습관이 다양한 사회적·개인적 혜택과 어떤 관련이 있는지 살펴보았다. 그는 7일 동안 식습관을 모니터링한 설문조사 응답자 2000명의 정보를 활용해 사회적 식습관이 지역사회 참여도, 지역사회에 대한 신뢰 수준, 삶의 가치, 전날의 행복감, 삶의 만족도라는 다섯 가지 주요 사회 지표에 미치는 영향을 조사했다. 그리고 모든 지표에서 가끔 사람들과 함께 식사하는 사람이 늘 혼자 식사하는 사람보다 더 높은 만족도를 보인다는 사실을 발견했다. 그는 "사회 속에서 다른 이들과 함께 식사하는 사람들은 자신의 상태에 대해 더 잘 느끼고, 사회적·정서적 지원을 얻을 수 있는 더 넓은 사회적 네트워크를 구축할 가능성이 높다. 뿐만 아니라 함께 식사하는 행위는 직접적으로, 그리고 더 넓은 사회적 네트워크를 통해 간접적으로도, 건강과 생존에 도움이 될 수 있다"라고 결론지었다. 인내는 함께 할 때 더 쉬워진다.

이러한 결과는 전 세계의 오랜 사회적 식사의 역사를 설명해 준다. 예를 들어 고대 수메르 도시의 일부 노동자는 커다란 솥에 요리한 음식을 노동의 대가로 나누어 가졌다는 기록이 남아 있다. 여전히 많은 문화권에서 추수를 끝내며 여는 축제에는 연회가 포함되는데, 16세기 영국에서는 '추수의 영주'로 지정된 인물이 음식을 가득 담은 수레를 끌고 동네 거리를 누비곤 했다. 오늘날에도 전 세계적으로 길거리 음식 문화가 번성하고 있다. 방콕에서 무더운 저녁나절에 거리를 걷다 보면 작은 나무 꼬치에 꽂은 닭고기며 돼지고기며 오징어를 구워서 저렴한 가격에 파는 수십 명의 길거리 음식 상인을 지나치게 된다.

하지만 점점 더 많은 지역에서 식생활의 불평등이 심화되었고, 결과적으로 사회적 식사는 일종의 특권이 되었다. 비싼 외식 물가 탓에 도미노피자나 맥도날드 햄버거조차 마음 편히 먹을 수 없는 가정이 많다. 또 누군가의 집에 저녁 식사를 초대받으면 언젠가는 보답해야 한다는 부담감이 생기므로, 돈이나 공간 또는 불안정한 상황 탓에 보답할 수 없는 사람들은 저녁 식사 초대를 수락할 가능성이 적다. 이 글을 쓰고 있는 지금 영국은 에너지 위기를 겪고 있는데, 요리에 필요한 가스나 전기 요금을 감당할 수 없는 사람들을 위해 일부 푸드뱅크에서는 조리할 필요가 없는 식품을 기부해 달라고 요청하고 있다. 자신을 위한 요리조차 할 수 없다면, 다른 이를 위해 요리할 수 있다는 희망을 가질 수 있을까?

많은 사람이 함께 식사할 여유를 가지지 못한다면, 그로 인해 생기는 혜택 또한 소수의 몫이 될 것이다. 연대와 집단적 힘의 원천이 되어야 할 사회적 식사가 사회 분열을 공고히 하고 특권을 강화하는 또 다른 방법이 될 수 있는 것이다. 성별과 인종의 복잡성, 근본적으로 비만을 혐오하는 사회에서 살고 있다는 사실 등 사람들이 다른 이들과 함께, 또는 다른 사람들 앞에서 식사하는 데 영향을 미치는 요인은 한두 가지가 아니다.

우리는 위기가 누적되고 있는 분열의 시대를 살아가고 있으며, 상황은 점점 더 어려워지고 있다. 함께 하는 식사를 통해 함께 인내하고 휴식하는 방법을 찾아야 한다.

리베카 솔닛의 저서 『이 폐허를 응시하라』에는 1906년 샌프란시스코 대지진 직후 골든게이트 공원에 등장한 미즈파 카페Mizpah Café에 대한 이야기가 나온다. 미즈파 카페는 담요, 카펫, 침대 시트를 이어 붙여 지은 임시 급식소다. 도시를 집어삼킨 화재가 여전히 진압되지 않고 있는 가운데, 카페 주인 애나 어밀리아 홀스하우저는 공원에 모여든 생존자들에게 음식을 제공하기 시작했다. 그는 결국 하루에 최대 300명의 사람들에게 식사를 제공하게 되었다. 미즈파 카페 입구 위에는 "자연의 손길 아래 온 세상은 같은 핏줄이 된다 One Touch of Nature Makes the Whole World Kin"라는 손수 쓴 문구가 적힌 간판이 걸려 있었다. 사람들은 어두운 밤에 함께 모여 식사를 했고, 지위와 신분을 박탈당한 사람들은 이전에 살던 세계를 잠시 멈추어두고 찢어진 텐트와 다른 임시 피난처 사이에서 새로운 세계를 만들었다. 솔닛에 따르면 이 시기는 슬픔의 시기였지만, 그와 동시에 큰 기쁨의 시기이기도 했다. "화폐가 거의 쓰이지 않고, 사람들이 서로를 구하고 돌보며, 음식을 나누고, 대부분의 생활이 공공장소에서 이루어지고, 사람들 사이의 오래된 구분, 즉 계층이 사라진 것처럼 보이고, 그들에게 닥친 운명이 아무리 암울하더라도 함께하는 것만으로 그 암울함이 줄어드는 사회를 상상해 보라."

이와는 매우 다른 형태였지만, 2018년 핀즈버리 파크의 거리에서 펼쳐진 이프타르 또한 재난 이후에 만들어진 자리였다. 사람들은 서로를 보살피기 위해 모였고, 누구든 원한다면 음식을 나누어 주었다. 그 거리에서 테러가 발생한 지 1년이 지난 후에 진행한 행사였다. 버스 정류장에서 쓰러진 마크람 알리에게 응급처치를 하기 위해 핀즈버리 파크의 모스크에서 나온 무슬림들을 흰색 밴이 고의로 들이받은 사건이었다. 마크람 알리는 그 공격으로 목숨을 잃었다. 이 끔찍한 사건은 영국 전반의 분위기가 과열된 가운데 발생했다는 점에서 더 우려스러웠다. 우익 언론의 이슬람 혐오와 브렉시트 국민투표로 촉발된 반이민 정서가 맞물리면서 적대감과 불신이 분열된 지역사회의 틈새를 파고드는 환경이 조성되었다.

주최 측은 이프타르를 설명하면서 이슬람 혐오 공격 이후에 핀즈버리 파크의 공동체가 하나 된 것을 기념하는 행사라고 밝혔지만, 그보다는 무너진 공동체를 회복하고자 하는 열망의 표현이었다. 주최 측은 영국의 가치와 이슬람의 가르침을 교묘하게 피하며 초청장을 돌렸는데, 이는 분열적인 '문

명의 충돌'이라는 생각을 조장하려는 사람들에게 미묘한 반향을 불러일으켰다. 그들은 "이슬람교도, 유대교도, 기독교도, 지역의 지도자 등 신앙을 떠나 모두 모여 이웃과 함께 음식을 나누기를 진심으로 고대하고 있다"라고 말하면서 "이슬람문화의 특징은 모든 것을 이웃과 나누는 것이며, 모두가 함께할 때 영국은 진가를 발휘한다"라고 덧붙였다. 영국의 거리 파티와 이슬람 전통 라마단의 이프타르가 동시에 열리며 누구나 환영받는 다원성의 식사가 펼쳐진 것이다.

주최 측도 놀랄 정도로 많은 사람이 이 파티에 참석했다. 총 2000명이 넘는 사람들이 길에 함께 앉아 이야기하고, 먹고, 애도하고, 인내했다. 사람들은 새로운 가치와 오래된 질서를 모두 즐겼다. 구름 한 점 없는 청명한 하늘 아래 대추야자를 먹으며 무더운 여름 저녁을 만끽했다.

6장

집단적 환희

지금 클럽은 텅 비어 있다. 그곳을 채우게 될 사람들은 아직 도시 곳곳에 흩어져 있다. 어떤 이들은 침실에서 옷을 입어보고 있고, 어떤 이들은 발코니에서 담배를 피우고 있으며, 어떤 이들은 바 한구석에서 이미 술을 마시고 있다. 음악을 크게 틀어놓고 거실의 깜빡이는 조명 아래 춤을 추는 이들도 있고, TV를 보거나, 엄마와 대화를 나누거나, 목욕을 하는 이들도 있다. 근무 교대를 서두르는 이들도 있고, 기차를 타고 시내로 향하는 이들도 있다. 약을 사는 이들도 있고, 약을 파는 이들도 있다. 관광을 하는 이들도 있고, 다가올 밤을 기대하며 이미 머리를 말아 올리고 쇼핑을 하는 이들도 있다.

이 사람들은 아직 알지 못하겠지만 모두 연결되어 있다. 안개와 푸른빛 그리고 그들을 연결하는 상상의 선이 이미 그들 주위에 소용돌이치면서 서로를 끌어당기고 있다. 그들은 앞으로 3시간 동안 서서히 조여오는 매듭에 갇혀 한 몸이 될 것이다. 수천 개의 팔을 모두 위로 들어 올린, 수많은 머리가 달린 괴물이 될 것이다. 그리고 지금부터 12시간 후 그들은 서로 사랑한다고 말할 것이다. 그건 틀림없이 진심일 것이다. 그들은 팔짱을 끼고 새벽녘의 거리로 걸어 나가 떨리는 손으로 서로의 담배에 불을 붙여줄 것이다. 댄스플로어는 땀과 쏟은 음료수, 캔과 담배꽁초, 떨어뜨린 동전, 약을 담았던 작은 비닐봉지로 어질러질 것이다.

하지만 아직 댄스플로어에는 아무것도 없다. 불은 꺼져 있다. 물품 재고를 확인하는 바의 직원과 천천히 실내를 청소하는 직원만 있을 뿐이다.

1악장: 변방을 향해

우리는 도시의 가장자리, 도시 외곽의 경계 또는 그렇게 느껴지는 모처로 향한다. 가로등은 항상 꺼져 있고 잡초가 무성하게 자라고 있는, 버려지고 퇴락한 후배지 말이다. 노면의 도로 표지판보다 그라피티가 더 최근에 그려진 공간. 늘어나고 너덜너덜해진 현대의 대도시라는 값비싼 천 틈새로 보이기에 더 야수 같은 지역. 아무도 주의를 기울이지 않는 영역. 깜빡이는 빛과 솟구치는 소음의 공간을 찾기 위해 향하는 불확실성과 가능성의 장소. 춤추는 군중의 뜨거운 몸 사이에서 자기 자신을 잃어버릴 수 있는 공간 말이다.

2008년에 우리는 A12 도로와 조만간 런던의 빛나는 새 올림픽 공원이 될 건물 부지 사이의 허허벌판, 옛 산업 시설과 기름때 묻은 차고가 뒤엉킨 해크니 윅으로 향하는 미니 택시 뒷좌석에 비좁게 몸을 싣고 있었다. 애플은 아이폰을 막 출시했고 우리는 아이폰의 세세한 기능이 매끈하게 작동하기 전, 지도로 탐색이 불가능하던 런던이 마지막으로 위대했던 시절에 살고 있었다. 반쯤 안개가 낀 창문 너머로 점점 더 조용해지고 낯설어지는 거리를 바라보면서 우리는 공장과 창고에서 사람의 흔적을 찾았다. 우리가 어디로 향하고 있는지 궁금해하면서 음악이 흘러나오는 소리가 들리는지 확인하려고 창문을 내렸다.

2012년에 우리는 손을 잡고 차가운 공기를 마시며 오래된 콘크리트 아파트 블록의 사잇길을 따라 베를린의 거리를 걷고 있었다. 자정이 다 되어가는 시간에 한때 장벽이 서 있던 슈프레강의 다리를 건너고 도시의 가장자리였던 곳을 거쳐서 서쪽에서 동쪽으로 향하고 있었다. 우리는 관광객처럼 보이지 않으려 애쓰는 관광객이었고, 우리보다 이 도시를 더 잘 아는 사람들의 무심함을 느끼며 걷고 있었다. 나는 긴장한 나머지 배 안에서 불꽃놀이가 벌어지고 있는 것 같은 느낌이 들었지만, 티 내지 않으려고 안간힘을 쓰고 있었다.

언젠가의 나는 이 도시의 고상한 분위기를 상징하는 자갈길과 대학교를 지나치며, 고향 케임브리지를 홀로 걷고 있었다. 가장 멋진 빨간 셔츠에 운동화를 맞춰 신고, 기차역을 지나서 철길을 가로질러 가고 있었다. 멀리 입방형 무단 점유 건물에서 사람들이 줄지어 나오는 모습이 보인다. 열여섯 살이던 2001년의 나는 처음으로 춤을 추러 가는 외출을 시도하고 있었다. 한 시간 가까이 걸어서 거기까지 갔는데, 여전히 아무것도 없었다.

도시는 합법성이 의심되고 관리 감독이 부실한, 간과된 변방에서 가장 야성적인 모습을 드러낸다. 이렇게 방치된 지역에는 잘 관리되고 치안이 좋은 도심에서는 누릴 수 없는 자유가 숨겨져 있다. 1600년대 초까지만 해도 템스강 남쪽 강둑의 서더크는 런던의 불명예스러운 놀이터였고, 도시 공권력의 규제를 벗어난 강변의 습지였나. 평범한 사람들은 수천 명씩 강을 건너서 곰 싸움과 투견을 즐기고, 술을 마시고, 도박을 했으며 야외극장에 몰려들어서 도시의 공식적인 규제를 넘어서는 음란하고 폭력적인 연극을 보았다. 이 무법 공간에서 이루어지는 만남을 통해 도시 안의 정돈된 구역에서는 느낄 수 없던 위험과 가능성이 사람들에게 스며들었다.

그로부터 약 150년 후, 대서양 건너편에서는 이후에 콩고 광장이라는 이름이 붙는 뉴올리언스 외곽의 텅 빈 풀밭에서 전에 없던 종류의 자유가 생겨나기 시작했다. 흑인 노예들은 자신들에게 허락된 시간에 이곳에 모여들었다. 처음에는 경작한 농작물을 사고팔다가 이윽고 함께 춤을 추기 시작했다. 19세기 초 미국이 루이지애나를 사들일 당시에는 주말

마다 흑인 노예와 자유로운 신분의 흑인으로 이루어진 수백 명의 댄서가 드럼, 거드, 반자, 바이올린, 마림바, 트라이앵글 그리고 소뿔과 말 이빨로 만든 악기로 즉흥 연주를 하는 여러 음악가 그룹의 리듬에 맞춰 춤을 추면서 광장을 가득 메웠다. 이 벌거벗은 땅에서 여러 세대에 걸쳐 전해진 조상들의 춤이 펼쳐졌다. 압제자들이 잠시 물러난 변방의 공간은 연대와 소속감의 원천이 되었다. 소외된 이들은 외곽의 경계에서 함께 춤을 추며 완전히 새로운 아프리카계 미국인만의 음악 전통을 시작할 수 있었다. 이러한 연대와 소속감은 미국이 나아가야 할 새로운 방향을 제시했다. 멀리 떨어진 거리에서도 타악기의 딸랑거리는 방울 소리와 북소리를 들을 수 있었다.

도시가 변화함에 따라 변방의 영역도 지리적 기준에 덜 얽매이게 되었다. 20세기 후반, 서구의 도시에서 가장 눈에 띄는 변방은 생산방식이 변화하면서 텅 비게 된 옛 공업지대였다. 마치 동굴처럼 제 기능을 찾지 못한 채 버림받은 건물이 즐비한 황무지였다. 저렴한 임대료와 거대한 규모, 상대적인 고립으로 인해 이러한 지역은 사람들이 모여 춤을 추기에 이상적인 공간이 되었다.

1970년대 말과 1980년대 초에 시카고에서는 하우스뮤직이 탄생했다. 하우스는 시내 외곽의 3층짜리 옛 공장 건물을 쓰던 웨어하우스Warehouse라는 클럽의 이름에서 유래한 것이다. 이곳에서는 한 달에 두 번, 주로 흑인과 라틴계 게이 손님 수백 명이 토요일 자정부터 일요일 정오까지 춤을 추는

'퇴근 후의 주스 바'가 열렸다. 한편 영국의 현대 클럽 문화는 1981년 맨체스터에서 팩토리 레코드Factory Records라는 음반사가 붉은 벽돌로 지은 낡은 조선소 창고를 대담하고 기발한 클럽이자 공연장인 하시엔다Hacienda로 개조하면서 시작되었다. 하시엔다는 미국에서 건너온 새로운 사운드에 맞춰 춤을 추고 싶어 하는 젊은이들의 메카가 되었다.

웨어하우스와 하시엔다 같은 클럽을 통해, 사람들은 이러한 경험에 대한 청사진을 가지게 되었다. 도시의 다른 지역에서는 볼 수도 없고 생각할 수도 없던 쾌락주의와 반권위주의는 산업의 찌꺼기 같은 지역에서 자라난 클럽 문화와 결합했고, 이는 사라질 것 같지 않았다. 1990년대 후반 케임브리지에 사는 소심하고 체구가 작은 10대였던 나는 이 전설적인 장소들과 지리적으로 거리가 먼 곳에 있기도 했지만, 사실 춤을 추러 나가는 것 자체를 불법적이고 반항적이며 아주 낯선 일로 느끼고 있었다. 나는 허술하게 복사한 여권 사본을 뒷주머니에 쑤셔 넣고 싸구려 알코올 음료의 역겹도록 달콤한 맛을 목구멍으로 느끼면서, 넓은 주차장 한구석에 자리한 위협적인 콘크리트 벙커 건물에 있던 정션Junction이라는 클럽으로 향했다. 수상한 차림을 한 파티광 지망생들과 긴장한 채 줄을 서서 부모님의 CD 컬렉션과는 완전히 다른 기계음을 듣곤 했다. 사실 정션은 도심에서 겨우 1.5킬로미터 정도 떨어진 시에서 지원하는 커뮤니티 예술 공간이었을지도 모르지만, 나에게는 또 다른 우주였다.

그 후 10년이 지나고 나보다 런던을 더 잘 아는 친구들을 따라 실제보다 훨씬 더 멀게 느껴지는 변방이던 해크니 윅의 창고 파티에 가거나, 파트너 베키가 나를 처음으로 베를린의 클럽에 데리고 갔을 때에도 나는 같은 설렘을 느꼈다. 실제 장소와 상관없이 이러한 경험들은 모두 어딘가의 변방으로 향하는 여행처럼 느껴졌다. 번쩍이는 조명과 요란한 소음을 꿈꾸며, 춤추는 수많은 몸 사이에서 나 자신을 잃어버리길 바라면서, 기대와 희망에 부풀어 떠나는 여행이었다.

그 모든 육체와 소음에 대한 기대, 그날 저녁이 어떻게 흘러갈지 모른다는 생각에 간지러운 흥분이 일었다.

2악장: 문턱을 넘어서

가랑비가 내리기 시작하자 우리는 코트로 몸을 감쌌다. 이제 음악이 들릴 만큼 가까워졌고, 번쩍임과 고음이 바람결에 춤추듯 전해오고, 발밑의 자갈을 뚫고 올라오는 듯한 베이스 라인의 쿵쿵거리는 소리가 들린다.

우리 주변에 다른 사람들도 도착하고 있었다. 그들은 마치 한밤중에 불빛을 찾아 몰려든 나방처럼 택시 뒷좌석에서 내려서 손을 주머니 깊숙이 찔러 넣고 음악에 맞춰 고개를 끄덕이고 있었다. 모두 우리만큼이나 조용했고 긴장한 표정이었다. 우리는 저 멀리 보이는 빛의 의사당을 향해 같은 목적을 가지고 함께, 혹은 따로, 각자의 사적인 세계에 빠져 길을 걸어가고 있었다.

　새벽 1시가 되자 베르크하인Berghain에 입장하기 위한 줄이 콘크리트 바닥과 풀이 무성한 수풀을 가로지르며 길게 늘어졌다. 우리 앞에는 40~50명의 사람들이 세계에서 가장 변덕스럽기로 유명한 클럽 바운서†를 통과하기 위해 일종의 학습된 무심함을 드러내며 느릿한 태도로 섞여 있었다. 아마도 그들 중 일부는 진정으로 무심한 베를린 테크노 신의 베테랑으로, 만약 입장을 거부당한다고 해도 아무렇지 않다는 듯이 그냥 어깨를 으쓱하고 넘어갈 것이다. 무엇이 진짜이고 무엇이 가짜인지 구분하기란 어렵다. 하지만 내 무심한 태도는 분명 연기였다. 나는 필사적으로 위험한 상황에서 벗어나려고 애쓰는 작은 새에 불과했다.

　베르크하인은 베를린의 전설적인 테크노 클럽이다. 과거 발전소였던 브루탈리즘 양식의 건물로 매일 밤 수백 명의 사람들이 공장에서 쓸 법한 규모의 사운드 시스템에서 천둥처럼 울려 퍼지는 어둡고 이질적인 비트에 맞춰 함께 춤을 춘다. 이 클럽의 이름은 건물이 걸쳐 있는 양쪽 지역, 과거의 서베를린 지역인 크로이츠베르크와 동베를린 지역인 프리드릭스하인의 이름을 반씩 나눠 붙인 것으로, 클럽을 둘러싸고 있는 두 지역의 전통과 관습으로부터 괴리된 매혹을 드러낸다. 나와 함께 있던 베키는 베를린에서 산 적이 있었고, 그날 저녁에 클럽에 들어가지 못할 수도 있다는 현실적인 가능성을 이야기하며 나를 대비시켰다. 내 뒤에서 어린 미국인 학생들

† 바나 클럽에서 고용한
출입 통제 직원

이 떠드는 소리가 들렸지만, 베키의 지시에 따라 우리는 냉정하고 무표정하게 각자 작은 병에 담아 온 화이트와인을 마시며 혀끝에 스치는 알싸한 맛을 즐기고 있었다.

순례자는 어떤 식으로든 자신을 풍요롭게 하고, 일상을 다르게 이해할 수 있게 만드는 경험을 얻기 위해 안락한 집을 떠나 일상의 경계 바깥으로 여행을 떠났다가 다시 일상이 있는 집으로 돌아오는 사람이라고 할 수 있을 것이다. 순례는 고대부터 이어져오는 오래된 것으로, 수많은 사회에서 다양한 모습으로 반복되었다. 이는 우리 내면에 잠재된 유령이자 거의 모든 사람이 공유하는 깊은 갈망이다.

역사적으로 순례는 종교의식으로 여겨졌다. 하지만 좋아하는 팝 스타의 집이나 무덤을 방문하는 팬부터 매년 워싱턴의 베트남 참전 기념비를 찾아오는 많은 미국인에 이르기까지, 순례와 동일한 형태를 갖춘 속세의 여행도 존재한다. 인류학자 빅터 터너는 평범한 사회와 일상의 한계를 벗어나 순례자로서 형성하는 일시적 공동체에서 집단적 환희를 경험할 수 있는 모든 여행이 순례일 수 있다고 설명했다.

그렇다면 잠시 우리 자신을 순례자라고 가정해 보자. 베를린의 11월 추위 속에서 줄을 서 있는 우리 모두, 또는 전 세계 클럽 앞에 줄을 서 있는 모든 댄서 지망생을 순례자라고 생각해 보는 것이다. 한 무리의 순례자가 두려움이나 술에 취해 느끼는 흥분, 긴장된 에너지를 숨기고, 신발 속에 약을 숨긴 채 겹겹이 권태에 찌든 척 연기하면서 연약한 속내를 숨기고, 조금씩 줄어드는 줄을 따라 순순히 앞을 향해 나아가고 있다. 이들은 모두 평범한 사회와 그 안에서 자신들이 원하는 집단적 환희 사이에서 다소 지루한 시간을 함께 보내고 있다.

줄 서기를 순례의 일부로 생각하는 것은 이 줄이 우리에게 어떤 의미인지 인식하는 것이다. 우리는 줄 서기를 일종의 퍼포먼스이자 본격적인 춤을 추기 전에 추는 춤으로, 우리가 마침내 안으로 들어갔을 때 느끼기를 원하는 유대감에 결정적인 역할을 하게 될 공동체의식과 소속감을 확립하는 방법으로 인식할 수 있다. 이런 식으로 이 여행을 이해하면, 입장하기 위해 어느 정도의 노력이 필요하고 약간은 위협적인 클럽이야말로 춤을 추기에 가장 완벽한 장소가 된다. 노력 끝에 얻은 경험을 성스럽게 느낄 수 있는 것이다.

베르크하인에 입장하는 것은 일종의 전설로 회자될 정도로 어렵기 때문에 입장 방법을 알려주는 웹사이트가 있을 정도다. 몇 시에 도착해야 하는지(아주 일찍 또는 아주 늦게), 누구와 함께 가야 하는지(대체로 동행 없이 혼자), 어떤 옷을 입어야 하는지(검은색 캐주얼 복장), 독일어를 얼마나 할 수 있어야 하는지(약간은 할 줄 알아야 함), 심지어 줄을 서는 동안 얼마나 흥분한 모습을 보여야 하는지(알다시피 흥분하되 지나쳐서는 안 됨) 등을 알려준다. 하지만 이 모든 것을 잘 갖추어도 입장하지 못할 수 있다. 줄의 맨 앞에 거의 다다르자 바운서가 무심하게 고개를 끄덕이며 입장을 허락하는 사람도 있고, 정중하지만 단호하게 오늘은 못 들어간다고 말하는 사람도 있다.

　　멋져 보이려고 애쓰며 서 있는 동안, 이 클럽보다 훨씬 덜 멋진 클럽에 입장하려고 했던 다른 시도들이 생생하게 떠올랐다. 미성년자였던 나와 내 친구들은 여학생과 남학생이 짝지어 입장하는 정교한 극적 연출을 통해 우리가 무질서한 10대 무리가 아니라 성숙한 커플이라는 인상을 주려고 애쓴 적이 있었다. 그리고 맏형과 막내를 함께 걷게 하거나, 수염을 기른 사람을 앞세우거나, 가장 세련된 코트를 입거나 경비원의 눈을 쳐다보지 않는 등 다양한 시도를 해왔다.

　　이제 입구까지 우리 앞에 몇 명밖에 남지 않았다. 미국인들은 여전히 우리 뒤에서 수다를 떨고 있다. 나는 속으로 그들이 어리석다고 생각한다. 앞에 보이는 거대한 옛 공장 건물의 위협적인 외관이 성 베드로가 지키는 천국의 문처럼 다가온다. 좁은 2층 창문 너머로 춤추는 사람의 실루엣이 보라색, 초록색, 파란색으로 반짝인다.

　　베르크하인의 출입 정책이 안기는 시련은 클럽에 가는 여정이 소속감을 공유하는 통과의례로 변하는 과정을 가장 극적으로 보여준다. 이는 문턱 너머 안쪽 공간을 일시적인 유토피아로 만든다. 하지만 줄을 서기 전에 클럽의 밤에 관한 정보를 얻으려면 보통은 어느 정도 사전 지식이 필요하고, 친구의 추천을 받고 또 다른 친구에게 공유하며, 거의 신앙에 가까운 지식을 중심으로 형성된 공동체라는 연결 고리가 필요하다.

클럽은 일반적으로 잘 홍보하지 않고 간판을 제대로 설치하지도 않는데, 이러한 불투명성이야말로 클럽의 매력 중 하나다. 시카고의 웨어하우스는 공식적으로 웨어하우스라고 불린 적이 없다. 문 위에 간판도 없고, 1980년대 초에는 그곳으로 안내하는 웹사이트나 구글 지도도 없었다. 사람들은 레지던트 DJ 프랭키 너클스가 틀어주는 음악에 맞춰 춤을 추고 싶어서 이곳을 찾았고, 그가 다른 곳으로 가면 그 뒤를 따랐다. 지금은 음악 취향이 세분화하고 다양해짐에 따라 레지던트 어드바이저Resident Advisor 같은 전문 웹사이트도 생겼다. 이 사이트는 도시의 가장 후미진 곳에서도 클러버들이 원하는 음악을 찾을 수 있도록 도움을 준다.

이러한 ㅋ고 작은 시련은 성공적인 순례지 사이에서 의심할 여지 없이 소속감을 형성하지만, 그 대신 접근성은 희생되고 배제의 유령이 우리 곁에 함께한다.

클럽이 출입 정책을 일종의 권력으로 행사한 끔찍한 사례도 있었다. 2015년 레스터 스퀘어에 위치한 '디스트릭트Dstrkt'라는 클럽에는 한 흑인 여성 무리가 피부색이 어둡다는 이유로 클럽 입장을 거부당한 악명 높은 사건이 발생했다. 이에 수많은 사람들은 디스트릭트와 비슷한 런던의 고급 클럽에서 인종차별적 출입 정책에 불쾌한 경험을 한 사실을 공유하며 반성의 계기를 마련했다. 이러한 배제는 주변부에 있는 사람들에게 가하는 폭력적인 행위이며, 이러한 몇몇 클럽이 스스로를 배타적 특권 시스템의 일부로 여기고 있었음을 보여준다. 스톰지는 그의 노래 '가장 먼저 해야 할 일First Things First'에서 이렇게 노래했다. "디스트릭트 엿 먹어, 나이트클럽 전부 다 엿 먹어, 그리고 우리를 싫어하는 사람들에게 돈을 갖다주는 짓도 집어치워.Fuck Dstrkt and fuck all these nightclubs, and fuck giving money to people that don't like us."

디스트릭트는 웹사이트를 통해 "가장 안목 있는 고객"만을 위한 곳, "유명하고 멋진 사람들"과 어깨를 나란히 할 수 있는 곳이라고 홍보하며 자신들의 클럽이 오랫동안 도시의 중심부와 연결된 부와 명성을 드러내는 시스템의 일부라는 점을 분명히 하고 있다. 권력의 중심과 가까운 도시 한복판에서 이러한 배제는 소외된 사람들을 억압함으로써 권력을 강화하는 데 이용된다.

하지만 변방에서 배제는 이와는 매우 다른 목적을 갖기도 한다. 웨어하우스와 베르크하인 모두 각 도시의 게이 신에서 성장했는데, 소수자들의 자발적인 공동체와 춤의 즐거움을 누릴 기회는 어렵게 얻은 만큼 보호가 필요했다. 따라서 두 클럽의 불투명성과 열악한 접근성은 그들이 만들어낸 공동체를 보호하는 방법으로 이해하는 것이 가장 타당하다. 베르크하인의 보안 책임자인 스벤 마쿼트는 클럽의 입장 정책을 "순수하게 음악을 즐기고 기념하기 위해 방문하는 사람들을 위한 안전한 장소, 즉 사람들이 잠시나마 모든 것을 잊고 즐길 수 있는 장소로 지키기 위한 것"이라고 설명했다. 입장을 통제하는 것은 내부에 있는 사람들을 안전하게 보호하겠다는 약속이다.

한편 이러한 정책은 클러버 공동체의 안전을 지키는 것 이외에도 공동체를 형성하고 지속시키는 데 도움이 된다. 베르크하인만큼 분명하게 드러나지는 않지만, 사람들은 어느 클럽 앞에서나 줄을 선 채로 어떻게 행동하고, 어떤 옷을 입고, 어떤 헤어스타일을 연출하고, 어떻게 담배를 손가락에 끼워야 하는지 연습한다. 우리는 떼 지어 다니는 물고기처럼 집단과 맺는 관계 속에서 자신을 재구성하고, 여러 세대에 걸쳐 클러버들에게 전달된 실용적인 정보와 지식을 물려받는다. 우리는 자신이 실제로 집단에 소속될 수 있을 정도로 노련해질 때까지, 그 안에 소속된 사람의 역할을 연기한다.

베를린의 어두운 밤, 클럽의 바운시는 우리를 위아래로 살피더니 무표정한 얼굴로 안으로 들어가라는 손짓을 했다. 우리는 문턱을 넘었다. 마치 에어백이 터진 것처럼 내 심장은 충격을 받았다. 문이 열리자 어둠 속에서 움직이는 몸들이 있었다. 음악이 울려 퍼졌다.

3악장: 반복되는 비트의 향연

함께 춤을 추는 것은 우리가 두려움을 느낄 때 해 온 가장 오래된 행동인지도 모른다. 춤은 세상의 불확실성과 세상 안에 존재하는 모든 위험에 대처하는 방법이다.

한창 우기인 탄자니아의 곰베 스트림 국립공원에 비가

쏟아져 낮게 매달린 나뭇잎과 숲 바닥에 물방울이 튈 때, 침팬지들이 그 소리에 맞추어 커다랗게 숫자 8 모양을 그리며 땅을 뛰어다니는 모습이 관찰되었다. 자신의 에너지를 사나운 날씨에 맞추어 표출하는 것이다. 침팬지를 연구하는 영장류 학자들은 인간의 춤이 이러한 행동에서 진화한 것으로 보고 있다. 예를 들어 교토 대학교의 핫토리 유코는 침팬지 같은 동물이 주변 세계의 시끄럽고 압도적인 자극과 마주했을 때 이에 대처하기 위한 메커니즘으로서 규칙적인 소리의 패턴을 만들기 시작한다고 추측했다. 시간이 지남에 따라 인간은 이 규칙적인 소리와 움직임을 결합하는 방법을 익혔고, 움직이는 방식과 리듬을 연마하면서 오늘날 우리가 음악에 맞추어 추는 춤과 유사한 것의 기원을 서서히 구축해나갔다.

단순히 세상에 존재한다는 이유만으로 종종 겪어야 하는 압도적인 경험에 대처하기 위해 음악과 춤이 시작되었을지도 모른다는 생각은 근사하다. 모든 소음과 혼돈, 뇌우의 폭동, 폭풍우의 분노, 낙석이나 눈사태의 갑작스러운 충격을 반영해 재구성하는 수단으로서의 음악과 춤. 인간은 이 모든 것을 소리 안에 담고 더는 두렵지 않을 때까지 춤추면서 망각 속으로 빠졌을 것이다.

인간은 빙하기와 이주를 겪으며 오랫동안 춤을 추었다. 가뭄과 홍수, 기근을 겪거나 그 어느 때보다 규모가 크고 광범위한 전쟁을 겪으면서도 춤을 추었다. 혁명, 식민, 노예살이를 겪으며, 흑사병과 천연두, 콜레라를 겪으면서도 춤을 추었다. 산업혁명을 겪으면서도 춤을 추었다.

　인간은 자본의 힘에 의해 삶의 방식이 완전히 바뀐 기계 시대에도 춤을 추었다. 철학자 시몬 베유가 관찰한 바에 따르면 자연에서 온 리듬의 다양한 진동은 기계 시대의 반복되는 시계추 운동으로 대체되었다. 우리가 일출이 아니라 자명종 소리에 잠에서 깨기 시작했을 때, 시간 자체가 표준화되고 통제되기 시작했을 때, 인간의 몸이 자본주의라는 무한히 돌아가는 기계의 톱니바퀴로 전락했을 때 말이다. 베유는 1930년대에 공장의 조립 라인에서 일하던 시절을 회상하면서, 노동자에게 더욱 빠르고 생산적인 노동을 요구하는 공장의 잔인한 기계적 속도에 의해 인간만의 방식으로 움직일 수 있는 능력, 특히 잠시 쉴 수 있는 능력이 어떻게 망가졌는지 설명하면서 "일말의 우아함과 존엄조차 남김없이 빼앗는 비참한 침전"이라고 덧붙였다. 지금도 인간의 삶은 끊임없는 기계적 리듬, 매일 아침 울리는 자명종, 오전 9시부터 오후 5시까지 이어지는 업무, 슈퍼마켓 계산대에서 아마존 창고에 이르기까지 다양한 종류의 노동을 구성하는 반복적인 행동과 움직임, 더 빨리 움직이고 더 열심히 일하고 더 많이 성취하고 더 많이 소비해야 한다는 강박에 계속 지배당하고 있다.

　거대한 현대 도시에서 인간을 압도하는 것은 비바람 소리나 동물 떼의 발자국 소리가 아니라 수많은 사람이 자동차를 운전하고, 휴대폰으로 통화하고, 소리 지르고, 다투고, 일하고, 바로 옆에서 서로 마주 보며 살아가는 소리다. 인간이 무엇보다도 두려워하는 대상은 다른 인간이다. 특히 자신과 다른 사람, 즉 '타자'로 인식하는 사람들이다. 이러한 두려움은 다양한 배경과 공동체를 가진 사람들이 서로 밀접한 관계를 맺고 살아가는, 인구가 밀집한 대도시에서 더욱 강화된다. 폭력, 범죄, 적대감, 의심의 온상인 도시는 위험한 장소로 여겨진다. 특히 1970년대 후반과 1980년대에 시카고, 맨체스터, 디트로이트 같은 곳에서 산업이 쇠퇴하고 도심이 공동화되면서 편견과 방치로 인해 도시에서의 생활이 범죄와 폭력에 노출되어 병들어가고 있다는 인식이 확산되었다.

이러한 도시에서 유색인종과 퀴어 등 '타자'로 분류되는 사람들이 모여 현실을 반영하고 재구성하는 새로운 음악과 춤을 함께 만들어낸 것은 우연이 아니다. 우리가 도시에서 살아가며 겪는 편집증적인 고립과 끊임없이 이어지는 기계적인 리듬에 대처할 수 있도록 새로운 종류의 기계 음악이 만들어진 것이다.

1986년 시카고의 하우스 트랙 '유어 러브Your Love'는 3음 아르페지오 신시사이저 루프로 단순하게 시작한다. 마치 고요한 연못에 떨어지는 빗방울처럼 어둠 속에서 작은 소리가 들려오는 듯하다. 몇 초 후 드럼머신 소리가 터져 나오고 스네어와 킥, 거의 들리지 않는 하이햇이 결합하면, 어깨와 척추를 따라 다리 뒤쪽으로 느껴지는 추진력 있는 비트가 만들어진다. 그러고 나면 곧장 가슴에 구멍이 뚫리는 것 같은 낮고 단단한 베이스 신시사이저 루프가 이어진다. 이 곡은 앞으로 나아가는 것이 아니라 궤도를 돌면서 새로운 질감, 새로운 리듬, 새로운 느낌을 계속 쌓아간다. 그러다가 1분쯤 지나면 하나의 지속적인 현악기 음이 강둑에 낀 안개처럼 펼쳐지면서 처음 세 개의 소리를 감싸고 모든 것을 하나로 묶어낸다. 이 곡은 앞서 언급한 네 가지 요소를 조금씩 다른 방식으로 결합한 여러 가지 버전이 있지만, 내가 들었던 곡은 모두 처음 세 음의 신시사이저 라인으로 시작해서 끈질기게 반복되며 거부할 수 없는 맥박의 파도를 만든다.

　'유어 러브'는 처음에 시였다가 3분짜리 사랑 노래로 변했고, 곧 하우스 트랙이 되었다. 이 트랙은 스물다섯 나이에 이미 시카고 초기 하우스 신의 베테랑으로 활약한 제이미 프린시플이 작곡하고 녹음했다. 이후 하우스의 대부 프랭키 너클스의 손에 넘어갔는데, 그 무렵 그는 웨어하우스에서 카브리니 그린 임대주택 인근의 옛 산업단지에 자리 잡은 자신의 클럽 파워 플랜트Power Plant로 자리를 옮겼다. 프랭키는 드럼 머신과 파도 소리 같은 신시사이저를 추가해 이 곡을 6분 남짓한 길이의 서사시로 확장했고, 파도처럼 소용돌이치며 밀려온 소리의 흐름에 맞춰 파워 플랜트의 클러버들은 이리저리 움직였다. '유어 러브'가 피부에 스며들 때 눈치채기 어려운 점은 초반의 3음 신시사이저 라인이 곡의 나머지 부분과 완전히 다른 박자로 구성되어 있다는 사실이다. 이 부분은 트랙의 다른 요소와 어우러지면서 끊임없이 위치가 바뀌고, 마치 유혹하는 행동처럼 반복적으로 기계 비트를 뒤튼다.

이 음악에서 반복은 조건이 아니라 텍스처가 된다. 구부러졌다가 펴지고, 멈췄다가 다시 시작되는 등 놀라운 방식으로 꿈틀대며 댄서들도 이에 따라 움직인다. 이 새로운 기계 음악은 기계적으로 반복되는 지루한 박자를 활기차고 감각적이며 생동감 넘치는 음악으로 탈바꿈시켰다. 산업화 시대가 남긴 폐허의 대성당에, 아주 적은 돈을 벌기 위해 수천 명의 사람들이 매일 똑같은 작업을 반복하던 건물에, 사람들은 영광스럽고 도전적인 비생산성 속에서 춤을 추기 위해 모여들었다.

항상 그랬듯이 우리는 세상의 모든 소음을 우리가 함께 춤출 수 있는 어떤 것으로 만들어냈다. 이는 극복을 위한 작은 실천이었다. 디트로이트에서 테크노 창시자들은 이를 '리프로그래밍'이라고 불렀다. "음악과 춤이 우주의 열쇠라는 점은 분명하지 않아요?" 음악 모임 언더그라운드 레지스탕스 Underground Resistance는 자신들의 선언문에서 이런 질문을 던졌다. "이른바 원시 동물과 원시 인간 부족은 수천 년 동안 이것을 알고 있었습니다."

나는 이것이 오늘날에도 사람들이 클럽에 가는 이유라고 생각한다. 도시 외곽의 공장을 개조한 건물이든, 두 집 건너 건물 지하에 있는 클럽이든, 일상에서 벗어난 공간으로 모험을 떠나는 이유는 바로 이 때문이다. 그렇기 때문에 나는 언제 입장할 수 있을지 모른채로 비 오는 베를린에서 한 시간 넘게 줄을 선다. 어두운 공간에서 함께 움직이면서 서로를 두려워하지 않는 방법을 익힌다.

1989년 에식스의 레이던 비행장에서 열린 불법 레이브 파티에서 '유어 러브'가 연주되는 클립을 유튜브에서 볼 수 있다. 30년이라는 세월의 터널 반대편에서 재생된 것처럼 소리는 왜곡되어 있지만, 신시사이저 소리는 아직도 투명하게 반짝거린다. 한낮의 항공기 격납고에 어울리지 않는 조명 속에서 사람들은 원을 그리며 움직이고, 팔을 들어 올려 공중에 기묘한 무늬를 그린다. 검은색 상의에 검은색 모자와 선글라스를 쓴 여자 한 명이 금색 링 귀고리를 앞뒤로 흔들며 프레임 중앙에서 움직이고 있다. 마치 오래된 비디오게임이 일시정지된 것 같다. 멀리 떨어져 있지만 빙글빙글 돌고, 점프하고, 때로는 그냥 걷고, 서로를 스치면서 움직이는 몸의 열기를 느낀다. 그러다 어느 순간 잠깐의 휴식이 찾아온다. 비트가 잠시 멈춘 공간은 음악 대신 그 공간 자체와 사람들의 소리로 채워진다. 사람들은 그 소리를 들으면서 일제히 환호한다.

4악장: 엑스터시

이 유튜브 영상에 등장하는 사람들은 내가 보기에 아마도 약을 꽤 많이 한 것처럼 보인다.

엑스터시는 1980년대에 3,4-메틸렌디옥시메스암페타민MDMA에 붙여진 이름이다. 1912년 독일 제약 회사 머크 Merck에서 처음 개발한 후 1960년대 말부터 1970년대 초 사이에 미국 과학자 네트워크가 기분을 좋아지게 하는 다른 효과가 있다는 사실을 발견할 때까지 거의 잊혀졌던 약이다. 과학자들은 에덴동산에 있는 듯한 기분을 불러일으킨다고 해서 이 약에 '애덤'이라는 이름을 붙였다.

처음으로 흥을 돋울 목적으로 사용했을 때부터 엑스터시는 공감과 연관되어 있었다. 1966년에 엑스터시를 재발견한 캘리포니아의 과학자 알렉산더 슐긴은 엑스터시를 '엠파토젠empathogen(공감제)'이라고 명명했으며, 매슈 콜린과 존 고드프리는 저서 『변화된 상태Altered States』에서 미국 연구자의 말을 인용해 "엑스터시라는 이름을 처음 붙인 사람은 '엠파시empathy(공감)'라고 부르는 것보다 더 잘 팔릴 것 같아서 그 이름을 선택했다"며 "공감이라는 이름이 더 적절하겠지만, 왜 그렇게 부르는지 아는 사람이 몇이나 될까"라고 말했다.

MDMA는 환경, 특히 주변 사람과의 관계에서 긍정적인 면을 강화하고 부정적인 면을 약화하는 작용을 하는 것으로 보인다. 2012년의 한 연구에 따르면 MDMA를 복용한 사람은 다른 사람의 긍정적인 감정을 인식하는 능력이 향상되지만 부정적이거나 위협적인 표현을 인지하는 능력은 현저히 떨어지고, 오히려 친근한 표현으로 착각하는 것으로 나타났다. 2014년 참가자들을 대상으로 가상 술래잡기 게임을 진행한 또 다른 연구에서도 마찬가지로, 이 약을 복용한 사람은 적대감과 거부를 인지하는 능력이 손상되어 주변 사람들에게서 긍정적인 감정과 '사랑'을 느끼는 것으로 나타났다. 과학자들이 현대 도시에 동반되는 편집증에 대응하기 위해 적극적으로 약물을 만들려고 해도 MDMA보다 더 나은 결과를 얻을 수는 없을 것이다. 콜린과 고드프리는 엑스터시를 클럽 문화가 가진 사회적 리프로그래밍의 또 다른 측면으로 규정한다. 즉 "(마거릿) 대처가 거부하고 소비주의가 제공할 수 없었던 집단적 경험에 대한 욕구를 표현하는" 대처의 몸에서 떠난 일종의 유령이라는 것이다.

지아 톨렌티노는 자신의 저서 『트릭 미러』에서 MDMA를 복용한 뒤 느낀 기분을 휴스턴에서 보낸 어린 시절에 다니던 광활한 동굴 같은 대형 교회에서의 경험과 연관 짓는다. 일종의 종교적 엑스터시(황홀경), 즉 사람들이 함께 모여 소외감을 극복하고 더 큰 유대감을 느끼는 경험 말이다. 그는 "황홀경에 빠진다는 것은 '예수의 아이처럼' 되는 것"이라고 썼다. "눈부시고 섬세한 영혼이 무한하다고 느끼면서 고갈되는 느낌 없이 사랑하는 모두에게 자기 자신을 전부 내어줄 수 있다는 것을 깨닫게 된다."

엑스터시는 원래 초기 신비주의 작가들이 이해한 것처럼 "영혼이 신성한 것을 관조하는 동안 무감각해지는 육체"의 황홀경을 의미한다. 톨렌티노가 말하는 황홀경은 어떤 의미로는 이와 정반대로, 그 어느 때보다 온전히 자기 자신이 스스로의 육체 안에 존재하고 있음을 느끼면서 주변 사람들과 심오하고 새로운 방식으로 연결되는 경험이다. 아마도 사회학자 에밀 뒤르켐이 '집단적 환희collective effervescence'라고 정의한 느낌, 즉 어떤 생각이나 행동에 동참할 때 느끼는 일체감, 공동의 관심을 바탕으로 한 집단의 분위기나 경험을 함께 느끼는 것과 더 비슷할지도 모른다. 1915년에 뒤르켐은 "한 사회의 성격을 구성하고 통합을 도모하는 집단적 정서와 사상을 정기적으로 지지하고 재확인할 필요를 느끼지 못하는 사회는 없다"라고 썼다.

집단적 환희는 뒤르켐이 상상한 것처럼 신성한 경험이었고, 춤을 추러 가는 것은 오랫동안 교회에 가는 것에 비유되어 왔다. 제이미 프린시플은 파워 플랜트에 춤을 추러 가는 것에 대해 "교회에 가서 거리와 세상의 모든 광기에 대한 걱정을 떨치고 자유로워지는 경험"에 비유했다. 그러고는 이렇게 덧붙였다. "음악에 취해 몇 시간 동안 넋을 잃었어요. 파워 플랜트에서 나와서 햇볕이 내리쬐고 있는 거리를 마주했을 때, 그야말로 영적인 느낌이 들었죠." 춤을 추러 가는 순례가 소속감을 위한 의식이라면, 엑스터시는 그 의식의 정점이다. 음악의 소용돌이 속에서 함께 어우러지고 모든 몸의 온기를 느끼면서, 주변의 낯선 이들에게 자신의 심장을 마치 색종이처럼 찢어서 뿌리는 것 같은 느낌을 주는 집단적 일체감을 불러일으킨다.

MDMA를 복용하면 주변 사람들과 하나 된 듯 황홀한 일체감이 증폭될 수는 있겠지만, 이러한 느낌 자체를 직접 만들어내지는 못한다. 이 약이 흥을 돋우는 데에 널리 쓰이기 훨씬 전부터 댄스플로어는 이미 화합과 연결의 장소였다.

현대 댄스음악은 초창기부터 서로 다른 소리와 음악 문화를 결합해 매혹적이고 새로운 하이브리드 형태를 만들어냈다. 19세기 뉴올리언스의 콩고 광장에서는 노예와 자유 신분의 흑인이 한데 모여 유럽 악기로 아프리카 리듬을 연주했고, 이는 20세기 전반에 가장 영향력 있는 음악 형식인 재즈의 기반이 되었다. 한 세기가 지난 후 시카고와 디트로이트에서 하우스와 테크노의 흑인 선구자들은 유럽 일렉트로닉 음악의 요소와 펑크, 소울을 결합해 새로운 하이브리드 형식을 만들어냈다. 영국의 사회학자 폴 길로이는 이러한 문화적 혼종의 뿌리를 아프리카에서 아메리카 대륙으로 수 세기에 걸쳐 강제로 끌려온 '블랙 애틀랜틱Black Atlantic'에서 찾는다. 유동적이고 이질적인 특성을 지닌 이 흑인음악은 근대 서구의 확실성에 대한 급진적이고 반문화적인 반응으로, 디아스포라Diaspora의 불안정성과 강제된 일시성에서 비롯된 공동체의식과 집단적 정체성의 원천이다. 하우스 음악과 테크노 음악의 골수 깊숙한 곳에는 소속감, 즉 우리를 서로 더욱 가깝게 끌어당기는 힘인 구심력이 자리 잡고 있다.

이와 동시에 댄스플로어 자체는 분리나 이질감을 없애기 위해 고안한 장소로 생각할 수도 있다. 이는 댄스플로어가 대개 어둡고 종종 불안하게 움직이는 빛의 만화경이 어른거리는 장소라는 점에서 가장 분명하게 드러난다. 혼란과 방향감각 상실, 친밀함과 움직임의 시노그래피Scenography†로 이곳에서는 누가 누구인지 알 수 없고, 심지어 몸과 다른 몸의 경계조차 명확하지 않다.

내가 지금까지 춤춰본 가장 작은 댄스플로어는 두 사람이 간신히 설 수 있는 크기였다. 예술가 애비게일 콘웨이가 〈댄스플로어에서On Dancefloors〉라는 공연을 위해 제작한 무대로, 이 무대에서 애비게일은 한 번에 한 명씩 관객을 초대해 그를 위한 곡을 골라 함께 춤을 춘다.

내가 공연장에 들어갔을 때, 흰색 탱크톱과 블랙 스키니 진을 입은 애비게일은 무대 반대편에서 팔을 공중에 들어 올리고 고개를 숙인 채로 양쪽 발을 번갈아 가볍게 뛰고 있었다. 그는 물론 춤을 잘 추었지만 위협적일 정도는 아니었다. 춤은 이 공연의 내용이 아니라 매개체일 뿐이다. 나는 공연장의 문을 닫고 반쯤은 뛰고 반쯤은 걸으면서 어색하게 중앙으로 향했다. 고개를 대충 끄덕이며 대낮에 맨정신으로 춤을 추는 민망한 기분을 떨치려고 노력했다.

안개의 소용돌이와 미러볼의 빛이 벽을 가로질러 흐르고 있었고, 애비게일과 나는 무대 중앙에서 마주쳤다. 이 순간부터 나는 리듬이 없어도 민망하지 않을 방법을 찾으면서 마치 수기신호를 그리듯 머리 위에서 팔을 비참하게 휘저었고, 그는 바로 내 옆에 서서 손을 흔들고 있었다. 음악이 워낙 시끄러워서 말을 할 수도 없고, 무척 어두워서 상대의 얼굴을 제대로 볼 수 없었지만 이 두 가지 모두 중요한 환경이었다. 이러한 환경은 만남에 영향을 미치는 두려움과 선입견을 없애고, 서로 다른 방식으로 만날 수 있는 기회를 만들어주었다. 이 기묘한 초소형 클럽에서 우리는 말 한 마디 건네지 않으면서도 서로를 신뢰할 수 있었고, 즉흥적으로 조정하고 반영하는 몸의 대화를 통해 서로의 공통점을 알게 되었으며, 애비게일의 손이 내 손을 따라 움직이면서 둘이 함께 리듬을 찾을 수 있는 취약하면서도 황홀한 방법을 발견할 수 있었다.

이 경험을 춤의 가장 기본적인 요소인 나, 상대, 음악, 댄스플로어로 압축해 보면 애비게일은 우리가 의식적으로는 찾지 못해도 몸이 저절로 공감의 방식을 찾아낼 수 있다는 것을 보여주었다. 진정으로 바람직한 댄스플로어는 어떤 익명의 사람이라도 공유된 리듬과 집단적 환희를 발견할 수 있는 공감 기계와 같은 장소다. 이곳에서는 다른 맥락으로는 사실상 불가능한 방식으로 서로를 이해할 수 있다. 클럽을 나설 때 우리는 이러한 이해의 방식을 체득한 채 떠난다. 이 능력은 우리의 일상적 상호작용에 스며들어 현실 세계의 가혹한 빛 아래에서 타인들과 마주칠 때마다 무언가 윤기 나고, 부드럽고, 본질적인 동일성을 상기시키는 일말의 공감을 불러일으킨다. 이 초소형 클럽에서 애비게일과 나는 연약한 팔을 최대한 높이 들어 올렸고, 어둠 속에서 함께 뛰어올랐다.

5악장: 흡연 구역에서의 짧은 체류

연기가 자욱한 흡연 구역에서는 조명 아래에서 행복했던 사람들이 함께 머무른다. 사람들은 댄스플로어의 익명성을 간신히 유지하면서 다른 이들과 어울린다. 사람들의 피부에 반짝이는 땀 속에, 보이지 않게 순환하는 혈류에, 신발 바닥에 익명성의 우아함이 담겨 있다. 말 소리와 자동차 소리가 섞이면서 음악은 배경으로 사라지고, 승천하듯 몸에서 올라오는 열기를 지닌 사람들은 라이터와 담배, 그리고 잠시 친구가 되어줄 사람을 찾아 헤맨다. 그들은 골목길의 지저분한 벽돌로 된 벽에 기대어 낯선 사람들과 이야기를 나눈다. 5분 후에는 아무도 기억하지 못할 종류의 이야기다. 대화를 위한 대화, 연결을 위한 대화, 서로의 말을 감싸 안는 대화, 달아오른 살갗을 스치는 시원한 바람을 느끼며 나누는 대화, 다시 안으로 들어가기 전에 몇 분 동안 나누는 대화.

　　흡연 구역에 박수를! 외부에서 잠시 빌려온 회색의 무명 공간, 공터, 옥상 구석, 밧줄로 묶인 포장도로 등에 마련된 어색하기 짝이 없는 니코틴 유배지. 세계보건기구WHO와 수천 개의 국가 금연 조례가 만들어낸 이 새로운 종류의 공간에서 새로운 종류의 사람들이 만나고 있다. 금연을 강요하며 사람들의 건강을 지키는 십자군들이 기묘한 중간 지대를 만들어낸 것이다. 변방 중에서도 변방이자 안과 밖이 동시에 존재하는, 쓸모없는 몇 제곱미터의 뒷골목이 클럽의 가장 중요한 모임 장소로 재탄생했다. 이곳은 댄스플로어를 다시 달구기 위해 숨을 고르며 잠시 멈추는 곳이기도 하다.

6악장: 집으로 돌아가기

이제 우리는 집으로 걸어가는 중이다. 음악이 여전히 몸속에서 울려 퍼지고 있다. 새벽이 밝았지만 거리는 여전히 한산하다. 가끔씩 조깅하는 사람이 지나가고, 주차된 차 사이를 조심스럽게 빠져나가는 여우 한 마리만이 경계와 의심의 눈초리를 보낼 뿐이다. 곧 우리는 다시 도시와 익숙한 낮의 리듬에 휩싸이겠지만, 지금은 텅 비어 있는 것처럼 보이는 이른 아침의 만족스러운 침묵 속에서 함께 걷는다.

어떤 파티도 영원히 지속될 수 없고, 지속되어서도 안 된다. 좋은 쪽으로든 나쁜 쪽으로든 상황은 변한다. 변방은 계속 변화하고, 자유를 찾는 새로운 사람들은 계속해서 변방을 향해 출발한다.

팬데믹으로 강제된 재택근무 혁명으로 인해 한때 번성했던 상업지구는 곧 1970년대와 1980년대의 공업지역처럼 텅 빈 유리 타워로 가득한 황량한 지역이 될 수도 있다. 만약 그렇게 되면 마천루의 펜트하우스에 클럽이 들어서게 될까? 버려진 프랜차이즈 딤섬 레스토랑 건물에서 불법 레이브 파티가 열릴까? 옛 산업지구의 유사 공공 광장에서 테크노 음악이 흘러나오게 될까? 아무리 진부한 건물에 있더라도 적절한 음악에 충분히 젖어들면 우주의 가장자리에 있는 기분을 느낄 수 있을까?

미래에 적합한 음악은 어떤 종류일까?

댄스음악은 지난 20년 동안 크게 변화했다. 2000년대 미국 음악산업의 경영인들은 하우스와 테크노를 비롯해 다양한 형태의 일렉트로닉 음악을 일렉트로닉 댄스뮤직 또는 EDM이라는 단일화된 용어로 새롭게 브랜딩했다. 소외된 사람들에게서 음악을 빼앗아 급진적이던 정치적 맥락을 제거하고, 더 백인 중심적이고 직설적인 주류 청중에게 홍보하려는 의도였다. 이 음악은 더 이상 변방의 음악이 아니었다. 스크릴렉스, 캘빈 해리스, 데드마우스 같은 DJ들은 대형 스타디움과 주요 상업 음악 페스티벌에서 수십만 명의 관객을 위해 스테로이드 같은 EDM 비트를 틀거나, 개인 제트기를 타고 날아가서 세계 최고 부유층을 위한 비공개 파티를 열기도 한다. 캘빈 해리스의 몸값은 3억 달러에 달하는 것으로 알려져 있다.

댄스음악이 중심을 향하면서 그 음악을 지탱하던 공간의 네트워크는 서서히 붕괴되고 있다. 2010년대에 영국의 모든 클럽 중 5분의 1이 문을 닫았으며, 팬데믹으로 더 많은 클럽이 문을 닫을 것으로 예상된다. 상실감이 가장 크게 느껴지는 경우는 퀴어 공간처럼 규모가 작고 경제적으로 불안정한 변방의 공간이 사라지는 것이다.

코로나바이러스는 다른 방식으로도 우리와 변방이 맺은 춤의 관계에 변화를 가져왔다. 팬데믹 기간 내내 불법 레이브 파티가 벌어졌다는 소식이 뉴스에서 연이어 보도되었다. 바이러스 확산 방지를 위한 각종 봉쇄 조치와 사회적 거리두기의 필요성을 무시했다는 것이다. 불법 레이브 파티를 열 기회를 노리는 무모한 젊은이들과 부유한 클럽의 기획자들, 그리고 멕시코나 탄자니아 같은 나라의 느슨한 팬데믹 규정을 악용해 외국인 부호 방문객을 위한 독점 파티를 개최하는 슈퍼스타 DJ 등에 의해 이러한 파티는 어디서나 열렸다. 어쩌면 클럽 문화의 특징인 쾌락주의, 반권위주의, 유대감과 사회적 규범에 반하는 공동체를 향한 열망은 이 장에서 설명한 것보다 더 위험하고 이기적인 모습으로 나타날지도 모른다.

그럼에도 함께 춤을 추는 행위는 여전히 특별한 힘을 발휘한다. 예를 들어, 2016년 개봉한 영화 〈테크노 전사들의 이란 탈출〉은 이란의 DJ 아누쉬 라키자데와 아라쉬 샤람이 감옥에 갈 위험을 무릅쓰면서 자국에서 불법 레이브 파티를 시도하는 과정을 기록했다. 영화에서는 사막 한가운데로 차를 몰고 나가 부드러운 금빛 모래 위에 사운드 시스템을 설치하는 두 사람의 모습을 볼 수 있다. 달빛 말고는 그 어떤 빛도 없는 밤이 지나고 눈부시게 푸른 아침이 밝아오면, 선글라스 너머로 환한 미소를 지으며 황홀하게 팔을 허공으로 던지는 소수의 무리를 위한 음악이 이어진다.

베를린에서 진정한 테크노 신이 시작된 것은 장벽이 무너진 시점부터다. 서독에서 시작된 음악이 동독의 버려진 구소련의 공장과 아파트 단지를 놀이터 삼아 새로운 신봉자를 찾기 시작한 것이다. "독일의 통일은 댄스플로어에서 일어났다"라고 선언한 음반 프로듀서 마크 리더는 최근 팟캐스트

〈99% 인비저블99% Invisible〉에서 이렇게 말했다. "정치 영역은 훨씬 나중에 통일되었습니다. 모두 함께 댄스플로어에 있었고, 출신 지역이 동쪽이든 서쪽이든, 수입이 얼마든, 어떤 직업을 가졌든 상관하지 않았죠."

리버풀에서는 코로나바이러스가 수그러들기 시작하자 약 5000명의 사람들이 브램리무어 항구의 오래된 창고에 모여 함께 춤을 추었다. 1년여 만에 열린 합법적인 레이브 파티였다. 나는 런던의 아파트에서 친구 피터가 보내준 흔들리는 스마트폰 영상을 신기하게 바라보았다. 아직 이른 시간이었고 홀은 절반 이상 비어 있었지만, 영상 속에서 사람들은 집단적 환희에 젖어 다시 함께 움직이면서 몇 달 동안 시도하지 못하던 방식으로 만나고 있었다.

이러한 모습을 보면 지리적 변화, 음악의 진화, 클럽 신의 파괴 등을 논하는 것이 무의미하게 느껴진다. 우리가 모여 함께 춤추는 것은 팬데믹으로 인해 위기를 맞은 친밀감을 회복하고 우리를 다시 공동체와 연결하는 데 중요한 역할을 할 것이다. 변방에서 추는 춤의 형태는 앞으로 매우 달라지겠지만, 영상 속의 사람들을 보는 순간 나 역시 함께 춤을 추고 싶다는 욕구를 그 어느 때보다 더 강하게 느꼈다. 몇 시간 동안 서로에게 속해 있다는 것이 어떤 느낌인지 상기하고 싶었다.

우리는 여전히 집으로 걸어가고 있다. 파티는 끝났지만 밤의 여운은 아직 남아 있다. 고집스럽게 이어지는 댄스플로어 위에서 존재했던 시간이 남긴 여운이다. 우리가 어떻게 만날 수 있었는지 생각한다. 이 만남은 일시적이고, 우발적이고, 약의 도움을 받아야 하고, 어쩌면 유지가 불가능할 수도 있다. 배제를 통해 포용하고, 분리를 통해 연결하는 역설을 내포한 만남이다. 다시 창조되는 과정에서 끊임없이 포착되는 만남이다. 그럼에도 우리의 만남은 지속되며, 희미한 맥박처럼, 심장박동처럼 우리의 내부에 만남의 여운이 남아 있다.

7장

공원에서 우리가 하는 일

우리는 기차역 앞에서 만났다. 코트에 장갑, 모자까지 챙기고, 주머니 깊숙이 손을 찔러 넣은 채 공원을 향해 함께 걸었다. 11월의 쌀쌀한 저녁이었다. 암살이 실패했음을 기념하기 위해 폭죽을 터뜨리고 인형을 불태워 섬 전체가 연기로 뒤덮이는, 기이하고 잔혹한 영국의 전통인 본파이어 나이트Bonfire Night[†]가 코 앞으로 다가왔다.

런던의 공기는 상쾌했다. 어두운 하늘을 배경으로 고층빌딩 숲이 흰색과 호박색으로 빛나고 있었다. 누군가 배낭에 레드와인과 플라스틱 컵, 그리고 무슨 이유인지는 몰라도 2000년대 후반에 잠깐 찾아왔던 3D영화의 르네상스 시절에 영화관에서 나누어 주던 싸구려 3D 안경을 잔뜩 싸 들고 왔다. 우리는 걸어가면서 그 안경을 나누어 가졌고, 가로등

[†] 가톨릭교도들이 영국 국회의사당을 폭파하고 제임스 1세 왕의 암살을 기도한 1605년 11월 5일의 화약 음모 사건의 실패를 기념하는 행사

빛 주변으로 후광처럼 드리우는 만화경 같은 패턴을 즐겼다. 싸구려 버전의 사이키델릭 경험과 진한 레드와인이 묻은 서로의 입술을 보며 낄낄대던 당시는 2008년이었다. 이 동네에 처음 왔기 때문에 많은 사람들이 가는 방향으로 걸어가기로 했다. 좁은 포장도로를 따라 걷고, 신호등이 바뀌기를 기다리다가 미로 같은 뒷골목을 지그재그로 통과하고, 바퀴 달린 쓰레기통과 주차된 자동차, 낡은 시장의 가판대 철골 구조물 옆을 지나는 여정이 이어졌다.

우리 주변은 온갖 소음이 점령했다. 꽉 막힌 도로, 소란스러운 술꾼들, 자동차 불빛과 가솔린 매연. 나는 예술가로서 작품을 위해 지난 10년 동안 전 세계를 돌아다니면서 아이들에게 그들이 살고 있는 동네와 도시에서 무엇을 좋아하고 무엇을 싫어하는지 물었다. 아이들은 몇 번이고 말했다. 차가 너무 많아요. 소음을 견디기 힘들어요. 폭력이 심해요. 어른들이 술을 너무 많이 마셔요. 아이들은 환경오염 문제에 대해서도 말했다. 거리와 하천이 더럽다고 말이다. 공간이 충분하지 않다는 말도 했다. 사람들이 살거나 아이들이 놀 수 있는 공간, 자연과 동물이 있는 공간이 충분하지 않다는 것이다. 아이들은 사람들이 더 친절하기를 바랐다. 자신들이 할 수 있는 일이 더 많기를 바랐다. 그들은 콘크리트와 아스팔트로 뒤덮인 번잡한 거리, 이 모든 자동차 불빛보다 더 많은 것을 원했다.

하지만 우리는 모두 여기, 현대라는 배기관에 갇혀 있다.

206

도시라는 환경에 속한 사람이 그렇지 않은 사람보다 더 많다. 런던에만 900만 명이 넘는 사람들이 살고 있으며, 특히나 그 날 밤에는 모두가 시내에 나와 있는 것처럼 느껴졌다. 걷다 보면 주변 거리에서 점점 더 많은 사람들이 쏟아져 나왔고, 자못 웅장한 형태의 공원 입구에 가까워질수록 거대해지는 인파 속으로 빨려 들어갔다. 공원 안에는 이미 사람들이 모여 있었다. 여기저기서 맥주 캔을 따는 소리와 흥분에 들뜬 대화 소리가 들렸다. 발밑에는 부드러운 잔디가 깔려 있었다. 우리 는 모두 즐거운 밤을 보내기 위해 이곳에 모였다. 불꽃놀이 를 보기 위해, 춤을 추고 몰래 술을 마시기 위해, 낯선 사람들 에게 둘러싸이기 위해 이곳에 모였다. 무엇보다 우리는 잠시 라도 도시에서 벗어나기 위해 이곳에 모였다. 첫 번째 불꽃이 터지자 모두 고개를 들어 하늘을 바라보았다. 불꽃이 터질 때 마다 사람들은 환호성을 질렀고, 오색찬란한 빛의 파편이 하 늘에서 흩날릴 때 어둠 속에 있던 우리의 얼굴에 잠깐 동안 빛이 비쳤다.

❦

처음부터 도시공원은 휴식을 위한 장소였다. 최초로 공적자 금을 투입한 도시공원은 영국 북서부 머지사이드의 버컨헤 드 파크Birkenhead Park로, 1847년 4월 5일에 개장했다. 그 전 에는 다른 종류의 도시녹지 공간, 즉 공동묘지나 궁정 그리 고 17세기와 18세기 유럽 사람들이 방탕한 여가를 즐기던 유흥 공원 등이 있었다. 외줄타기와 라스베이거스 스타일의 음악 공연을 보기 위해 군중이 몰려들던 런던의 복스홀 플레저 가든스Vauxhall Pleasure Gardens가 가장 유명한 유흥 공원일 것이다. 이 모든 것이 있기 전에는 과도하게 신화화된 공유지가 있었다. 일반인이 자유롭게 가축을 방목할 수 있지만 엄밀히 따지면 영주가 소유했던 땅. 그러나 버컨헤드 파크는 새로운 형태의 공원이었고, 현대 산업도시가 야기한 문제를 풀 대안이었다.

이 시기의 영국은 농촌인구가 대다수이던 시대에서 도시인구가 대다수인 시대로 전환되는 결정적인 변화를 맞이했다. 1850년이 되자 영국과 웨일스 인구의 50% 이상이 도시지역에 거주하게 되었고, 세기말에 이르자 이 수치는 77%까지 증가했다. 영국의 북서부는 산업혁명의 발상지였으며, 그중에서도 리버풀은 전 세계에서 가장 분주하고 중요한 항구 중 하나이자 '유럽의 뉴욕'이라 불릴 만큼 번잡하고 숨 막히는 대도시였다. 대영제국의 엔진에 해당하던 리버풀은 외부로부터 낯선 질병과 새로운 발상이 유입되어 도시로 퍼져나가는 길목에 있었다. 버컨헤드는 리버풀의 바로 맞은편, 머지강 건너에 자리 잡고 있었다. 1821년에는 인구가 200여 명에 불과한 작은 동네였지만, 19세기 중반에는 2만 4000여 명이 거주하는 큰 도시가 되었다.

공원은 꽉 막힌 도시 공동체에서 나타나는 위험에 대비해 지배계급이 제안한 해결책 중 하나로, 일종의 압력 밸브 같은 것이었다. 활동가들은 이 새로운 공간을 '도시의 허파'라고 부르며 스모그가 자욱하고 혼잡한 거리와 빈곤한 주민들에게 상상 속 시골이 가져다줄 수 있는 정화 효과를 알리려고 했다. 이 생각은 빠르게 확산됐다. 이 기간 동안 버컨헤드 파크와 유사한 공원이 영국 전역에 생겨났다. 더비, 프레스턴, 미들즈브러 같은 산업도시에 새로운 공원이 생겨났고, 1845년 런던에서는 영국 왕실의 부동산을 관리하는 준정부 기구 크라운 에스테이트가 노동자계급이 주로 살던 이스트엔드에 있는 약 88만2215제곱미터의 농지를 매입해 런던 최초의 공공 공원인 빅토리아 파크Victoria Park로 탈바꿈시켰다. 그이름은 당연히 여왕의 이름을 따서 지은 것이었다. 한편 파리에서는 1852년에 런던의 하이드 파크를 모델로 한 부아 드 불로뉴Bois de Boulogne 공원이 개장했다. 뉴욕의 센트럴 파크는 불과 1년 후인 1853년에 개발이 승인되었다. 센트럴 파크의 설계자 중 한 명인 프레더릭 로 옴스테드는 1850년에 버컨헤드 파크를 방문했었고, 이 경험이 센트럴 파크를 설계하는 데 큰 영향을 미쳤다.

소음과 먼지, 송장이 뒤섞여 있던 부지에 새로운 공간이 탄생한 것이다. 도시의 노동자들이 지친 심신을 달래며 휴식을 취할 수 있는 공공 공원은 소음과 스모그 속에서 피어난 목가적인 신기루이자, 새로운 도시 현실의 단단한 가장자리를 부드럽게 만들어주는 오래된 세계의 환영이었다.

오늘날에도 공원은 도시의 다른 구역에서는 찾을 수 없

는 특별한 경험을 제공한다. 공원은 우리가 늘 접하는 질서 정연하고 실용적인 도시 공간과는 자못 다른 지형적 특성을 가지고 있다. 우리는 공원에서 눈을 마주치거나 잔돈을 달라는 요청에 유감스러운 마음으로 응하거나 비를 피하기 위해 잠시 한자리에 모이는 등, 스쳐 지나가는 낯선 사람과 산발적이고 찰나적인 만남을 가진다. 거리 축제나 집회 때문에 교통을 통제해서 사람들이 새롭게 규정된 거리로 쏟아져 나올 수 있는 특별한 경우가 아니라면, 도시는 진정한 휴식과 의미 있는 사회적 상호작용을 위한 장소가 아니다. 도시 공간의 상당 부분을 자동차에 내어줬기 때문이다.

반면 공원은 개방성과 가능성이라는 지형적 특징을 가지고 있다. 이는 질서가 있는 확실한 상태라기보다는 모호한 비현실에 가깝다. 공원은 배회하기 위해 만들어진 무대세트다. 외곽 경계를 흐릿하게 그리는 가로수를 넘어서면 공원은 마치 회화 작품의 테두리처럼 갑자기 깔끔하게 끝나버린다. 공원은 이용자에게 일시적인 자유를 제공하기 위해 설계된 상상의 공간으로, 도시에서 살아갈 수밖에 없는 대다수 사람들이 가혹한 도시 현실과 계획적인 삶에서 벗어나 잠시 휴식을 취할 수 있는 곳이다.

공원을 걸을 때 눈을 반쯤 감으면 도시의 시끄러운 소음에서 벗어나 비어트릭스 포터의 이야기에 등장하는 여유로운 영국 시골의 이상향으로 순간 이동할 수 있다. 참나무와 밤나무가 우거진 탁 트인 들판과 오리나 백조가 유유히 떠다니는 작은 연못이 있는 모습이 연상된다. 직장에서 받는 스트레스, 동네의 견디기 힘든 소음, 은행 계좌의 숨 막히는 공허감에서 벗어나 이 가능성의 극장에 도달하면 푸른 야생의 잔디밭이 마치 드넓은 무대처럼 눈앞에 펼쳐진다. 이 목가적인 특성으로 인해 공원은 무엇을 해야만 하는 특수한 용도가 있는 공간이 아니라, 오히려 목적이 결여된 공간이다. 도시의 인도와 지하도, 광장 등은 매우 특정한 용도로 설계되었다. 걸어다닐 수 있는 골목이나 앉을 수 있는 벤치, 감탄을 자아내는 조각상, 오르내리기 위한 계단처럼 말이다. 이러한 장소에서는 스케이트보드를 타거나 낮잠을 자거나 엉뚱한 곳을 배회하는 등 용도를 벗어나는 활동을 하면 의심과 적개심이 담긴 눈초리를 받게 된다. 그러나 공원에서는 가능성이 제한된 거리에서 할 수 없는 일을 시도할 수 있다. 이렇게 개방되고 공유된 공공 공간에서 사람들은 도시의 다른 곳에서는 찾을 수 없는 자유를 얻는다.

<hr />

뉴욕의 할렘과 이스트 할렘의 경계에 위치한 공원 마커스 가비 파크Marcus Garvey Park는 나무로 둘러싸인 가파른 돌무지가 있는 약 81만 제곱미터 넓이의 공원이다. 마커스 가비 파크는 원래 마운트 모리스 파크였고, 그 전신은 마운트 모리스 스퀘어다. 1840년에 대중에게 공식적으로 개방되었고, 이후 10년간 절실한 필요에 의해 본격적으로 도시 공간이 개발되

고 공원으로 조성되었다.

마운트 모리스 스퀘어에서는 처음부터 음악 공연이 열렸다. 그 오랜 역사 중에서도 1969년 여름에 열린 제3회 할렘 문화 축제만큼 인상적이었던 기억은 없다. 니나 시몬, B. B. 킹, 스테이플 싱어스, 슬라이 앤 더 패밀리 스톤의 음악과 함께 소용돌이와 파도가 넘실대는 몸의 바다가 모습을 드러냈다.

할렘 문화 축제를 다룬 퀘스트러브의 오스카 수상작 다큐멘터리 〈소울, 영혼, 그리고 여름〉에서 하늘은 높고 구름 한 점 없이 푸르다. 화면에 얼굴을 가까이 대면 뉴욕 여름의 열기를 느낄 수 있을 것만 같다. 거리로 쏟아져 나온 사람들은 차가운 유리잔에 맺힌 물방울처럼 공원에 모여든다. 처음에는 한 줌이었다가 점점 더 많은 사람들이 쏟아져 나와 군중을 이룬다. 그리고 음악이 연주되자 너나없이 햇살 아래에서 어우러져 춤을 추기 시작한다.

영화에서 축제를 주최한 토니 로런스는 크림색 정장과 연분홍색 셔츠에 넥타이를 맨 채 무대에 서 있다. 그의 주변과 무대 아래에는 공원 부지를 다 메울 정도로 많은 사람이 모여 있다. 어떤 사람들은 무대를 더 잘 보기 위해 나무 위에 올라갔고, 아이들은 가파른 바위 위에서 뛰어내린다. 챙이 넓은 모자를 쓴 소년이 음악에 맞춰 고개를 끄덕인다. 하얀 체크무늬 셔츠를 입은 젊은 여성이 박자에 맞춰 몸을 흔든다. 배우이자 프로듀서인 무사 잭슨은 어릴 적 페스티벌에 갔던 기억을 떠올리며 이렇게 말했다. "내가 기억하는 것은 공원에서 열린 멋진 공연에 갔는데 흑인들이 인산인해를 이루고 있었다는 거예요. 눈앞에 온통 흑인밖에 없었어요. '우리 사람들'을 그렇게 많이 본 것은 처음이었어요." 그의 말처럼 그 것은 '믿을 수 없는' 일이었다. 영화 속에서 그는 마치 어릴 때로 돌아간 것처럼 처음 보는 광경에 놀라움을 표한다. 그 모든 사람들이 모인 풍경은 친숙하면서도 낯설었다.

도시공원은 어느 정도 빈 공간이라고 할 수 있다. 적어도 주변 공간과 비교하면 모든 공원은 비어 있다. 당연한 이야기지만 한 가지 자명한 사실은 그곳에 많은 사람이 모일 수 있다는 점이다.

1969년 여름의 할렘은 무덥고 험난했다. 퀘스트러브는 대릴 루이스라는 축제 참가자를 인터뷰했는데, 그는 여름을 떠올리면 언제나 폭력과 불안이 동시에 연상된다고 말했다. 흑인 인권운동을 주도한 마틴 루서 킹 주니어는 불과 1년 전에, 또 다른 인권운동가 맬컴 엑스는 그보다 3년 전에 암살당했다. 백인우월주의는 흑인 인권운동의 숨통을 끊으려 했고, 흑인 공동체는 저항 방법을 놓고 폭력 대 비폭력으로 의견이 분열되어 있었다. 하지만 이 열린 공간에서 흑인 공동체는 서로 눈을 마주치며 하나가 될 수 있었다. 자신이 군중의 일부라는 사실을 새삼스레 확인한 것이다. 무사 잭슨의 말처럼, 이 도시에 얼마나 많은 흑인이 있는지 눈으로 보는 것만으로 힘이 되었다. 자신이 속한 공동체가 얼마나 큰지, 자신과 같은 사람이 얼마나 많은지 실감할 수 있었기 때문이다. 그는 "아름다운 여성들과 아름다운 남성들, 마치 한 왕족을 보는 것 같았다"라고 말한다. 제시 잭슨 목사는 군중을 이끌고 무대에 올라 노래를 불렀다. 그가 "나는 흑인이다"라는 구호를 외치자 군중이 그를 따른다. 그가 "나는 아름답다"라고 선창하자, 군중은 "나는 자랑스럽다"라고 화답한다.

이것이 바로 군중의 일부가 되어 느끼는 소속감이다. 우리는 집단적 정체성을 공고히 하기 위해 함께 춤을 추거나 노래를 부른다. 자신이 사는 도시에서 소외되거나 위축된 문화 공동체에 속해 있다면 더욱 그렇다. 나와 비슷한 사람들이 하나가 되는 모습을 보고, 내가 커다란 무언가의 일부임을 느끼는 것은 확실히 힘이 되는 경험이다. 이것이 거리 축제나 퀴어 퍼레이드 같은 시민 모임이 중요한 이유다. 작가 바버라 에렌라이크가 주장했듯이, 이러한 집단적 환희의 의식은 초창기부터 인류 사회의 필수 요소였다.

밀집한 현대의 도시환경에서 공원은 이러한 모임이 가능한 드문 장소다. 마커스 가비 파크처럼 작은 공원도 3만여 명이 모이는 장소가 될 수 있다. 크고 개방되어 있으며 차가 다니지 않는 공원은 누구나 쉽게 찾을 수 있는 만남의 장소로 기능한다. 할렘과 스패니시 할렘에 사는 대부분의 주민은 할렘 문화 축제에 참석하기 위해 지하철이나 버스를 탈 필요가 없었다. 그보다 한 해 전 여름에 열린 우드스톡 페스티벌에 참석했던 대부분의 사람들처럼 자동차가 필요하지 않았다.

이러한 이유로 공원은 현대 도시의 삶에서 필수적인 역할을 한다. 이곳에서 우리는 서로를 바라보고 함께하며, 우리가 속한 공동체의 규모, 즉 우리가 함께 어울려 살아가는 수많은 몸의 규모를 인식한다. 공원은 분열과 분리의 환경 속에서 통합과 연대를 촉발할 수 있는 공간이다. 후퇴했다가도 다시 모이는, 새로운 시작을 위한 공간이다.

🐟

이 넓은 녹지공간에서 무엇이 시작될까? 군중은 무엇을 원할까? 때로는 집단적 환희뿐 아니라 집단적 불만을 표출하기도 한다.

사람들은 여름 햇살 아래에서 노래하고 춤출 뿐 아니라, 보다 노골적으로 사회의 변화를 도모하기 위해 공원에 모인다. 내가 참석한 집회의 행진은 대부분 공원에서 시작되었다. 내가 사는 동네에 있는 빅토리아 파크는 오랫동안 정치 집회, 시위, 심지어 폭동의 점화지였다. 예를 들어 1978년의 이스트 런던에서는 점점 고조되는 파시즘에 저항하기 위해 반인종주의 록 운동Rock Against Racism, RAR†과 반나치 연맹Anti-Nazi League, ANA이 무료로 야외 콘서트를 주최해 전국에서 8만 명 가까운 사람들이 빅토리아 파크에 모여들었다. 오스월드 머즐리‡의 검은 셔츠단을 런던의 이스트엔드에서 쫓아냈던 지역 노동조합원, 공산주의자, 무정부주의자, 영국 유대인,

† 1970년대 중후반에 인종주의에 대항하기 위해 시작된 영국의 문화 사회 운동

‡ 1932년 영국 파시스트 연합(British Union of Fascists, BUF)을 창당한 극우 파시스트 정치인으로, 무솔리니의 이탈리아 통치에서 영향을 받아 당 산하에 무장 조직인 '검은 셔츠단'을 두어 유대인과 좌파, 노동계급을 향한 공격을 감행했다.

갱스터로 구성된 반파시스트 연합의 집회 역시 40여 년 전에 같은 공원에서 열렸다. 나의 할머니는 어릴 때 사촌의 집 창문을 통해 말을 타고 공원의 푸른 잔디 위를 순찰하는 경찰을 보았던 일을 아직도 생생하게 기억한다.

다른 나라에서도 공원은 대규모 시위를 시작하거나 시위대가 모이는 장소로 자주 활용되었다. 예를 들면 1905년 일본 사회의 근간을 뒤흔든 폭동이 시작된 도쿄의 히비야 공원Hibiya Park, 1968년 민주당 전당대회 기간 동안 베트남전쟁에 항의하는 사람들이 모였던 시카고의 그랜트 파크Grant Park, 2013년에 튀르키예 대통령 레제프 타이이프 에르도안 정권을 붕괴 직전까지 몰고 갔던 연좌시위의 시발점이 된 이스탄불의 게지 공원Gezi Park 등이 있다.

공원을 위험한 장소로 여긴 많은 정권이 공원을 만들지 않거나 어떤 식으로든 그 힘을 약화시키려고 기를 쓴 것도 어찌 보면 당연한 일이다. 이는 독재정권에서만 노골적으로 나타나는 경향은 아니었다. 예를 들어 튀르키예의 에르도안 대통령이 게지 공원을 불도저로 밀어버리고 쇼핑몰과 군 막사로 대체한 것처럼, 민주정권에서도 의도가 선명하게 드러나는 뻔뻔한 방법으로 공원을 없애기도 한다. 또한 시장의 불평등을 묵인하면서, 완전히 개방된 도시의 공공 공간이 제공하는 자유에 관한 약속을 서서히 뒤흔드는 좀 더 교묘한 방법도 있다.

공기가 축축하던 어느 봄날 아침, 나는 동네의 공원 한편에 서 있었다. 밴드 더 클래시의 조 스트러머가 '화이트 라이엇White Riot'을 열창하고 군중이 폭풍우에 휩싸인 바다처럼 일렁이던 바로 그 자리였다. 지금은 그저 푸른 잔디 들판일 뿐이지만, 이곳에서 언제든지 그런 일이 다시 일어날 수 있을 것이다. 진흙 속에 박힌 유리 조각처럼 반짝이는 저항 정신이 지표면 아래에 남아 있다.

그러나 여름이 되면 나는 이곳에 서 있을 수 없을 것이다. 그때가 되면 이곳은 상업 페스티벌 제작사 AEG가 매년 개최하는 '올 포인츠 이스트 페스티벌All Points East Festival'이 점령할 것이기 때문이다. 이 페스티벌의 일일 입장권은 68.55파운드, VIP 패키지 입장권은 132.95파운드에 달한다. 이곳에서 많은 밴드가 만원을 이룬 관객을 앞에 두고 공연을 펼치겠지만, 입장은 엄격하게 통제될 것이다. 3미터 높이의 철제 울타리가 공원을 가로질러 설치될 것이고, 전체 약 88만 제곱미터 중 3분의 1이 넘는 면적에 걸쳐 입장권을 소지하지 않은 일반인의 접근이 완전히 차단될 것이다. 자금난에 시달리는 타워 햄릿 자치구 의회가 공원 유지에 필요한 자금을 마련하기 위해 시민들의 공원에 임시 울타리를 설치하기로 했기 때문이다.

매년 여름 몇 주 동안 공원의 한 부분을 이런 식으로 사용하는 것이 특별히 중요한 문제로 보이지 않을 수도 있다. 수익금으로 나머지 11개월 동안 이 방대한 공공자원을 잘 관리해 깨끗한 상태로 유지하는 것이 썩 괜찮은 절충안일 수도 있다. 하지만 나는 이 축제는 물론이고 이와 유사한 다른 축제들이 공공 공원이 제시한 아름다운 약속에 대한 실존적인 위협이라고 생각한다. 오랜 세월 동안 도시의 나머지 부분을 지배하는 경제적·정치적 논리와 동떨어진 채로 유지되던 이 공간이 처음으로 자본의 논리에 침범당한 것이기 때문이다.

빅토리아 파크에서 리강을 건너면 또 다른 공원이 있다. 이곳 역시 공원을 조성한 여왕의 이름이 붙었다. 퀸 엘리자베스 올림픽 파크Queen Elizabeth Olympic Park는 2012년 올림픽에 맞춰 개장한 런던 이스트엔드의 새로운 녹지공간이다. 빅토리아 파크의 두 배 넓이에 올림픽을 위해 지은 주요 경기장이 곳곳에 위치해 있고, 테크 관련 스타트업 기업과 세련된 문화공간, 신축 아파트로 둘러싸인 멋진 곳이다. 하지만 이 공원은 런던시가 아니라 런던유산개발공사LLDC 소유로, 공원에서 열리는 행사와 모임을 제한하며 CCTV 카메라와 현장 보안 팀이 공원을 엄격하게 감시하고 있다.

이 공원은 자유롭게 이용할 수 있는 빈 녹지공간이라기보다는 이용자들이 매우 구체적이고 제한된 방식으로 상호작용할 수밖에 없는 통로와 시설로 구성되어 있다. 산책로를 따라 걸어야 하고, 자전거길에서 자전거를 타야 하며, 운동구역에서 운동해야 한다. 좁은 장식용 잔디밭은 디자인된 조경과 자갈이 깔린 미로로 구획되어 있다. 공원을 이용하는 방식은 계절과 상관없이 늘 같은데, 이곳에서는 정중하고 순종적인 산책만이 가능하기 때문이다. 이곳은 자발성과 협의의 공간이 아니다. 주변 아파트 주민을 위한 여가시설이다.

무엇보다 부족한 것은 개방성이다. 나는 모호함이야말로 바람직한 공원의 본질이라고 생각한다. 이것은 모든 빈 공간의 특성일 것이다. 많은 가능성을 지닌 빈 공간, 도시를 가로질러 다른 세상을 찾아 나선 수천 명의 육체를 끌어들이는 빈 공간 말이다. 이 새로운 공원을 만든 사람들은 다른 사람들이 이 공간을 온전히 활용할 방법을 찾아내지 못할 것으로 믿었거나, 아니면 그렇게 했을 때 어떤 결과를 초래할지 두려워한 것 같다.

공원의 미래가 올림픽 파크와 유사한 것이라면 암울한 일이다. 이 공원은 후기자본주의로 전환된 권위주의의 산물이며, 불법을 저지를 기회와 주류의 의견에 반대할 기회, 심지어 이질적인 공동체와 사회집단 사이의 생산적인 긴장 관계 속에서 새로운 공감과 연대를 이끌어낼 기회마저 박탈하도록 고안되어 있다. 즉 평범한 사람들을 제한하고 통제하고자 하는 욕망의 산물이다. 우리는 질서 정연하고 편안한 공간, 갈등 없는 소비공간, 아이폰 운영체제처럼 탐색하고 제어할 수 있는 현실 세계를 즐기게끔 이곳에 초대받았을 뿐이다.

이는 모든 공원이 같은 목적으로 조성된 것은 아니라는 사실을 상기시킨다. 때로는 지저분한 환경과 어색한 기운, 넘치는 자유가 공간을 특별하게 만들기도 한다.

나는 10대 시절에 부모님이 집을 비운 친구의 집과 동네 공원에서 청소년기에 할 수 있는 모든 규범 위반을 저질렀다. 예를 들면, 대마초를 피우는 방법을 실제로 아는 친구는 아무도 없었지만, 학교 옆 공원은 수업 중 몰래 도망쳐서 대마초를 피우기에 알맞은 장소였다. 우리는 어려 보이는 손님에게도 술을 파는 동네의 유일한 주류 판매점을 알고 있었고, 그곳에서 값싼 보드카 레모네이드를 잔뜩 사서 길모퉁이에 있던 평평한 잔디 광장인 파커스 피스Parker's Piece에 앉아 과시적으로 마셨다. 낮에는 아무도 우리를 주목하지 않았고, 밤에는 길을 비추는 가로등이 닿지 않는 어둠 속으로 슬그머니 스며들 수 있었다. 날씨가 아무리 춥거나 비가 오더라도 우리는 맨정신에는 할 수 없는 말을 거침없이 쏟아낼 때까지 술을 잔뜩 마셨다. 파크사이드 학교 아이들과 싸움을 벌이고, 팔짱을 낀 채 젖은 잔디밭에 누워 있을 정도로 취하곤 했다.

몇 년 전 캐나다 브리티시컬럼비아주의 시골을 찾아가 지역 고등학생들을 상대로 동네 공원에 대해 인터뷰했을 때, 20여 년이 지난 지금도 바다 건너의 녹지공간이 그들에게 같은 역할을 하고 있다는 말을 듣고 마음이 놓였다. 아이들은 자발적인 야간 모임, 불법 음주, 달빛 아래에서 토할 지경이 될 때까지 벌이는 축구 게임, 공원 변두리의 어둠 속으로 사라지는 커플에 대해 이야기했다. 공원은 그들이 동네에서 자유를 누릴 수 있는 거의 유일한 공간이었다.

이러한 일탈은 보통 성장하는 과정의 자연스러운 단계일 뿐이다. 어른들의 눈에 띄지 않는 어두운 구석에서 어른들의 세계를 실험해 보는 짧은 시기다. 그러나 어떤 사람은 욕망을 추구할 자유를 갖지 못한다.

1970년대 뉴욕 동성애자의 생활을 다룬 앤드루 홀러란의 소설 『댄서 프롬 더 댄스Dancer from the Dance』에서 등장인물들은 답답한 아파트의 더위를 피해 이른 새벽까지 공원에 앉아 있다. "공원은 두 그룹의 사람들이 이용했다"라고 그는 썼다. "첫 번째 그룹은 일찍 와서 개를 산책시킨 후 돌아가 에어컨이 있는 타운하우스의 침실에서 잠을 청한다. (중략) 자정이 되어 그들이 사라지면 유령이나 그렘린 같은 버려진 사람들, 호모들, 주정뱅이들, 돌연변이들이 공원으로 입장했다." 이 소설에서 공원은 일종의 도피처다. 쫓겨난 사람들과 도망자의 욕망이 전시되는 공간이다. 적어도 동이 트고 존경받는 세계의 시민들이 이 귀중한 녹지공간을 스스로 되찾을 때까지는 말이다. "그러나 그 순간이 되기 전까지, 이곳은 가로등이 절반이나 켜지지 않는 칠흑같이 어두운 나무 그늘 아래에서 가려운 욕망의 상처를 긁어대기에 완벽한 장소, 즉 상처를 핥을 수 있는 완벽한 동굴이었다."

어둠은 특별한 종류의 자유를 가져다주지만, 물론 거기에는 위험이 따른다. 해가 진 공원은 오랫동안 폭력에 얽힌 두려움과 연관되어 있었다. 언젠가 늦은 밤에 런던의 배터시

파크를 걷고 있을 때, 앞길을 밝히고 있던 조명이 하나씩 꺼지면서 마치 공포영화의 한 장면처럼 도시의 거리에서 경험하지 못한 절대적인 어둠 속으로 빠져들었을 때의 느낌을 기억한다. 낮에도 어떤 공원의 적막감은 그야말로 악명 높고, 많은 사람들, 특히 여성이나 성소수자가 혼자서 찾아가는 모험을 감행할 생각조차 하지 못할 정도로 위험하게 느껴진다.

하지만 어둠이 찾아오고 어쩔 수 없이 공원이라는 도피처를 찾아야 하는 사람에게 이러한 위험은 일상적인 경험의 일부가 될 수밖에 없다. 맷 홀브룩은 자신의 저서 『퀴어 런던 Queer London』에서 20세기 초반 동성애자들이 거의 모든 상황에서 금지되었던 성적인 만남을 가질 때 공원에서 당한 폭행과 강도 사건에 대해 설명한다. 하지만 그는 이러한 위험을 감수해야 함에도 공원이 "연대와 긍정의 공간"이 되었다고 말한다. 공원은 게이들이 서로 공개적으로 만나고 교류할 수 있는 몇 안 되는 장소 중 하나였다. 시간이 지나면서 이러한 크루징Cruising†은 독특한 사회적 만남으로 자리 잡았다. 알려진 도시의 변두리에 존재하는 보이지 않는 세계. 그리고 헤이워즈 히스나 클래펌 커먼 같은 동네의 공원에서도 할렘 문화 축제에서 햇볕에 그을린 관객을 열광하게 하던 것과 같은 종류의 소속감이 형성되었다. 집단의 일부가 되었다는 느낌, 혼자가 아니라는 것을 알게 되는 느낌 말이다.

† 주로 성행위의 대상을 찾아서
  거리를 배회하는 행위

이 숨겨진 공동체가 지속될 수 있었던 것은 크루징 자체의 에티켓 덕분이다. 즉 담배나 불을 달라는 요청, 특별한 방식으로 돌아보는 시선, 은밀한 유혹의 기술 등 공공장소에서 게이들이 서로에게 신호를 보내는 섬세한 몸짓언어가 존재했다. 이런 식으로 공원은 "은밀한 삶의 한순간을 위한 필수 장소"가 되었다. 가장 공적인 공간이 제공하는 자유 속에서 생겨난 사적인 세계인 셈이다.

공적인 가치와 사적인 가치 사이의 미묘한 균형을 통해 우리는 다른 사람들과 개인적 현실을 공유하는 공동체를 만들 수 있다. 이렇게 생겨난 공동체는 각각 저마다의 규칙과 에티켓을 가진 사적인 공동체지만, 공원이라는 공적공간에서 함께 존재하면서 서로 부딪히고 심지어 포개지기도 한다.

2020년과 2021년, 팬데믹으로 런던의 수많은 상점과 바, 레스토랑이 몇 달 동안 문을 닫고 실내에서의 만남을 제한하는 새로운 규칙이 제정되면서, 런던의 공원은 그 어느 때보다 중요한 공공자원이 되었다. 수천 명의 사람들이 비좁은 아파트에서 공원으로 쏟아져 나왔고, 공원은 사실상 집 밖에서 갈 수 있는 유일한 장소였다. 이 숨 막히는 도시에서 사람들이 갈 수 있는 야외 공간이 얼마나 적은지, 그리고 이렇게 넓고 아름다우며 잘 관리된 공원이 있다는 것이 얼마나 큰 행운인지 다시금 깨닫게 되었다.

나는 이른 아침에 달리기를 하고, 개를 산책시키고, 혼자 앉아서 책을 읽고, 친구와 산책을 하거나 사회적 거리두기 소 풍을 즐기며 빅토리아 파크를 몇 번이고 찾았다. 때로는 벤치 에 앉는 것을 금지하거나 (초현실적으로) 아예 움직이지 못 하게 하는 등 수시로 거리두기 규칙이 바뀌었지만, 빅토리아 파크는 자유가 제한된 시기에 가능성과 희망의 장소로 남아 있었다.

2020년 여름, 오후 햇살이 내리쬐는 공원을 산책하다 보면 이스트 런던에서 얼마나 많은 사람이 저마다 독특한 방 식으로 동시에 생일을 축하하고 있는지 알 수 있었다. 누군가 는 멧비둘기가 앉아 있는 나무에 생일을 맞은 사람의 나이를 적은 커다란 은박 풍선을 걸어놓았고, 어떤 30대 그룹은 피 크닉 담요 위에 모여 앉아 슈퍼마켓에서 파는 디핑 소스에 고 급 감자칩을 찍어 먹으면서 스파클링 와인을 홀짝이고 있었 다. 선물이 넘치고 왁자한 게임이 이어지는 아이들의 생일 파 티도 열렸다. 부모들이 옆에서 조용히 수다를 떠는 동안 아이 들은 원을 그리며 서로 쫓아다녔다. 잔디밭에 옹기종기 모여 앉아 햇살 아래서 서로의 손가락에 묻은 코카인을 킁킁거리 며 일광욕을 하고, 춤을 추며 음악을 듣는 20대 무리도 늘 있 었다. 간이 천막 아래에서 바비큐를 굽고 접이식 테이블에 손 수 만든 음식을 잔뜩 차려놓은 카리브해 지역 출신 흑인들의 푸짐하고 세련된 생일 파티도 한창이었다. 사운드 시스템을 공원으로 가져와서 모두가 춤을 출 수 있을 만큼 큰 소리로 오래된 개라지펑크 음악을 틀어주는 남자도 있었다. 소프트볼 토너먼트 형식의 생일 파티도 열렸고, 자루 경주와 숟가락으로 달걀 옮기기, 싸구려 파란 리본으로 표시한 트랙을 따라 수레 끌기 같은 종목을 겨루는 운동회도 열렸다. 달랑 넷이서 조촐하게 그늘에 앉아 피자를 먹는 생일 파티도 있었다. 피크닉 도시락도 음악도 없이 플라스틱 컵에 담긴 테이크아웃 맥주를 마시면서 지겹도록 써먹은 농담에 웃고, 버릇없는 개를 지켜보는 동시에 햇살을 받으며 잠깐 동안 정상적인 일상을 즐긴 내 친구 존의 생일 파티도 있었다.

이들 무리는 각각 사적인 생일을 즐기고 있었지만, 한편으로는 모두 함께 생일을 경험하고 있었다. 라이터를 빌리러 달려가거나 개나 아이, 원반의 침입에 사과하기도 했지만 무엇보다 공공장소에서 서로가 보는 앞에서 집단적으로 축하를 나누고 있었기 때문이다. 공원은 거대한 생일 파티 장소로 변했다. 그리고 우리는 한 가지 목적을 공유하는 만남 속에서 각자 아름답고 독특한 선율에 맞춰서 노래를 불렀다.

이는 공원에서 공적공간과 사적공간이 특별하게 균형을 이룬 한 가지 사례다. 우리는 모두 따로 또 같이 그곳에 있으며 같은 경험을 했다. 춤을 추거나 크루징을 하거나 생일 축하 노래를 하면서 말이다.

＞○＜

파트너인 베키와 나는 4년 전에 생후 11주 된 미니어처 푸들을 입양하고 '소시지'라는 이름을 붙였다. 베키는 컵처럼 오므린 손에 소시지를 안고 집에 데려왔다. 소시지는 지금 이 글을 쓰고 있는 내 옆에서 커다란 크루아상처럼 발판 위에 웅크린 채 자고 있다. 공원을 활보할 때는 발레 댄서의 기품을 풍기고, 우주의 중심을 향해 뚫린 두 개의 빈 구멍 같은 까만 눈동자로 사람을 응시하곤 한다. 소시지는 초인종 소리와 이웃집 고양이, 그리고 다른 개, 특히 코커스패니얼을 향해 요정 밴시†처럼 비명을 지르고, 때로는 다른 개들에게 숨이 멎을 듯 짜증을 낸다. 이런 일은 우리가 바라는 것보다 더 자주 일어나지만, 물론 나는 소시지를 더없이 사랑한다.

워릭 대학교의 한 연구에서 심리학자들은 개가 인간의 사회성에 미치는 영향을 측정했다. 한 연구원이 열흘 동안 일상에서 만나는 모든 사람과의 만남을 기록했는데, 5일은 혼자서, 나머지 5일은 래브라도리트리버 강아지와 함께했다. 실험자는 혼자서는 낯선 사람과 세 번 만났지만, 개와 함께한 5일 동안에는 총 예순다섯 번 만났다. 이쯤 되면 개가 인간이 타인에 대한 경계심을 거두고 대화를 시작할 수 있도록 해주는 훌륭한 아이스 브레이커라는 데 이견이 없을 것이다. 그러나 살아 숨 쉬는 반려견을 테이블 장식품이나 이상한 모자 같은 호기심의 대상으로 축소하는 것은 인간이 가진 오만의 극치라고 할 수 있다. 개는 의도적인 욕구와 집착, 두려움을 연기하는 배우다. 그들은 자기가 원하는 방식대로 세상에 존재한다. 개는 촉각이 뛰어나고 다가가는 일의 전문가이며

† 아일랜드와 스코틀랜드의 민화에 등장하는 요정으로, 울음소리로 가족의 죽음을 예고한다.

인간이 지키는 관습과 사회적 에티켓을 알지 못한다. 개는 우리를 낯선 사람들 쪽으로 끌어당기고, 편견 없는 호기심으로 우리가 모른 척하던 사람들과 대화를 시작하게 만든다. 개는 순전히 자기 의지로 우리를 주변 사람들에게 더 가깝게 다가가도록 이끈다.

소시지는 이제 겨우 네 살에 불과한 천방지축 강아지임에도, 내게 세상에 더 잘 적응하는 방법을 알려주었다. 매일 아침 비가 오나 눈이 오나 우리는 집 근처 공원을 함께 산책한다. 소시지는 모든 사람과 만나는 것을 생의 사명으로 확신하기라도 하듯 사람을 좋아한다. 공원에서는 다른 개와 반려인을 찾기 위해 나무 덤불을 헤치고 드넓은 풀밭을 가로질러 길을 탐색하며 부지런히 사명을 수행한다. 낮게 내려앉은 안개 사이로 멀리 보이는 움직이는 물체를 향해 달려가면서도 내가 잘 따라오고 있는지 자주 뒤를 돌아본다.

이러한 사교의 춤을 추면서 나는 항상 소시지가 리드하는 대로 끌려간다. 소시지는 가능한 한 모든 종류의 사람과 만날 수 있도록 나를 끌어당긴다. 낯선 사람과 나, 우리는 서로 몇 미터 떨어진 곳에서 주머니에 손을 넣은 채 서서 개들이 서로의 주변을 조심스럽게 도는 모습을 지켜보다가 결국 대화를 나누기 시작한다. 일단은 날씨 이야기나 축축한 잔디 위에서 씨름하고 있는 개들의 이름과 나이를 묻는 정중한 질문 등 무해한 주제부터 시작한다. 그리고 하루의 나머지 시간에 하는 일이나 주말 계획, 좋아하는 영화나 응원하는 스포츠 팀에 관한 이야기로 이어지면 우리의 삶과 직업, 현재 앓고 있거나 앞으로 우려되는 질병, 영국과 미국 공원의 청결도 등에 관한 이야기까지 확장된다. 나는 공원에서 낯선 사람들과 이사와 안타까운 유산, 무료 급식소와 레바논의 역사, 토트넘 홋스퍼의 잦은 실패, 1980년대 런던의 애시드 하우스뮤직 신, 외로움, 팬데믹 기간에 우리 모두 느낀 공포, 팬데믹이 끝나기를 간절히 바라고 그 상황이 영원히 지속될까 봐 걱정했던 마음 등에 대해 대화를 나누었다.

그 대화 속에서 진정한 우정이 꽃을 피웠다. 소시지를 통해서 나는 전에는 존재조차 몰랐던 공동체의 일원이 되었다. 개 주인들의 숨겨진 네트워크, 그러니까 그들만의 세계에 사는 사람들 말이다. 직장이나 사회생활 또는 내가 사는 아파트 블록에 따라 결정되는 도시의 다른 소모임과 달리 이 '도그랜드Dogland'는 연령, 경제적 지위, 사회적 배경, 정치적 성향, 종교가 다양한 사람들로 구성된, 이 도시 자체만큼이나 이질적인 모임이다. 오로지 동물에게 품은 애정이라는 이해할 수 없는 변덕으로 엮인 공동체인 셈이다.

모음을 독특하게 발음하는 미네소타 억양 탓에 늘 입 안 가득 무언가 차 있는 듯한, 스코틀랜드의 바닷가로 이사 가고 싶어 하는 크리스. 폭주하는 말의 고삐처럼 생긴 긴 줄을 잡은 채 거대한 잉글리시불테리어 두 마리를 돌보는 데 여념이 없는 택시 기사 존. 10대 시절 컬트 라이엇 걸riot-grrrl† 그룹의 일원이었던 클로이와 영화계에서 일하는, 직업적인 비밀

† 1990년대 초반에 여성 음악인을 중심으로 시작된 페미니즘을 표방한 대중문화로 주로 펑크 음악을 연주하며 그런지록과 맞물려 함께 유행했다.

228

이 워낙 많아서 내게 아무 말도 해주지 못하는 코너. 우리는 핼러윈이 되면 자신의 개와 함께 변장하고 공원 카페 옆 뒷마당에서 비를 맞으며 만난다. 그럴 때면 소시지는 박쥐 날개를 달고 있다. 우리는 누군가 가져온 따뜻한 사과주 한 병을 플라스틱 컵에 나누어 마신다. 우리는 서로의 궤도 안팎을 오가며 개들이 평소보다 더 큰 사고를 치지는 않는지 확인하고, 삼삼오오 짝을 지어 이야기를 나눈다. 개들은 티격태격하면서 뛰어다니고, 우리 사이를 들락날락하며 잿빛 하늘 아래 서 있는 우리를 하나로 묶어준다.

🍬

모든 공원은 하나의 생태계다. 그 안에서 작은 공동체들이 싹을 틔우고, 각 공동체는 다른 공동체들 사이에서 자신의 공간을 만들어간다. 여느 생태계처럼 공원 역시 저마다 조금씩 다르다. 인접한 공동체와 공원의 지형, 그리고 현재 살아가고 있는 시대의 관심사에 따라 사회집단과 특정 관심사가 결정되는 고유의 네트워크를 가지고 있기 때문이다. 여러 그룹은 불협화음을 내는 교향곡처럼 하루 중 각기 다른 시간에 공원에 모였다가 흩어진다. 공원에는 무수히 많은 삶이 움직이고 있다.

예를 들어 한여름의 토요일, 내가 사는 동네에 있는 공원은 관리인이 동트기 직전에 순찰을 돌면서 비상 손전등을 번쩍거리며 각 게이트를 차례로 여는 것으로 개장을 알린다. 사람들이 도심으로 몰려가면 이 작은 공동체는 각자의 리듬에 맞추어 자기만의 스케줄에 따라 움직이기 시작하는 것이다.

먼저 클러버, 밤새도록 파티를 즐긴 사람들, 마지막까지 남은 어제의 낙오자들이 새벽이 오기 전에 아직 날이 밝지 않은 밤을 비틀거리며 걸어간다. 이들은 세상 끝으로 소풍을 떠나온 양 텅 빈 공원 한가운데 앉아 맥주를 마시거나, 누군가의 휴대폰 뒷면에 묻은 흰 가루를 킁킁거리며 이른 아침의 고요를 즐기고 있다. 아직 하루가 시작되지 않기를 바라면서 말이다.

이어서 개를 산책시키는 사람들이 나타난다. 매일 아침 늘 같은 시간에 늘 같은 산책로를 걸으며 자신의 개 라스컬에게 버려진 쓰레기 조각이나 새들이 먹다 남긴 빵을 먹지 말라고 소리치는 내 친구 실라 같은 사람들 말이다. 이들은 개가 뛰어놀기 좋아하는 탁 트인 잔디밭에 모여들어서 비공식적인 무리를 이룬다. 커피를 마시며 반가운 인사를 나누고, 거리에 버려진 쓰레기나 위협적일 만큼 빠른 속도로 자전거를 타는 사람들에 대해 불평한다. 상대방 개의 이름과 성격만큼이나 서로에 대해서도 잘 알고 있으며, 모두 이러한 상황에 어느 정도 만족하는 것처럼 보인다.

그다음으로는 남녀노소를 불문하고 달리는 사람들이 나타난다. 낡은 조깅팬츠에 스웨트셔츠를 입은 사람도 있고, 짧은 반바지에 조깅 클럽 조끼를 입은 사람도 있다. 빨리 달리는 사람도 있고, 느리게 달리는 사람도 있다. 반려견과 함께 달리는 사람도 있고, 유모차를 끌고 달리는 사람도 있다. 딱딱한 아스팔트를 선호하는 사람도 있고, 부드러운 잔디 위를 달리는 사람도 있다. 시계 방향으로 달리는 사람과 시계 반대 방향으로 달리는 사람이 있다. 때로는 겨우 한 쌍이 무리의 전부이거나, 작은 기차처럼 짧은 대형을 이루는 무리가 있다. 바싹 붙어서 뛰는 무리도 있고, 가끔은 과해 보이는 러닝 장비를 착용하고 모든 길을 차지하는 특정 남성 집단도 있다. 공식적이든 비공식적이든 달리기하는 사람들이 더 많이 모여 시간과 이야기를 나누며 부상에 대한 불만, 다음 레이스에 대한 열망을 토로하는 대회가 점점 더 많아지고 있다. 그들은 혼자 달릴 때에도 달리는 사람이라는 정체성을 공유한다. 서로가 서로의 아침을 구성하는 작은 조각이라는 점을 이해한다. 그 짧은 인식의 불꽃, 서로의 매일을 지나치는 얼굴들.

뒤이어 축구선수들이 도착해 플라스틱 콘과 임시 골대로 자신들의 구역을 표시한다. 클럽 축구선수, 학생 축구선수, 여자 축구선수, 지역 소상공인의 후원 셔츠를 입은 팀, 부모의 박수와 환호를 받으며 코치에게 부드럽게 지도받는 다섯 살 어린이, 중고 유니폼을 입고 공식 경기 사이에 자신들만의 경기를 준비하는 소년들이 있다. 여름철에는 크리켓 선수들이 잔디밭에 하얀 선을 그어 함께 쓰는 공간에서 자신들이 빌린 구역을 표시한다. 최고의 원반던지기 선수, 소프트볼 선수, 럭비 선수도 있다. 스케이트 공원에는 마흔 살쯤 되어 보이는 낡은 청바지를 입은 남자가 무심하게 스케이트를 타는가 하면, 헬멧과 무릎 보호대를 착용하고 긴장한 부모가 지켜보는 가운데 첫 번째 기술을 연습하는 여덟 살 무렵의 어린아이도 있다. 롤러스케이트를 타는 사람들은 작은 주황색 콘을 길에 깔고 그 사이를 요리조리 미끄러지듯 지나간다. 낚시꾼들은 연못가에 자리를 잡는다. 근처 나무 아래에서는 요가 수업이 시작된다. 하루가 끝나고 해 질 녘이 되면, 그들은 하나둘 천천히 사라진다. 소풍 나온 사람들은 쓰레기를 살뜰히 챙겨 사라진다. 축구선수들은 콘을 챙겨 사라진다. 개와 산책하는 사람들은 마지막 한 바퀴를 돌고 사라진다. 어둠이 내려앉으면 경비원들이 마지막 순찰을 돌며 출입구를 잠그기 시작하고, 달리는 사람들이 어둠 속에서 숨소리를 내는 마지막 주자가 된다.

지금까지는 내 눈에 보이는 것들이다. 의심할 여지 없이 이보다 더 많은 것이 있을 것이다. 그들만의 리듬과 일상, 그들만의 사적 언어를 가진 공동체. 조류 관찰자, 금속 탐지자, 알코올중독자, 보디빌더, RC 자동차 동호인, 음모론자, 심리지리학자, 공산주의자, 취미로 걷는 사람, 복음주의 기독교도. 이 모든 사람들이 이곳에 나란히, 때로는 포개져서 공적인 것과 사적인 것, 보이는 것과 보이지 않는 것 사이의 미묘한 상태로 공원에 모여든다. 이런 식으로 우리는 간신히 함께 살아가고 있다.

함께 사는 일이 항상 쉬운 것은 아니다. 수천 명의 사람들이 붐비는 거리에 쏟아져 나오는 더운 여름날이면 더욱 그렇다. 이런 날이면 공원은 수많은 목적을 가지고 이곳을 찾는 사람들로 터져 나갈 듯하고, 분주한 잔디밭에는 여러 의미가 겹겹이 쌓여서 서로 충돌한다. 누군가가 멀리에서 던진 원반이 소풍 온 사람들 사이를 미끄러지듯 날아간다. 흥분한 개가 긴장한 아이를 놀라게 하고, 아이는 눈물을 흘리며 아빠에게 달려간다. 휴대용 사운드 시스템에서 터져 나오는 우렁찬 베이스 라인이 조용히 책을 읽던 사람의 집중을 방해한다. 자전거 타는 사람이 조깅하는 사람을 추월하고, 조깅하는 사람은 속도를 줄이라고 소리친다.

서로의 삶에 미세하게 침입하는 이러한 만남을 사회학자 리처드 세넷은 "사회적 마찰"이라고 불렀다. 세넷은 이러한 마찰의 경험이 도시 생활의 필수적 부분이라고 언급했다. 도시는 본질적으로 "가장자리가 울퉁불퉁하고 모순으로 가득 찬" 복잡하고 병든 곳이다. 도시는 한 사회의 불평등과 불공정이 뚜렷하게 드러나는 곳이며, 편견과 스트레스가 증폭되는 곳이기도 하다. 인간성이 그 자체로 결함이 있고 분열되어 있는 것이라면, 도시는 그 분열을 가장 날카롭게 시험하는 곳이다. 도시 생활의 어려움은 때로는 아무리 힘들더라도 이러한 복잡성을 감내할 수 있어야 한다는 것이다.

✦

공적인 가치와 사적인 가치의 위태로운 균형이 무너지는 듯했던 두 가지 사례가 있다.

2009년에 나는 런던 사우스뱅크의 주빌리 파크Jubilee Park에서 여름 축제를 위한 길거리 게임을 기획하는 일에 참여했다. 사우스뱅크 센터에서 홍보한 이 작품은 참가자들이 세 가지 색상 중 하나의 옷을 골라서 입고 로열 페스티벌 홀 밖에 모여서 2분 동안 멈추어 있다가 더듬거리며 공원 한가운데로 이동하는 게임으로, 마지막에는 거대한 종이로 만든 할머니 탈을 쓴 연기자가 이끄는 (일명 '빨간불, 초록불'로 알려진) '할머니 걸음grandmother's footsteps'†이라는 게임을 대규모로 하게 된다.

사람들이 잔디밭을 가로지르며 이리저리 움직이기 시작하자 햇살을 쬐며 술을 마시던 동네 청소년들을 포함해 수십 명의 다른 사람들이 이 게임에 참여하려고 했다. 이 사람들은 규칙도 모르고, 전날 게임 참가자들에게 이메일로 전송한 사전 이벤트 브리핑을 받지 못했으므로, 사실상 비공개 게임에 침입한 것이나 다름없었다. 더 정확하게 말하자면, 허가받지 않은 게임을 하기 위해 그들이 이용하던 공공장소를 무단으로 점유한 것은 우리였다.

그들은 흥분한 채 할머니 탈을 쓴 연기자에게 달려들었다. 그가 위험에 처할지도 모른다는 생각에 우리는 본능적으로 방어선을 구축했고, 팔짱을 끼고 군중을 밀어붙여 뒤로 물러나게 했다. 내 뒤에서 다른 감독관이 확성기로 새롭게 참여한 선수들의 해산을 독려했다. 이는 우리가 예상한 놀이가 아니었고, 우리가 맡으리라고 생각한 역할도 아니었다.

† '무궁화꽃이 피었습니다'와 비슷한 방식의 놀이

2020년에 크리스천 쿠퍼라는 흑인 남성은 탐조가들에게 잘 알려진 뉴욕 센트럴 파크의 램블 구역에서 조류를 관찰하고 있었다. 그곳에서 그는 반려견의 목줄을 풀어놓은 백인 여성 에이미 쿠퍼를 목격했다. 공원 조례에 따라 이 구역에서는 목줄을 풀어놓을 수 없었다.

센트럴 파크처럼 큰 공원에서는 이렇게 사소한 의견 충돌이 하루에도 수백 번씩 일어난다. 오토바이 속도를 과하게 높이거나, 빵을 버리지 말아야 할 곳에 버리거나, 소풍을 즐기는 사람들 사이로 축구공을 거칠게 몰며 돌진하는 등 규칙을 위반하거나 누군가의 즐거운 하루를 방해한 사람은 다른 이들에게 질책을 받는다. 일반적으로 이러한 의견 충돌을 해결할 책임은 우리 스스로에게 있다. 이는 우리가 공공장소에서 함께 해야 하는 일의 일부다.

그러나 같은 공원 이용자에게 질책을 받은 후, 에이미 쿠퍼는 생명의 위협을 받았다고 거짓으로 그를 경찰에 신고했다. 또 자신만 속해 있을 수 있는 공간을 침입당했다는 의미를 암시적으로 담아, 크리스천 쿠퍼의 정중한 질책을 악의적인 공격으로 몰아붙였다. 이는 미국의 오랜 인종차별의 역사를 악용한 것이었고, 크리스천 쿠퍼가 공원에 있을 권리뿐 아니라 그의 존재 자체에 대한 권리를 위협한 행위였다. 다행히 이 사건은 처음의 언쟁 이상으로 사태가 악화하지 않았는데, 사건 현장을 촬영한 휴대폰 영상이 인터넷에 유포되기 시작하면서 단순히 공원 규정을 지켜 달라고 요구하다 곤경에 처한 탐조자에게 공감하는 대중의 공분을 샀다. 결국 에이미 쿠퍼는 대형 투자회사의 일자리를 잃었고, 크리스천 쿠퍼는 최근 내셔널지오그래픽 TV에서 조류 관찰 프로그램을 진행하기 시작했다.

　　우리는 모두 때때로 서로의 삶에 침입하는 존재다. 이것은 리처드 세넷을 비롯한 여러 사람이 이야기했던, 우리가 삶을 살아갈 때 받아들여야만 하는 복잡성의 일부다. 이러한 순간이 위태로운 이유는 부주의나 분노 또는 두려움으로 인해 우리의 현실이 다른 사람의 현실보다 우선해야 한다고 믿고, 이러한 믿음에 따라 행동할 수 있기 때문이다. 이러한 행동은 공원이라는 개념의 근간을 이루는 원칙, 즉 모든 사람에게 평등하게 제공되는 공간이라는 아름다운 약속을 망칠 위험이 있다.

　　　　　　　　　　　🐟

공원이라는 장소의 복잡성을 탐색하는 것은 쉽지 않은 일이다. 이를 위해서는 우리 자신의 특권과 편견에 맞서야 한다. 우리가 주변 사람들과 어떻게 다른지, 그리고 그 차이를 극복하기 위해서는 얼마나 많은 노력이 필요한지 인식해야 한다. 이것이 바로 이러한 공간이 필요한 이유이기도 하다. 하지만 리처드 세넷이 주장하듯, 사람들은 점점 더 이러한 불편을 없애는 방향으로 도시환경을 설계하고 있다. 도시계획은 점점 더 폐쇄적인 환경을 구축하는 추세다. 차이를 직면하기보다는 차이에서 격리되는 방향으로 말이다.

여러 면에서 공공 공원과 정반대인 게이티드 커뮤니티 Gated Community만큼 이러한 유행을 잘 보여주는 도시 공간은 없다. 자체 보안시스템을 갖춘 주거 공동체부터 교외의 광활한 비즈니스 캠퍼스에 이르기까지, 게이티드 커뮤니티는 세계적으로 증가하고 있는 이 시대의 대표적인 건축양식이다. 특정 그룹이 독점적으로 접근할 수 있는 사적공간인 셈이다. 세넷은 이러한 공간을 "도시에 있지만 도시의 것은 아닌" 공간이라고 정의한다. 도시 현실의 지저분한 복잡성을 벽 너머에 숨겨두는 공간이기 때문이다.

런던의 퀸 엘리자베스 올림픽 파크나 맨해튼에 새로 문을 연 드넓은 허드슨 야드Hudson Yards 같은 쇼핑몰, 그리고 개인이 소유하고 관리하는 광장이나 공원 같은, 소위 유사 공공 공간도 마찬가지다. 노숙자 공동체, 청소년 무리 또는 허용되는 복장과 행동의 특정 기준을 따르지 않는 사람 등 바람직하지 않은 요소를 의도적으로 배제하는 이해하기 어려운 일련의 규정과 금지 사항을 준수하도록 강요하는 사설 보안 업체 직원에 의해 도시의 지저분한 현실은 조용히 단속된다.

이러한 도시계획의 목표는 심리적, 경제적으로 여유 있는 시민들이 불편한 마찰 없이 쉽게 도시 안을 이동하고, 자신과 비슷한 사람들끼리 공유하는 지정된 공간에서 생활하고, 일하고, 사교하며, 주변 세계의 복잡성에서 격리된 채로 지낼 수 있도록 하는 것이다. 도시의 문제를 대면하거나 협상해야 할 대상이 아니라, 완전히 피해야 할 대상으로 여기는 발상이다.

공공 공원은 이러한 사고방식이 품은 독을 없앨 해독제로 사용될 수 있다. 공원은 개방성과 복합성의 공간이다. 서로 다른 용도와 의미가 중첩되고 교차하는 동시성의 공간이다. 공적인 것과 사적인 것이 공존하고, 때로는 서로 충돌하는 곳이다. 다른 동네나 공동체의 경계에 존재하면서 서로 다른 배경을 가진 사람들이 만날 수 있도록 하는 공원은 특히 그렇다. 센트럴 파크를 설계한 프레더릭 로 옴스테드가 "사교적인 공간"이라고 특징 지은 공원이 바로 이러한 범주에 속한다. 이러한 사교적인 공간에서 우리가 갖는 만남은 눈에 띄게 반짝거릴 수도 있고, 우리 주변에 사는 사람들에 대해 새로운 것을 알려줄 수도 있다. 물론 공원은 특권, 차이 그리고 그것들에 대한 이해의 한계까지 고려해야 하는 까다로운 공간일 수도 있다.

한여름에 집 근처 공원에서 시간을 보낼 때, 햇볕이 잔디를 달구고 사람들의 땀과 웃음, 새소리와 대마초 연기가 공기 중에 소용돌이칠 때야말로 런던이 가장 생생하게 느껴지는 것은 결코 우연이 아니다. 그 순간에는 런던이 건물, 도로망, 추상적인 시민 단체의 집합이 아니라 수많은 사람, 움직임과 욕망의 흐름, 얼굴과 목소리, 알 수 없는 방식으로 무한히 연결된 영혼의 총합으로 느껴진다. 그래서 나에게는 더없이 멋진 도시로 다가온다.

불꽃놀이가 끝나고 우리는 천천히 출구로 돌아간다. 군중은 흩어지고 있다. 일부는 가까운 바로 향하고, 일부는 집에 가기 위해 차로 돌아간다. 아이들은 야광봉을 이리저리 휘두르며 어둠 속에서 빛의 물레방아를 만들고 있다. 발밑에서 맥주 캔이 찌그러지는 소리가 들린다. 몇 시간 후 동이 트면 다시 출근한 공원 경비원들이 쓰레기를 주워 트럭 짐칸에 실을 것이다. 밤을 쓸어버릴 것이다. 공원을 운영하기 위해 필요한 사람들에 대해 생각한다. 이 상상 속 시골 광장을 유지하기 위해서는 눈에 잘 띄지 않는 시민 인프라 전체가 필요하다.

공원은 가끔 기적처럼 느껴진다. 이 영광스럽고 비생산적인 녹지는 복잡한 도시 한복판에서 거대한 넓이의 값비싼 부지를 차지하고 있다. 이곳은 오로지 놀고, 어울리고, 공을 차고, 피크닉을 즐기기 위한 공간이다. 더 나쁘게는 술을 마시고, 약을 하고, 섹스하고, 집회를 시작하고, 폭동을 일으키기 위한 공간이다. 정부를 전복하려는 시도를 위한 공간이다.

도시 공간과 관련한 문제는 점점 더 악화되고 있다. 브루킹스 연구소Brookings Institute에 따르면 지난 20년 동안 거의 모든 선진국에서, 특히 미국에서 급격하게 소득과 부의 불평등이 확대됐다. 한편 유엔난민기구UNHCR는 2021년에 "유엔난민기구가 보호하는 난민의 90%와 분쟁과 폭력으로 자국 내에서 난민이 된 사람들의 70%가 기후 비상사태의 최전

선에 있는 국가 출신"이라고 경고했다. 기후난민의 수는 앞으로 30년 동안 계속 증가할 것이며, 이들 중 상당수는 이미 인구밀도가 높고 불평등한 도시환경에 정착할 가능성이 높다. 유엔은 2050년까지 전 세계 인구의 3분의 2가 도시에 거주할 것으로 예측하고 있다. 이로 인해 전례 없이 높은 수준의 인구밀도가 야기되고, 소음과 공해, 주거비용 상승, 학교나 병원 같은 필수 자원 부족 등 그에 수반되는 많은 문제가 나타날 것이다. 우리의 동네와 도시는 문제가 많은 곳이며, 앞으로 그 문제는 더 심각해질 위험성이 높다.

예나 지금이나 공원은 이러한 문제에 대한 궁극적인 해결책은 아니다. 그러나 개선책이 될 수 있다. 피난처이자 연결의 장소로서, 우리는 여전히 공원을 도시의 허파라고 생각하며 생태학적 측면에서 공원의 가치를 발견한다. 공원은 공기를 정화하고 도시의 열기를 식혀준다. 공원은 숨 막히는 도심 속에서 걷고 뛸 수 있는 녹색 오아시스다.

하지만 내가 생각하는 진정한 산소는 수천 명의 군중이 집단적 환희를 만들어 내는 만남부터 사적인 의견 충돌로 껄끄러운 기류를 낳는 만남까지 다양한 층위의 만남에서 나온다. 이러한 만남을 통해 우리는 세상에서 자신이 놓인 위치와 주변 사람들과 맺는 관계를 더 잘 이해할 수 있다. 이 거대한 녹색 허파는 분열된 대도시에 다시 공감과 연대의 숨결을 불어넣는다.

8장

모두의 영화관

#1 점점 어두워지는 조명

영화관의 조명이 곧 어두워지려고 한다.

관객들은 팝콘과 콜라가 가득 담긴 커다란 종이컵을 들고 하나둘 입장한다. 스크린에서 폭스바겐 해치백 광고가 상영되고 있지만 아무도 관심을 기울이지 않는다. 그들은 서로 속삭이면서 마지막으로 문자메시지를 확인한다. 마치 이륙 전의 비행기 안 같다. 사람들이 떠들며 시간을 때우고 있을 뿐, 별 다른 일은 일어나지 않는다.

클럽이 변방에 속하는 공간이라면 영화관은 이와 대조적으로 항상 도심과 연결되어 있다. 영화관은 19세기 후반의 매캐한 대도시에서 탄생했다. 전기 조명 기술의 급격한 발전 속에서 탄생한 발명품이다.

클로드 모네의 작품 〈카퓌신거리Boulevard des Capucines〉

에서 파리는 맑은 겨울 하늘 아래 수많은 사람의 움직임으로 가득 차 있다. 1895년 12월 28일, 이 거리에 있던 카페 그랑 Café Grand의 지하에서 뤼미에르 형제가 처음으로 유료 관객에게 영화 촬영 기술을 선보였다. 손으로 크랭크를 돌리자 눈앞의 벽에서 그림이 춤추기 시작했고, 관객은 탄성을 질렀다. 곧 이것과 흡사한 다양한 장치가 파리, 런던, 베를린, 뉴욕 등 전 세계 대도시에 등장했다. 당시 박람회장과 음악당을 화려하게 수놓았던 수많은 기계식 마술 중에서도 영화는 가장 화려한 최신의 마술이었다. 윙윙거리는 기계장치의 소음, 끊임없는 움직임으로 가득한 영화야말로 현대 대도시의 격렬한 불연속성을 가장 잘 반영하는 예술 형식이었다. 영화는 평범한 사람들의 특별한 경험을 위해 만들어졌다. 새로운 광란의 시대를 위해 발명된 새로운 광란의 오락이었으며, 때로는 무섭도록 생생하게 살아 움직이는 마술 램프였다.

이후로 영화관을 찾는 것은 도심 속의 여행이 되었다. 번화한 도심의 거리에서 붐비는 바와 레스토랑, 밝게 빛나는 쇼윈도를 지나 달콤한 팝콘 냄새가 풍기는 곳으로 향하는 여정이었다. 도시 소음이 여전히 귓가에서 울리는 가운데 상영관 안으로 들어간다. 우리는 여기에 있다. 도시의 한복판, 문화의 중심, 모두가 오고 싶어 하는 곳. 이곳에서는 언제나 특별한 일이 일어난다.

조명이 어두워지면 일상의 모든 것은 녹아서 사라진다. 영화관은 사실 비행기라기보다는 로켓 우주선에 가깝다는 사실을 깨닫게 된다. 어둠과 소음의 공간, 빛보다 빠른 여행을 위한 기계의 공간, 현실에 뚫린 사각형 모양의 구멍. 우리는 에어컨이 설치된 고립된 공간에서 먼 행성이나 다른 시대, 이국적이면서 낯선 장소, 또는 영화적 장치를 통해 멀고 낯선 모습으로 재창조된 현실의 세계 등이 눈앞의 스크린에 나타나는 광경을 지켜본다. 갑자기 상영관 밖의 현실이 수천 킬로미터 떨어져 있는 것처럼, 우리가 우주에 떠 있는 것처럼 느껴진다.

#2 스크린을 응시하는 얼굴들

영화관에서 우리는 모두 우주공간에 떠 있다. 작가 애넷 쿤은 이를 "사랑스러운 어둠"이라고 묘사했다. 2022년 6월의 어느 평범한 목요일 오전, 런던에서 가장 큰 영화관의 영화가 매진되었다. 화면에서는 톰 크루즈가 전투기를 조종하고 있다. 한 번도 만난 적은 없지만, 평생 얼굴을 알고 있었던 이 남자가 다시 선글라스를 벗은 채 클래식 오토바이를 타고 광적인 웃음을 지으며 아름다운 이를 드러내고 있다. 바깥은 잿빛이었지만 이곳은 일몰 직전의 황금빛이다.

목요일 아침 일찍부터 톰 크루즈를 보기 위해서 집에서 몇 킬로미터 떨어진 런던 중심부까지 온 사람들은 도대체 누구일까? 주위를 둘러보니 그 질문의 답은 '모든 사람들'이었다. 어린 자녀를 데리고 온 가족, 10대 아이들, 나이 든 커플,

오프닝 크레디트 자막이 채 끝나기도 전에 흐느끼듯이 숨을 몰아쉬는 고독한 30대 남성. 이 영화는 이미 전 세계 박스오피스에서 10억 달러를 벌어들였다. 전 세계 곳곳에서 다양한 사람들이 이 영화를 보기 위해 모여들었다. 이 영화는 아테네의 옥상 영화관, 미 해군 관타나모 기지의 다운타운 라이시엄 극장, 디모인의 AMC 클래식 등에서도 상영되었다.

우리는 즐기기 위해 여기에 왔다. 아름다운 외모를 지닌 낯선 이들에게 투영된 우리 시대의 불안을 확인하기 위해, 아이들에게 몇 시간 동안 할 일을 주기 위해, 첫 데이트 상대에게 세련된 취향을 뽐내기 위해, 그것도 아니면 그냥 다른 사람들과 가까워지기 위해. 눈앞에 펼쳐진 스크린의 이미지에서 나온 빛이 줄지어 앉아 있는 얼굴을 비추고 있다.

영화는 모두를 위한 예술이라는 자부심을 가지고 있다. 20세기 최고의 대중오락 활동인 영화 관람은 비용이 적게 들고 접근성이 뛰어나며 누구나 누릴 수 있는 활동이다. 영화관의 문은 항상 열려 있으며, 우리는 모두 그곳에 갈 수 있다. 부자와 가난한 사람, 노인과 젊은이, 모두를 위한 충분한 좌석이 있다. 영화관은 다양한 사람이 환영받고 안전하다고 느끼는 분주한 사교의 공간이다. 지리학자 필 허버드가 노팅엄의 오데온 극장에서 진행한 조사에 따르면, 어른들이 다른 공공장소에서는 두려움과 의심의 눈초리를 보내는 10대 청소년 무리의 존재를 유독 영화관에서는 훨씬 덜 위협적으로 느낀다는 사실이 밝혀졌다.

나 역시 10대 시절에 동네 멀티플렉스 극장 주변을 휩쓸고 돌아다니며 자판기에서 콜라를 뽑아 마셨고, 아직 특정 영화를 관람할 나이가 되지 않은 막내들을 몰래 극장에 데려갈 수 있는 가장 좋은 방법이 무엇일지 머리를 굴렸다. 영화관은 우리가 좋아하는 할리우드 스타들이 사랑스러운 눈빛으로 우리를 지켜보는, 친숙한 밝은 파란색 카펫 위에서 안전하게 놀 수 있는 몇 안 되는 장소 중 하나였다.

영화관이 제안하는 경험은 예나 지금이나 독특하다. 영화관은 공동체의 이질적인 부분을 한데 모아 서로 친밀감을 느낄 만큼 가까운 위치에 놓을 수 있는 잠재력을 지닌 장소다. 줄지어 있는 모든 좌석에 꽉 들어찬 몸들, 스크린을 함께 응시하는 다양한 표정의 얼굴들.

하지만 사실 관객은 처음부터 분리되는 과정을 거치고 있다. 영화의 장르는 계층화와 세분화를 겪으면서 전보다 더 난해하고 구체적인 방향으로 무한히 분리되었다. SF영화, 서부영화, 갱스터영화, 재난영화, 좀비영화, 포르노영화, 대작 뮤지컬영화, 검과 샌들 영화(고대 그리스와 로마를 배경으로 샌들을 신은 남자들이 칼을 들고 싸우는 대하 서사극), 스와시버클러swashbucklers(근대를 배경으로 하는 낭만 검객의 활극), 전기영화, 로맨틱코미디, 멜로드라마, 애니메이션, 다큐멘터리, 필름 누아르, 블랙스플로이테이션blaxploitation(흑인이 주인공인 B급 범죄영화), 오즈플로이테이션ozploitation(호주의 B급 범죄영화), K-호러영화, J-호러영화, 발리우드(인도 영화), 놀리우드(나이지리아 영화), 무협영화, 스파게티 웨스턴(이탈리아의 제작진과 출연진이 만들던 서부극), 지알로giallo(이탈리아 범죄 스릴러), 이탈리아 네오리얼리즘(2차 대전 이후 이탈리아의 곤궁한 현실을 사실적으로 다룬 사조), 뉴 프렌치 익스트레머디(1990년대 이후 극단적인 소재를 적나라하게 다룬 프랑스의 공포영화), 멈블코어Mumblecore(등장인물의 대화와 대사가 많은 사실주의 희극), 1980년대 뉴욕에서 유행한 물 밖의 물고기 코미디fish-out-of-water comedies(낯선 상황에 처한 주인공이 좌충우돌하며 문제를 해결하는 과정을 그린 코미디물), 1970년대 편집증적 스릴러, 말하는 동물 영화, 타임 루프 영화, 용감한 약자들로 구성된 팀이 챔피언이 되기 위한 험난한 여정에서 우정의 중요성을 배우는 영화, 광활한 우주가 서서히 누군가를 미치게 하는 영화….

모든 이들을 위한 영화관이 있지만 그렇지 않은 영화관도 있다. 어른들의 기대와 관습에서 벗어나 역겹도록 달콤한 간식을 먹으며 스크린에 피가 튀는 장면을 보기 위해 아이들이 모여드는 음침한 B급 영화관이 있다. 위험하고 불길한 스릴을 온전히 느끼기 위해 찾는 곳이다. 사우스엔드-온-시에서 열린 호러 영화제인 '호러-온-시Horror-on-Sea' 페스티벌에서 유령 들린 집에 관한 저예산 영화를 보기 위해 검은 티셔츠에 닥터마틴 신발을 신고 래디슨 파크 인의 연회장에 모여든 공포영화 팬이나 런던 중심부의 현대예술원ICA에서 아피찻퐁

위라세타쿤의 〈메모리아〉를 보는 진지한 표정의 중년 커플에게 영화관은 모든 사람을 위한 것이 아니다. 레스터 스퀘어에 있는 오데옹 극장 밖에서 몇 시간 동안 줄을 서서 기다리는 〈스타워즈〉 팬과 〈어벤져스: 인피니티 워〉의 클라이맥스에서 환호성을 지르며 사진을 찍는 마블 팬 역시 마찬가지다.

빌려 입은 흰색 레깅스와 블레이저, 양쪽 눈 밑에 대충 그린 아이라인, 스프레이를 뿌려서 부스스하게 만든 헤어스타일을 하고 다 같이 거친 밤을 보내는 〈록키 호러 픽쳐 쇼〉 팬도 다르지 않다. 나는 너무 눈에 띄는 것 같아서 가는 길에 수줍게 청바지로 갈아입고 택시를 탔지만, 영화관에 도착하자마자 모든 노래를 따라 부르고 스크린에 쌀을 던지기 시작했다. 이 영화 자체가 모두가 함께 연주하는 악보였기 때문에 자제할 필요 없이 우리는 군중 속으로 녹아내렸다. 소속감과 하나가 되는 의식 속에서 서로를 단단히 붙잡고, 잔인하고 추운 바깥세상에서 해방된 몸으로 서로를 보호하는 장소. 영화관은 대중오락을 위한 공간일 뿐 아니라 분산되어 있는 공동체를 위한 친밀한 공간이다. 저마다의 규칙과 드레스 코드가 있는 사적인 세계다.

도시 그 자체와 마찬가지로 영화관 역시 공동체가 실현되는 공간이다. 인류라는 거대한 덩어리가 소용돌이치며 분열되었다가 다시 조직화하면서 아슬아슬하게 포개진 개인들의 무리를 이루는 곳. 엔딩 크레디트가 올라가고 각자의 길을 가기 전까지 우리는 이곳에서 함께 시간을 보낸다.

관객이 모이고 조명이 어두워지면 영화가 상영되기 시작한
다. 그다음에는 무슨 일이 벌어질까?

　　이 질문에 대한 가장 간단한 대답은 모든 관객이 자리에
앉아 함께 영화를 감상하는 것이다. 이는 엄밀히 말하면 사
실이지만, 다소 부적절한 대답으로 느껴지기도 한다. 영화관
의 어둠 속에서는 무언가 다른 일이 일어나고 있다. 능동적
관람, 영화관의 마법, 생동하는 감각 등 뭐라고 불러도 좋다.
우리는 단순히 조용히 함께 앉아서 움직이는 화면을 바라보
는 것 이상의 일을 하고 있다. 그렇다면 이 집단 관람 행위가
포괄하는 다른 것을 어떻게 설명할 수 있을까? 영화가 눈앞
의 스크린에서 시끄럽게 타오르는 동안, 배경에서 조용히, 심
지어 불법적으로 일어나는 일들을 어떻게 호명할 수 있을까?

　　2009년에 나는 런던의 현대예술원에서 열리는 행사를
위해 일회성 공연을 제작해 달라는 요청을 받았다. 나는 상
영관 두 곳 중 하나를 활용해 1965년에 뉴욕 41번가 극장의
필름메이커 시네마테크에서 열렸던 클라스 올든버그의 작품
〈무비하우스Moveyhouse〉를 최초로 재연해 보겠다고 제안했
다. 관객은 새로운 실험영화를 보러 왔다고 생각하며 공연장
에 도착하겠지만, 객석에 앉아서 웃으며 음료수를 마시고, 팝
콘을 먹고, 때때로 스크린을 향해 소리 지르고, 담배 연기와
윙윙거리는 영사기의 밝고 흰 빛에 휩싸인 영화관에서 관객

역할을 하는 배우들의 모습을 보게 된다. 마치 통나무를 들어 올려서 그 밑에 사는 벌레를 관찰하는 것처럼 영화관의 보이지 않는 곳에서 일어나는 무수한 행동과 상호작용이 갑자기 전시되는 것이다. 올든버그가 표현한 대로 "실제 영화를 제외한 모든 것이 상영되는", 영화 없는 영화관이다.

현대예술원은 내가 만들고자 한 〈무비하우스〉를 위한 영화관 사용을 허락하지 않았다. 정규 프로그램을 운영하는 데 방해받고 싶지 않았기 때문이다. 그 대신 건물 반대편에 있는 빈 스튜디오를 사용해 보라고 제안했다. 이동식 영사 스크린 앞에 접이식 의자를 깔끔하게 배치해서 영화관처럼 꾸미겠다고 했다. 그러나 충분하지 않았다. 영화의 유령은 텅 빈 스튜디오에서는 나타날 수 없었다. 나는 첫 번째 아이디어를 포기하기로 결심하고, 일종의 도발적인 항의 표시로 클라스 올든버그의 〈무비하우스〉를 재연하는 대신 완전히 새로운 공연을 만들기로 했다. 사용 허가를 거부당했던 수백 미터 떨어진 영화관에서 벌어지는 모든 일을 실제 관객을 통해 재현할 계획이었다.

공연 당일 밤, 약 40명의 관객이 나의 〈무비하우스〉를 보기 위해 현대예술원에 도착했다. 그들은 가상의 영화관에 앉아 복도 바로 옆에 있는 영화관에서 일어나는 모든 일에 대한 설명이 문자메시지 형태로 스크린에 투사되는 것을 지켜보았다. 이 문자메시지는 내가 명백한 목적을 위해 극장에 몰래 들여 보낸 협업자들이 보낸 것이었다.

방금 자리에 앉았다. 커플이 속삭인다.

늦게 들어오는 사람들은 꽤 성가시다. 다행히 나도 그중 한 명이다.

여섯 줄 정도 뒤에서 누군가 기침을 하려다가 가까스로 조용히 위기를 넘긴다.

알 파치노를 닮은 주인공이 춤추다가 넘어지는 모습이 소소한 웃음을 자아낸다.

세 줄 뒤에 앉은 한 남자가 앞에 있는 빈 의자에 다리를 올려놓았다.

방금 경비원에게서 문자메시지를 그만 보내라는 주의를 받았다.

모든 사람들이 자세를 고쳐 앉는다. 무척 강렬한 장면 이다.

이러한 설명이 화면에 나타나자 방에 있던 사람들이 반응하기 시작했다. 기침과 속삭임, 웃음소리가 파문을 일으켰다. 화면에서 누군가가 화장실에 간다고 보고하자 가상 극장에서도 누군가가 일어나서 자리를 떠났다. 또 다른 자원봉사자는 경비원을 자처하고 좌석 주위를 순찰하며 손전등을 흔들었고, 때때로 사람들에게 문자메시지를 보내지 말라고 요구하기 시작했다. 사람들은 팝콘을 먹기도 하고 가끔 던지기도 했다. 커플들은 속삭였다. 앞좌석에 다리를 올려놓는 사람들도 있었다. 담배 연기 없는 공기 속에서 서서히 영화관의 관객이 내 앞에 나타나기 시작했다.

영화관 안의 진부하고 소소한 드라마가 생생하게 살아나는 광경을 지켜보면서 실제로 영화관에서 무슨 일이 일어나는지 알 수 있었다. 객석의 패턴과 리듬, 웃음소리가 향수처럼 갑자기 공기를 타고 퍼지는 방식, 흥분이 고조되고 자제력이 흔들리는 과정을 지켜볼 수 있었다. 영화를 상영하지 않은 상태에서도 관객은 영화 관객의 역할을 하는 것이 어떤 의미인지 알고 있었다. 그들은 이 만남의 형태와 영화관에서의 행동 양식에 대해 암묵적으로 이해하고 있었다. 우리는 하나같이 영화 관람이라는 언어에 능통하기 때문이다.

나는 관객이 기침 하는 소리, '쉿' 하는 소리, 킥킥대는 소리로 소통하는 모습을 볼 수 있었다. 관객은 한순간 잠잠해졌다가도 다음 순간에는 열광하는, 불안정하고 휘발성 강한 존재였다. 수많은 입이 한꺼번에 웃거나 하품을 하거나 비명을 지르는 등 관객은 어떤 한순간에 하나의 집단으로 모여들었다가 옆자리 사람에게 속삭이거나 눈빛을 주고받는 등 다시 분리된 개인들의 사적인 상호작용이 활발히 일어나는 공간 속으로 흩어졌다.

화면에 모두가 숨을 헐떡였다는 문구가 나타났고, 가상의 영화관에 모인 관객들 역시 잠시나마 함께 숨을 돌렸다.

#4 쉿!

앨러모 드래프트하우스Alamo Drafthouse 영화관에서 큰 소리를 내면 안내원이 여러분의 좌석으로 찾아와 작은 흰색 카드를 건넬 것이다. 그 카드에는 깔끔한 산세리프체 글씨로 이렇게 적혀 있다. "영화 관람 환경을 존중하고, 대화와 문자메시지를 자제해 주십시오. 계속 통화하거나 문자메시지를 보내면 환불 없이 퇴장당할 수 있습니다." 카드에는 대화와 문자메시지가 강조되어 있지만, 실제로는 다른 관객에게 방해가되는 경우 어떤 행동이든 작은 흰색 카드를 받을 수 있다. 작가이자 감독인 클레어 다운스는 최근 트위터에서 배즈 루어먼 감독의 영화 〈엘비스〉를 보던 도중 "부적절한 시점에 웃었다"는 이유로 이 카드를 받았다고 알렸다.

영화관의 에티켓을 엄격하게 강조하는 것은 앨러모 드래프트하우스라는 브랜드의 일부다. 영화 관람을 방해할 수있는 모든 종류의 소음이 금지되어 있을 뿐 아니라, 극장의가치와 정책을 이해한다는 점을 증명하는 특별 신청서를 제출한 15세에서 17세 사이 청소년을 유일한 예외로 하고, 보호자를 동반하지 않은 미성년자의 입장을 금지한다. 상영 시간에 늦은 관객도 마찬가지다. 영화관의 설립자 팀 리그는 이점을 분명히 했다. "1997년에 엄격한 대화 금지 정책을 도입했을 때, 일부 관객이 소외될 것이라는 점을 알고 있었습니다. 사실 그게 목적이었죠. 영화가 상영되는 동안 (다른 사람의 감상을) 방해하는 행동을 하고 시끄럽게 굴거나 불빛을내는 사람은 우리 영화관에 오지 않았으면 합니다." 앨러모에는 뒷줄에서 몰래 키스를 하는 10대도 없고, 때맞추어 야유를 퍼붓는 관객도 없으며, 바람에 흩날리는 나뭇잎처럼 극장 안을 떠도는 예기치 않은 웃음소리도 없다. 오직 영화와 고요하고 감탄할 만한 집중력만이 있을 뿐이다.

앨러모 드래프트하우스가 영화관의 에티켓을 만든 것은 아니다. 《리더스 다이제스트》부터 영국 신사의 공식 사교 코치를 자임했던 디브레츠Debrett's†에 이르기까지 영화 관람 시 행동 요령에 대한 수백 가지 지침이 있다. 이 모든 지침은 가장 합리적으로 보이는 것, 즉 주변 사람에 대한 배려로 요약되는 경향이 있다. 붐비는 영화관에서 영화를 보는 것은 우리가 가진 배려하는 능력을 시험하는 일이다. 집단 경험을 위해 개인의 욕구를 절제하는 것이다. 극장 안에서 합의된 일련의 지침은 절제하는 방법을 상기하는 데 도움이 될 수 있다.

하지만 영화관에서의 올바른 행동 방식이 무엇인지 어떻게 알 수 있을까? 모두가 동의할 수 있을까? 우리가 영화를 보는 방법은 영화를 보는 상황이나 함께 보는 일행에 따라 달라진다. 영화를 보는 올바른 방법이 있다는 생각은 공원을 산책하거나 피자를 먹는 올바른 방법이 있다는 생각만큼이나 터무니없다. 규칙을 명확하게 정하는 것은 쉬운 방법이다. 그러나 규칙을 정하는 것은 때론 긴장감을 불러일으키고, 또 다른 폐쇄적 공동체를 만드는 수단이 될 수 있다. 사람들의 행동 방식에 항상 영향을 미치는 장소, 공동체, 문화의 복잡성을 인식하는 어려운 과정을 거쳐야 하기 때문이다. 규칙을 정함으로써 관객은 각자 어떤 관객이 되고 싶은지 파악

† 영국의 신사적 에티켓과 행동을 가르치는 코칭 기업이자 출판사로 1769년에 창립했다.

하지 않아도 된다.

또한 규칙은 관객의 강력하고 이상한 무기인 '쉿!'의 종말을 야기한다. '쉿!'은 정제되지 않은 의견의 작은 파편이다. 공중에 던져진 '쉿!'의 수류탄이 어둠 속에 몇 초간 매달려 있다가 어색한 침묵이나 웃음소리 또는 간신히 억누른 공격성으로 폭발한다. 누구나 '쉿!'이 무엇을 의미하는지 알고 있다. 그 소리가 영화관 안의 무언가를 깨뜨리는 순간, 관객 모두는 집단적 존재에서 벗어나 어느 한 쪽을 지지하게 된다. 그때 우리는 불시에 말없는 대화를 나누게 된다.

지적당한 사람은 자신이 주변 사람들과 어울리지 않는다는 것을 깨닫고, 다수의 결정을 받아들이거나 떠난다. 지적한 사람은 시끄러운 관객들을 조용하게 하는 일에 성공하거나, 소음을 가까스로 참으며 영화를 관람하기도 한다.

하지만 때때로 '쉿!'은 무언가의 시작일 뿐이다. 전면적인 난투극의 포문을 여는 잽. 예를 들어 웨이언스 형제의 패러디 공포영화 〈무서운 영화〉에서 레지나 홀이 연기한 시끄러운 흑인 영화광이 〈셰익스피어 인 러브〉가 상영되던 중에 짜증 난 백인 관객들에게 칼에 찔려 죽는 장면은 겉으로 드러나는 어두운 의미가 만화스러운 과장으로 희석된다. 또 2021년에 개봉한 영화 〈로스트 도터〉에서 올리비아 콜먼이 연기한 까탈스러운 영국 학자는 휴가를 보내던 그리스의 섬에 있는 임시 영화관에서 영화를 보던 중에 현지 소년 무리에게 방해를 받는다. 그들을 조용히 하게 하려는 그의 분노에

찬 시도는 아무 소용이 없고, 안개처럼 그 주위를 휘감는 숨막히는 고립감이 강조된다.

이러한 사례는 몇 명의 사람들이 규칙을 어긴 일에 관한 것이 아니다. 그보다는 쉽게 극복할 수 없는 더 큰 규모의 사회적·문화적 차이에 관한 이야기다. 이를 통해 우리는 영화관이라는 장소가 가진 중간 지대의 성격을 재확인할 수 있다. 안과 밖이 공존하는 공간, 거리를 두려고 노력하지만 바깥세상의 정치와 피할 수 없이 연결되어 있는 공간, 새로운 현실을 상상하려는 우리의 시도가 실제 세계의 분열로 끊임없이 훼손되는 공간이라는 점 말이다.

#5 키스

관객들은 영화를 보는 데 정신이 팔려서 카메라 셔터 소리를 알아차리지 못한다. 어떤 영화가 상영되고 있는지는 알 수 없다. 모든 관객이 컬러 렌즈가 달린 작은 골판지 안경을 쓰고 있는 것으로 봐선 3D 스펙터클 영화인 것 같다. 대부분의 관객은 눈을 스크린에 고정하고 정면을 응시하고 있다.

그런데 상영관 한가운데에 앉아 있는 한 젊은 커플은 영화를 보지 않고 있다. 여자는 신발을 벗은 채 맨발을 앞좌석에 올리고 발가락으로 나무 프레임을 말아 쥐고 있다. 남자는 자리에 기대어 팔로 여자를 감싸고 있는데, 손가락이 여자의 상의 속으로 미끄러져 내려간다. 여자는 팔로 남자의 어깨를 부둥켜안고 있다. 그들은 키스를 하고 있다. 길고 열정적인 키스. 둘 사이의 공간에 무언가를 가두려는 듯, 입을 맞추고 얼굴을 서로 단단히 밀착시켰다. 찰칵하는 기계음이 났어도 그들은 눈치채지 못했을 것이다.

여자와 약간 떨어진 좌석에 핸드백을 들고 앉아 있는 노부인이나 여자 바로 뒤에 정장을 입은 남자와 달리, 여자는 3D 안경을 끼지 않았다. 여자는 영화를 보는 척하지 않는다. 남자도 마찬가지다. 때때로 영화관에 가는 것은 영화나 주변의 낯선 사람들 때문이 아니다. 어둠 때문이다.

이것은 사진가 위지의 작품 〈극장에서At the Palace Theater〉의 한 장면이다. 위지는 관객에게 자신의 존재를 알리지 않기 위해 보이지 않는 플래시가 달린 적외선 필름을 사용했다. 1930년대 뉴욕 거리의 범죄 현장을 촬영한 사진으로 유명한 그는 몇 년 동안 이러한 키스 사진을 몰래 찍었다. 그의 연작에서 뒤로 갈수록 더 뚜렷해진 경향인 구경꾼에 대한 매혹의 연장선상에 있는 작품이다. 이는 또한 갑자기 세상에 알려지며 겪은 유명세에 대한 반응일 수도 있는데, 범죄 현장 사진으로 이름을 알리고 난 뒤 대중 앞에 모습을 드러내는 것이 불편해졌기 때문일 수도 있다. 영화관의 어둠 속에서 그는 다시 익명의 사진가가 될 수도 있고, 심지어 투명 인간이 될 수도 있다.

영화관의 어둠은 특별한 종류의 것이다. 관대하고 난잡한 어둠이다. 건축가 데니스 라스던이 런던의 새로운 국립극장을 설계하던 1970년대 후반까지도 연극 공연이 열리는 극장 건물은 적어도 부분적으로는 자신을 드러내는 사교의 공간으로 받아들여졌다. 사람들 사이에는 서로 보고 보여주기 위해 극장을 찾는다는 인식이 있었다. 반면 영화관은 사교와 드러냄의 공간이었던 적이 없다. 저렴한 티켓과 비공식적인 분위기는 숨고 싶은 사람들에게 잠시 동안 사라질 기회를 제공했다. 이 덕분에 영화관은 로맨틱한 만남을 위한 장소가 되었다. 위지의 사진에서 볼 수 있듯이, 붐비는 영화관의 어둠 속에서 연인들은 서로를 안을 수 있는 둘만의 공간을 만들어냈다.

영화관은 그 인기가 사그라들면서 은밀한 만남을 위한 장소로 더욱 유용하게 활용되었다. 거의 비어 있는 상영관은 사람들의 눈을 피해 숨기에 더없이 좋은 장소다. 2013년에 나는 영국에서 제작한 퍼포먼스 작품으로 페스티벌을 기획하는 한 프로젝트에 초청을 받아 방콕에서 지내고 있었다. 나는 이 소규모의 축제를 개최할 장소로 시암 광장에 있는 스칼라Scala라는 1000석 규모의 영화관을 선택했다. 이 영화관은 1960년대에 아름다운 아르데코 양식으로 지어진 건물로, 현대식 쇼핑몰 사이에 마치 잊혀진 왕자나 햇볕에 노랗게 바랜 페데리코 펠리니의 영화를 연상시키듯 자리잡고 있었다. 동굴 같은 로비는 카나리아가 떠오르는 노랑 정장 재킷을 입은 나이 든 안내원들 말고는 아무도 없이 텅 비어 있었다. 우리의 프로그램에 참여한 태국의 젊은 예술가들은 스칼라에서 페스티벌이 열린다고 했을 때 매우 흥미로워했다. 그들은 스칼라가 남에게 들키고 싶지 않은 데이트를 할 수 있는 장소로 방콕의 젊은이들에게 사랑받고 있으며, 그곳의 넓은 상영관에서는 아무도 자신을 신경 쓰지 않을 것이라는 확신을 가지고 마음껏 키스를 할 수 있다고 말했다. 인근 쇼핑몰의 최신식 멀티플렉스에는 할리우드 블록버스터를 즐기는 사람들이 빽빽이 들어차 있었지만, 스칼라에는 빈 좌석과 상영관 뒤쪽 어둠 속에서 열정적으로 키스하는 10대 청소년 몇 명만 있을 뿐이었다. 아마도 도심 밖에서부터 지하철을 타고 왔을 그들은 퀴퀴한 어둠 속에서 그 누구와도 멀리 떨어져 있었다.

위지가 촬영한 사람들 중에서 함께해서는 안 될 사람과 같이 있는 사람이 누구인지 알아볼 수 있을까? 영화관이 외부 세계와 단절된다는 점을 이용해서 허락될 수 없는 일을 저지른 사람은 누구일까? "죄책감을 전혀 느끼지 않요?" 1945년에 개봉한 영화 〈밀회〉에서 셀리아 존슨은 발코니 맨 앞줄에 자리를 잡으며 트레버 하워드에게 묻는다. 그들의 앞에 있는 스크린에는 영화 제목이 적혀 있다. '열정의 불꽃.' 셀리아는 긴장한 채 자리에 앉는다. "내가 왜 죄책감을 느껴야 하죠?" 트레버가 고개를 돌려 셀리아를 바라보며 대답한다. "당신은 정말 지독하리만치 멋지군요." 함께하고 싶지만 함께할 수 없는 두 사람에 대한 영화 〈밀회〉는 말하지 못한 감정과 시선들, 그리고 실행하지 않은 키스에 대한 로맨스다. 영화관에서 두 사람이 만나는 장면은 그 어느 때보다 친밀하다. 평범한 일상의 현실에서 훔쳐온 비밀스러운 순간. 악명 높은 영국인의 무뚝뚝함은 녹아내리고, 그들의 뒤로 열정의 불꽃이 타오른다.

때로는 그 사랑스러운 어둠 속에 함께 있는 것만으로 충분할 때가 있다. 세상 사람들의 시선에서 잠시 벗어나 자신에게 자유를 주는 것만으로 충분하다. 오늘날 우리는 영화 〈밀회〉의 등장인물보다 훨씬 더 촘촘한 가시성의 시대에 살고 있다. 그러므로 두 시간여 동안 위로가 되는 무의미함 속으로 빠져들 수 있다는 것은 얼마나 다행스러운 일인가. 비록 일시적이더라도 주변 사람과 서로 바라보는 행위가 전제되지 않은 관계를 맺을 수 있다.

영화관에서 가장 기억에 남는 경험 중 하나는 아무것도 보이지 않는 상황이었다. 내가 경험한 상황은 로맨틱한 만남과는 거리가 멀었지만, 그럼에도 이 낯설고 어두운 공간에서 겪은 어떤 것보다 더 친밀한 경험이었다. 2015년에 예술가 브릿 해치어스는 영화관용 퍼포먼스를 기획해 나를 초청했다. 관객은 영화가 시작되기도 전에 상영관에 입장해서 눈을 가리고 있어야 했다. 얼마 지나지 않아 아이들이 상영관에 들어와 내 뒷줄에 앉는 소리가 들렸다. 내 손끝에 얇은 골판지로 만든 트럼펫 모양 대롱이 조심스럽게 닿았다. 그것을 귀에 가까이 대자 눈앞에서 상영 중인 영화에 대한 설명을 속삭이는 아이의 목소리가 들리기 시작했다. 아이는 더듬거리는 목소리로 눈에 보이는 모든 것을 설명하기 위해 위태로운 단어의 탑을 쌓아 올렸다. "공, 하얀 공이 있어요. 달걀일지도 몰라요. 아마 달걀일 거예요. 맞아, 확실히 달걀이에요." 아이들은 상영관에서 일어나고 있는 일에 대해 매우 조심스럽게 설명해 주었다. 내 머릿속에는 작은 이미지들이 잠시 떠올랐다가 비눗방울처럼 터져 버렸다. 30분 정도 지나자 그 목소리는 작별 인사와 함께 임무가 끝났음을 알렸다. 내가 눈가리개를 벗었을 때, 아이들은 이미 사라지고 영화는 끝난 뒤였다.

이 경험을 통해 영화관은 영화 관람의 행위와는 무관하게 상상의 공간이라는 사실을 새삼 깨달았다. 그 모든 어둠과 빈 공간은 상상으로 채우도록 설계되어 있다. 보통은 영화 제작자가 정해놓은 상상이지만, 이 공간을 이용해 우리만의 상상을 할 수도 있다. 이를테면 사람들 사이의 새로운 관계를 상상할 수 있다. 우리가 처음으로 탐구하는 친밀한 행위, 일상에서 사람들에게 충격을 줄 수 있는 불륜 관계, 낯선 사람들이 서로의 말에 귀 기울이고 배려하는 새로운 방법 등을 상상할 수 있다. 서로의 관계를 협력적으로 재구성하는 것이다.

나는 위지의 사진 속 상황에서 그런 일이 일어나고 있다고 믿고 싶다. 상상력을 자극하는 행위로서의 키스. 어쩌면 처음으로 팔과 팔이 맞닿은 순간, 부드러우면서 동시에 단단한 느낌. 살갗을 오싹하게 만드는 소름과 함께 옆에 앉은 사람들도 모르게 어둠 속에서 새로운 세상이 펼쳐지는 것이다. 그들은 자신들이 창조한 현실을 실재하는 세계로 불러올 수도 있고, 흘린 팝콘이나 버린 3D 안경처럼 영화관에 내버려두고 나올 수도 있다.

#6 웃음

에든버러의 카메오The Cameo 영화관은 영화 애호가를 위한 영화관이다. 외부 천막의 조명 글자부터 상영관을 감싸고 있는 화려한 기둥, 스크린을 드러내기 위해 접히는 벨벳 커튼까지 그 자체로 매우 화려하다. 하지만 그날 밤에는 어느 누구도 상영되고 있는 영화를 그다지 좋아하지 않았다. 영화가 두 시간째 접어들자, 텅 빈 관객석에 흩어져 있던 사람들은 영화가 얼마나 더 남았는지, 끝까지 남아 있을 가치가 있는지 궁금해하며 안절부절못했다. 스마트폰이 아직 없던 시절이었지만, 만약에 있었다면 사람들은 트위터를 통해 아쉬움을 토로하고, 친구들과 저녁 약속을 잡기 위해 문자메시지를 보냈을 것이다.

바로 그 무렵에 웃음이 터졌다. 믿을 수 없는 전개였다. 조나선 리스 마이어스의 공허한 시선, 스칼릿 요한슨이 시금치 조각처럼 어색한 대사를 이 사이에서 골라내는 장면. 내 못된 마음속 한구석에서 킥킥 웃음이 터져 나왔고, 내가 웃기 시작하자 옆의 친구들과 앞줄에 앉은 사람들도 함께 웃었다. 배우들의 연기가 폭발하듯 고조되는 동안, 작은 웃음소리가 어둠을 뚫고 갓 내린 눈처럼 함께 관람하던 관객의 어깨에 내려앉았다. 곧 나머지 관객도 웃기 시작했다. 거의 모든 관객이 웃었다. 새로운 이야기의 전환점이 등장할 때마다 신선한 웃음이 터져 나왔다. 이 진지한 스릴러는 아이러니하게도 근래에 만들어진 우디 앨런의 최고의 코미디영화가 되었다.

"웃음은 관객이 자신을 인식할 수 있게 한다." 프랑스의 영화비평가 앙드레 바쟁은 이렇게 말했다. 그리고 그 말은 사실이다. 웃음의 순간에 우리는 관객 그 이상이 된다. 멍청한 영화를 보느라 함께 갇혀 있는 상황에서 욕망과 기대, 의견을 가진 사람으로 서로를 다시 인식하게 되는 것이다.

처음부터 영화 자체, 혹은 영화가 대중에게 미치는 영향력을 의심하는 사람도 있었다. 모두가 어둠 속에 앉아 서로 말도 하지 않고 눈앞에 펼쳐지는 기계적인 스펙터클에만 집중하고 있는데, 어떤 의미 있는 사회적 상호작용이 일어날 수 있을까? 비평가는 그럴 가능성이 거의 없다고 주장한다. 거대한 미디어기업의 상품으로서의 영화를 소비하는 멀티플렉스 시대에 영화관은 이미 죽은 공간이라는 것이다. 사회학자 지그문트 바우만은 "문제는 소비"이며, "소비는 완전히 돌이킬 수 없을 정도로 개인적인 감각"이라고 말한다. "소비의 성당을 가득 메운 군중은 신도가 아니라 모임의 구성원이고, 분대가 아니라 무리이며, 총체가 아니라 집합체다. 아무리 붐비더라도 이러한 집단 소비의 장소에는 집단적인 것이 없다." 그 많은 사람들은 비싼 팝콘을 입에 욱여 넣고 초대형 코카콜라를 들이키며 웃고, 웃고, 또 웃는다.

하지만 나는 그보다 더 많은 것이 있다고 믿고 싶다. 영화 이론가 줄리언 해니크는 영화관에서 터지는 웃음이 공공 공간을 구성하는 언어라고 말한다. 웃음은 서로의 감정을 공유할 수 있는 언어이며, 특히 영화에 적합한, 즉 영화에 대해 직접적으로 의견을 낼 수 없는 상황에서 그에 대해 표현할 수 있는 언어라고 말이다. 따라서 내가 먼저 웃고, 당신이 웃고, 다른 모든 사람이 웃을 때, 우리는 공통의 기반, 즉 이해의 공간을 구축하는 것이다. "그러므로 웃음은 의사소통 기능('우리는 이 장면이 재미있다는 정보를 공유한다')뿐 아니라 집단 인식 기능('우리는 공공장소에서 이 장면이 재미있다는 사실을 함께 인식하고 있다')도 가지게 된다." 웃음을 통해 영화관은 담론의 장이 된다. 우리 각자가 웃거나 웃지 않는 것에 대해 공개적으로 대화를 나누는 것이다. 이 공간에서 우리의 웃음은 상황을 바꿀 힘을 가지고 있다. 실제로 웃음에는 우리를 변화시키는 힘이 있다.

2013년과 2014년에 걸쳐 독일 마인츠에 있는 막스 플랑크 화학 연구소Max Planck Institute for Chemistry의 연구진은 다양한 영화가 상영되는 동안 영화관 안의 공기가 어떤 화학 작용을 하는지 측정하는 연구를 진행했다. 그 결과 영화가 상영되는 동안, 특히 유머와 긴장감이 넘치는 순간에 관객이 화면에서 일어나는 일에 대한 반응으로 화학물질을 공기 중에 내뿜는다는 사실을 발견했다. 연구진에 따르면 인간은 후각으로 이러한 화학물질을 감지하는 능력이 있으며, 이를 통해 사람의 얼굴을 다시 인지할 수 있다는 이전 연구도 있었다. 이들은 이 연구를 바탕으로 "관객이 생성하는 화학물질이 영화에 대한 관객의 인식을 바꿀 수 있다"는 가설을 세웠다.

여기서 일어나는 일은 수동적인 소비보다 더 복잡한 것이다. 우리는 문자 그대로 함께 호흡하며 주변에 있는 낯선 사람들의 감정을 흡수한다. 우리는 스크린에서 부분적으로 이러한 화학적 연결의 기능을 본다. 다른 신체와 다른 시각을 가진 이들과 단순히 가까이 있는 것만으로도 세상을 바라보는 우리의 시각은 미묘하게 달라진다. 그들의 두려움과 웃음이 우리의 일부가 된다.

#7 비명

관객들이 좌석에서 불안하게 꿈틀거리고 있다. 팔걸이를 쥐거나 함께 온 사람에게 매달리고, 편한 자세를 잡기 위해 손과 팔, 다리의 위치를 바꿔보지만 실패하고 만다. 입이 벌어지고 모두의 눈이 커진다. 그들은 스크린을 방 한구석에 서 있는 침입자처럼 바라보고 있다. 야구 모자를 쓴 남자는 손을 입에 가져갔다가 그 자세로 얼어붙었다. 옆자리의 가죽 재킷을 입은 여자는 혼잣말을 중얼거린다. 그 여자의 손은 무릎 위에 담요처럼 놓인 코트 속에 숨겨져 있다. 관자놀이를 손가락으로 누르고, 소매를 물어뜯고, 사랑하는 사람의 손을 잡는 등 영화관 안의 모든 사람이 견디지 못하는 것처럼 보인다.

264

그리고 마침내 비명이 울리기 시작한다. 비명은 유리창을 깨뜨릴 듯이 객석을 뚫고 들어온다. 어깨를 잔뜩 긴장한 채 몸을 웅크리고 고개를 숙인 모습이다. 과열 된 공기를 가득 채우는 심장박동 소리에 모두가 잠시 땅에서 공중으로 떠오른다.

다시 땅으로 내려앉으면 이 공포의 주문은 일시적으로 깨진다. 그들은 웃거나 고개를 흔들며 주변 사람들을 바라본다. 야구 모자를 쓴 남자와 가죽 재킷을 입은 여자는 고개를 돌려 서로를 바라본다. 영화관은 어둡지만, 야간 투시 카메라는 그 어느 때보다 믿음직스럽다. 두 사람의 눈길이 마주친다. 불신과 안심이 반반씩 공존하는 표정이다. 우리 둘 다 아직 여기 있다고, 우리 둘 다 비슷한 정도로 겁에 질려 있다고, 아직 영화는 끝나지 않았지만 곧 끝날 것이라고, 우리는 함께 이겨낼 것이라고 속삭이는 것 같다.

공포영화의 마케팅을 위해 시사회 관객의 야간 투시 영상을 공개하는 기법을 처음으로 대중화한 것은 2007년에 개봉한 저예산 공포영화 〈파라노말 액티비티〉였다. 공식 예고편에는 공포와 환희에 몸부림치며 자리에 얼어붙어 있거나 옆사람에게 매달려 도움을 청하는 관객의 흑백 장면이 실제 영화 장면과 섞여 있었다. 이를 본 사람들은 이 예고편이 하고자 하는 말이 무엇인지 분명히 알 수 있었다. 줄거리나 특수효과, 배우나 감독의 이름보다도 이 영화가 무섭다는 점을 알리고 싶었던 것이다. 이 영화는 관객을 겁주려는 의도로 제작되었으며, 만약 영화를 본다면 누구라도 무서움에 몸서리 치게 될 것이다. 이러한 공포야말로 바로 사람들이 원한 것이었음이 밝혀졌다. 현재까지 〈파라노말 액티비티〉 시리즈는 전 세계 박스오피스에서 10억 달러에 가까운 수익을 올리고 있다.

영화는 원래 무서운 것이었다. 초창기부터 영화에 관해 가장 잘 알려진 사실은 영화가 무섭다는 것이었다. 영화에 탄생 신화가 있다면, 뤼미에르 형제가 영화 〈열차의 도착〉을 처음으로 상영했을 때, 영화에 생소한 관객들이 스크린에 보이는 증기기관차가 실제로 자신들에게 달려오는 줄 알고 공포에 질려서 흩어졌다는 이야기일 것이다. 이 이야기가 어느 정도 사실인지는 확실하지 않지만, 대중의 상상 속에 그 장면이 생생하게 남아 있는 것은 분명하다. 이 이야기가 사랑받는 이유는 어둠 속에 앉아서 상상할 수 있는 가장 위험한 것들이 스크린 밖으로 튀어나와 관객을 향해 달려오는 것을 지켜보는 곳이 바로 영화관이라는 사실을 기억하는 데 도움이 되기 때문이다.

그 이후로 영화관은 우리가 안전하게 두려워할 수 있는 장소로 홍보되어 왔다. 상상력이 위험하리만치 가깝게 느껴지는 공간. 우리가 가진 극한의 공포가 저주에 걸린 현실이 되는 공간. 뱀파이어, 늑대 인간, 좀비, 외계인, 유령, 연쇄살인범, 소름 끼치는 아이들, 가면을 쓴 괴물, 학대당한 고등학생, 사이코패스, 도플갱어, 광대, 악마, 귀신 들린 인형, 심지어 악마 그 자체까지 괴물들이 어둠 속에서 위협적으로 다가온다. 편안하고 친숙한 장소에서는 더욱 바로크적인 공포가 찾아온다. 가면을 쓴 인물이 교외의 마을을 배회한다. 그림자가 샤워커튼 뒤에 나타난다. 학교에는 살인자가 가득하다. 우연히 찾아간 주유소는 식인 살인마가 운영하고 있다. 침대 밑에 누군가가 있다. 뒷좌석에 누군가가 있다. 거울 속에 사람 얼굴이 있다. 사운드트랙이 별안간 문제를 일으키고 모두가 일제히 비명을 지른다.

영화관의 괴물은 스크린 안에 안전하게 존재할 수 있을 만큼 우리의 실제 삶과 떨어져 있지만, 집까지 따라올까 봐 내심 걱정이 될 정도로 충분히 가까이에 있는 것처럼 느껴지기도 한다. 영화 역사상 특히 악명 높은 공포영화인 〈엑소시스트〉, 〈블레어 위치〉, 〈텍사스 전기톱 연쇄살인사건〉, 〈안티크라이스트〉 모두 관객이 구토를 하거나 실신하고, 구급차에 실려 병원으로 이송되었다는 이야기가 전해지며 영화관에서 개봉했다. 마치 저주라도 걸린 것처럼, 영화 스크린의 얇은 막으로는 공포를 온전히 막아낼 수 없는 것처럼, 이런 영화에는 유령이 따라다닌다. 영화가 끝날 무렵에는 우리 모두 등골이 오싹한 공포에 사로잡히고 만다.

하지만 실제로는 영화가 우리를 사로잡는 것이 아니다. 결국 영화는 벽에 걸린 그림자에 불과하다. 사실 공포는 이미 상영관 안에 존재하고 있다. 그것을 관객이 영화를 보며 직접 경험하게 되는 것이다. 전화는 항상 집 안에서 걸려온다. 무서운 영화는 우리에게 공포를 풀어놓을 면허를 주는 것뿐이다. 영화는 우리의 공포를 다시 우리에게 투영하고, 우리 모두는 신호에 따라 함께 반응한다. 이런 식으로 공포에 떨면서 서로 껴안고, 하나가 되어 비명을 지르는 과정은 스릴과 카타르시스를 선사한다. 자신이 얼마나 겁이 많은지 인정할 수 있는 곳, 주변 사람도 같은 공포를 느낀다는 사실을 인식할 수 있는 곳이 영화관 말고 또 어디 있을까? 영화관 말고 어디에서 이 모든 것을 쏟아낼 수 있을까? 한 공간에 있는 사람 전체가 공포에 질려 비명을 지르는 곳.

〈파라노말 액티비티〉의 제작자들도 이 점을 잘 이해하고 있었다. 우리는 영화 자체에 공포를 느끼기 위해 영화관에 가는 것이 아니라, 서로에 의해, 함께 공포를 느끼기 위해 영화관에 간다.

〈파라노말 액티비티〉 관객들의 야간 투시 영상은 유튜브에서 볼 수 있다. 펄쩍 뛰며 무서워 한 후에 사람들이 가장 먼저 하는 행동은 옆사람을 쳐다보며 반응을 확인하는 것이다. 그러고는 옆사람의 공포를 인정하는 표정을 짓는다. 전설적인 영화비평가 폴린 카엘은 "공포를 공유하고, 주변 사람들의 안전을 느끼며, 떠나면서 얼마나 무서웠는지 함께 웃고 이야기할 수 있는 것"이 영화 관람의 매력이라고 설명한 적이 있다. 이는 공포영화뿐 아니라 모든 영화에 해당한다. 세상은 무섭지만 이 안에서 우리는 함께 무서워할 수 있다. 열차가 우리를 향해 달려오지만 우리는 함께 열차를 맞이하기 위해 그곳에 있다. 불이 켜지는 순간까지 우리는 서로를 꼭 붙잡고 있을 것이며, 그러고 나서 각자의 길을 떠날 것이다.

#8 마지막 박수

영화가 끝나면 화면이 암전되고 음악이 고조된다.

극장 뒤쪽 어딘가에서 누군가 박수를 치기 시작한다. 그의 친구들도 박수를 치기 시작한다. 곧 박수 소리가 극장을 가득 채우고, 우리도 그 소리에 휩싸인다. 나도 박수를 치고 있다. 우리 모두 박수를 치고 있다. 영화가 끝나고 우리는 영화를 기념하고 있다. 영화를 위해 만세! 이 수백 미터에 달하는 셀룰로이드 필름! 이 놀라운 기가바이트의 데이터! 어쩌면 우리는 영사기사의 수고에 환호하고 있는 건지도 모른다. 우리가 충분히 큰 소리로 환호해서 대서양 건너편에 있는 영화 속 스타들의 귀에 이명처럼 희미하게 울려 퍼지기를 바라는 것일 수도 있다. 아니면 우리가 관객으로서 훌륭한 일을 해낸 것에 대한 자축일 수도 있다.

우리는 그저 침묵을 지키며 함께 앉아 있었기 때문에, 별로 한 일이 없는 것처럼 보일 수도 있다. 이 책에서 다룬 다른 만남만큼 영화관에서의 만남이 어렵거나 친밀하거나 행복감을 주는 경우는 많지 않다. 그럼에도 불구하고 영화관에서의 만남은 다른 만남과 똑같이 중요하다.

영화관은 현실과 상상이 만나는 곳이며, 그곳에서 우리

가 경험하는 것은 이 만남에 따라 형성된다. 자라나는 상상력을 위한 여지가 충분한 어두운 공간에서 우리는 새로운 유대감을 시험할 수 있다. 누군가와 입을 맞추거나 손을 잡는 행위는 관계의 새로운 국면을 상상하게 하는 초대장이 될 수 있다. 함께 웃거나 비명을 지르거나 다 같이 손뼉을 치는 행위 역시 타인들 속에서 자신을 인식하고 소속감을 느끼는 방법이다.

영화관에 머문다는 것은 단순히 군중과 함께 있다는 것만을 의미하지 않는다. 무언가를 공동으로 경험하고, 그로인해 우리의 경험이 어떻게 변화하는지, 더 무섭거나 덜 무섭거나 더 웃기거나 더 멍청하거나 더 훌륭하게 바뀌는지 되짚는 일이다. 이는 우리가 가진 집단적 힘을 상기시킨다. 상황을 바꿀 수 있는 우리의 능력 말이다.

영화관이 계속 사양길로 접어든다면 우리는 바로 이 능력을 잃게 될 것이다. 영화 자체는 언제까지나 존재하겠지만, 관객으로서 할 수 있는 경험은 사라질 것이다. 팬데믹 이전 10년 동안 스트리밍서비스를 통해 집에서 영화를 더 쉽고 간편하게 접할 수 있었고, 영화관 관객은 완만하게 감소하고 있었다. 그러던 차에 팬데믹이 닥치자 그 수는 절벽 아래로 떨어졌다. 몇 달 동안 영화관은 완전히 문을 닫거나 제한적인 방식으로만 문을 열었다. 워너브러더스, 파라마운트, 디즈니 같은 초대형 영화 스튜디오는 개봉 예정이던 대작의 개봉을 미루거나 스트리밍서비스로 전환했다. 이후 영화 자체는 약간 회복세를 보였지만 많은 개별 극장은 문을 닫았고, 여전히 많은 사람이 영화관으로 돌아가기를 거부하고 있다. 아마도 그들은 결코 돌아가지 않을 것이다. 영화관의 대안은 더 저렴하고 안전하며 훨씬 편리하다.

이것은 종말의 시작일까? 마지막 장면의 끔찍한 죽음일까? 아니면 모든 것을 잃어버린 것처럼 보이다가 우리 모두가 예상했던 귀환이 시작되는 3막의 순간일까? 영화가 나에게 가르쳐준 것 중 하나는 해피엔드를 희망하라는 것이다. 나는 우리가 다시 영화관과 사랑에 빠질 수 있다고 믿는다. 영화관은 젊은이와 어른, 부자와 빈자 모두 모여 어둠 속에서 깜박이며 살아 움직이는 영화를 볼 수 있는, 비용이 적게 들고 접근하기 쉬운 장소로 남을 수 있다. 번화가 한복판에서 달을 향해 쏘아 올린, 에어컨을 갖춘 로켓처럼 말이다. 우리는 다시 함께 영화를 보러 갈 것이다. 그리고 영화가 끝나고 화면이 암전되며 음악이 울려 퍼질 때 모두 일어나 함께 환호할 것이다.

"끝"

9장

손잡기의 기쁨과 슬픔

최근에 브라이오니 캠벨이라는 여성 사진가의 작품을 자주 생각한다. 병원 침대를 클로즈업한 사진이다. 그는 햇빛에 색이 바랜 그림처럼 금방이라도 사라질 것만 같은 창백한 아버지의 손을 붙잡고 있다. 아버지의 손이 딸의 손 위에 얹어지고, 딸은 엄지손가락으로 아버지의 손등을 부드럽게 누른다. 딸은 아버지를 붙잡는다. 아버지도 딸을 붙잡는다. 딸의 강인함과 아버지의 연약함은 단순한 사랑의 동작에 묶여 있다.

이 사진은 결국 암으로 사망에 이르게 된 아버지의 투병 과정을 2009년부터 자세히 기록한 〈대디 프로젝트The Dad Project〉 시리즈의 일부다. 이 시리즈는 슬픔과 소멸의 연대기이며, 병상의 지리멸렬한 잔해 속에서 느리고 고통스럽게 삶을 놓아주는 행위다. 작품들은 감상하는 데 힘이 들 정도로 슬프지만, 친절과 유머, 희망을 드러내는 순간에 부드러움을 내비친다. 캠벨 가족이 살았던 삶의 찰나에 대한 기억이 밤하늘의 불꽃처럼 어둠을 뚫고 나온다.

이 사진을 볼 때마다 무뎌지지 않는 아픔이 느껴진다.

최근에 이 사진을 다시 봤을 때 가장 먼저 떠오른 것은 지난 몇 년 동안 손을 잡지 못한 사람들이었다. 코로나바이러스로 병동과 요양원에서 눈에 띄지 않게 죽음을 맞이한 사람들, 그렇게 잡아보지 못한 손들. 유리창을 사이에 두고 혹은 줌 화면을 통해 치러진 이별과 제대로 하지 못한 작별 인사.

접촉이 없다면 사람들이 사랑하는 방식은 어떻게 바뀔까? 잡을 수 있는 손이 없는 사람들은 어떻게 상실감과 고통, 두려움을 견뎌낼까? 위로와 안정을 얻기 위해 손을 뻗는 인간의 본능이 전 지구적 팬데믹이라는 잔인한 상황 때문에 금지되면 어떤 일이 벌어질까?

그리고 팬데믹이 지나가면 어떤 일이 벌어질까? 이 모든 공포와 역병이 끝나면 전처럼 손잡기를 꺼리게 될까? 수백 년 동안 이 단순한 동작 주변에 엮여 있던 위태로운 관계망이 다시 한번 변하게 될까? 우리는 다시 우리 몸의 한계를 향해 후퇴해서 손을 주머니 속에 단단히 묻어버리거나 장갑으로 감싸고, 가끔씩 인정하듯 고개를 끄덕이거나 동정의 미소를 짓는 것 말고는 세상에 아무것도 드러내지 않게 될까? 더 이상 누구의 손도 잡지 않는 시대가 올까?

정말 이렇게까지 될 수 있을까? 한동안은 질병과 감염에 대한 기억이 대리석 무늬처럼 얼룩져 있더라도 손을 내밀어 붙잡고 싶은 본능이 지속될 가능성이 더 높아 보인다. 우리는 오랫동안 손을 잡고 있었기 때문이다.

✣

유튜브에서 수족관의 청록색 물에 반쯤 잠긴 해달 두 마리가 등을 대고 누워서 서로 손을 잡고 둥둥 떠다니는 영상을 찾아볼 수 있다. 뒷발은 하늘을 향해 곧게 뻗고 서로 손을 꼭 잡은 채로 천천히 원을 그리며 표류하고 있다. 그러다 어느 순간 두 마리는 분리되고, 서로 멀어지다가 수족관의 인공 해류에 의해 다시 합쳐진다. 그들은 두 팔을 뻗어 서로 끌어당기면서 지켜보던 사람들이 일제히 내는 "오, 오" 하는 소리가 들리지 않는다는 듯이 눈을 지그시 감는다. 마치 잠든 척 하는 아기처럼 서로의 손을 꼭 쥐고 있다. 이 글을 쓰는 지금 시점에 이 영상은 2200만 회나 조회되었다.

이 해달의 유별난 귀여움 덕분에 우리는 이 작은 동물의 행동에 인간 사이의 유대를 쉽게 투영하게 된다. 해달에게서 우리 자신에 대해 믿고 싶은 것을 보는 것이다. 그러나 사실 해달이 손을 부드럽게 잡는 이유는 번식을 위해 짝을 놓치지 않은 채 잠을 자기 위한 것이고, 해안가에서 기다리는 포식자에게서 벗어나서 멀리 떨어진 바다 위에 떠 있는 채로 휴식을 취하려는 실용적인 전술이다. 육지에서 잠을 자고 물속에서 훨씬 낮게 떠다니는 수달은 이 같은 행동을 하지 않는 것으로 관찰된다.

침팬지들도 주로 갈등 해소의 한 형태로 손을 잡는 것이 관찰되었다. 이들에게 손잡기는 싸움이 벌어진 후 적대감과 두려움을 달래기 위한 수단이다. 침팬지가 손을 잡는 방식은 해달의 행동과는 자못 다르지만, 예측할 수 없고 종종 적대적인 세상에서 함께 지내는 데 도움을 얻고자 하는 본질적인 목적은 같을 것이다.

손잡기는 동물의 뇌 속에 선천적으로 각인되어 있으므로, 인간 역시 손을 잡고 다른 사람과 육체적으로 연결되면 자연스럽게 진정된다. 2006년 버지니아 대학교와 위스콘신 대학교 매디슨 캠퍼스의 심리학자들은 신경 영상 기술을 활용해 피험자가 누군가의 손을 잡고 있을 때와 그렇지 않을 때 인간의 뇌가 위협적인 자극에 어떻게 다르게 반응하는지 연구했다. 그 결과 사랑하는 사람의 손을 잡으면 정서적이고 행동적인 위협과 관련된 뇌 부위의 활동이 현저하게 감소한다는 사실을 발견했다. 전혀 모르는 사람과 손을 잡는다고 해도 "위협 신호에 대한 신경 반응에 기본적인 수준의 조절 효과가 나타났다". 다시 말해 스트레스가 많은 상황에서 손을 잡으면 불안감이 줄어들고, 가장 필요한 순간에 뇌의 가장 불안한 부분에 편안한 담요를 덮어주는 것과 같은 효과가 있다.

학창 시절 아르바이트로 에든버러 구시가지의 지하통로에서 유령 투어 가이드를 한 적이 있다. 많은 회사가 비슷한 투어 상품을 운영했지만, 우리 회사의 상품이 가장 뻔뻔스러울 정도로 쓰레기 같고 무시무시했다. 사장은 우리에게 허름한 검은색 망토와 파티용 모자를 주면서, 우리의 투어 상품은 비명을 지르는 사람의 얼굴과 뚝뚝 떨어지는 피 모양의 글씨를 손으로 그린 로열마일의 빨갛고 검은 광고판 주변에 모인 반쯤 취한 관광객들을 겁주기 위해 고안한 B급 스릴러영화 투어라는 사실을 명심하라고 주지시켰다. 투어는 방 한 칸짜리 고문 박물관에서 시작해 펍에서 마무리되었는데, 킥킥거리는 관광객들을 이끌고 점점 더 어두워지는 방을 지나 칠흑 같은 어둠 속에서 배터리로 작동하는 싸구려 손전등의 희미한 불빛을 비추면 끝나는 것이었다.

그 정도까지 가면 분위기가 달라질 수밖에 없었다. 유령을 믿든 안 믿든 그런 어둠은 위협적이었고, 차갑고 축축한 공기는 그야말로 무덤 같았다. 모든 것이 방치되어 있었고 썩은 냄새를 풍기고 있었다. 킥킥거리던 웃음소리가 가시고 허세가 사라지는 것을 느끼면, 어둠 속에서 조용히 옆 사람에게 뻗는 손의 실루엣, 손가락을 감싸는 손가락, 서로 가까이 다가가는 몸을 볼 수 있었다. 사람들은 아는 사람이든 모르는 사람이든 가장 가까이에 있는 사람과 손을 잡았다. 본능적인 위로와 인간적인 접촉이었다. 깨어나면 어둠 속에 홀로 남겨지지 않을 것이라는, 우리가 평생 추구해 온 것과 같은 확신을 얻기 위해 손을 잡았다.

우리는 이런 상황에서 보통 손을 가장 먼저 잡는다. 우리를 안전하게 지켜주는 손, 우리가 사라지는 것을 막아주는 손, 두려울 때 우리를 안심시키고 슬플 때 우리를 위로하는 손, 우리가 할 수 있을지 확신할 수 없는 일을 할 수 있도록 방법을 가르쳐주는 손, 길을 건너도록 안내하는 손, 담장 위에 서서 균형을 잡을 수 있도록 도와주는 손, 춤추는 군중 사이를 아슬아슬하게 헤쳐 나가는 손, 다칠 것 같을 때 꽉 쥐는 손, 어른들의 위험과 어른들의 문제로 가득 찬 세상으로 우리를 부드럽게 이끄는 손, 어른들의 세상이 우리를 의기소침하게 하고 확신을 주지 못할 때, 예상했음에도 전혀 준비하지 못한 어둠 속에 홀로 남겨졌을 때 본능적으로 잡게 되는 손. 그 손이 바로 이런 종류의 손이다.

나는 초등학생 시절에 땅이 젖어 있지 않을 때면 항상 학교 뒤 운동장에서 축구를 했다. 땅이 젖어 있으면 콘크리트 놀이터에 남아서 '레드 로버Red Rover'라는 놀이를 했다.

레드 로버는 두 팀으로 나뉜 아이들이 나란히 줄지어 손을 잡고 하는 놀이다. 양 팀은 손을 잡고 마치 평행선을 그리는 사슬처럼 몇 제곱미터 남짓한 운동장을 가로질러 서로 마주 보고 길게 늘어선다. 각 팀에게는 차례로 상대 팀에 있는 사람의 이름을 부를 기회가 주어진다. 이름이 불린 사람은 사슬의 고리 중 하나를 끊기 위해 최대한 빨리 맨 앞에 서 있는 아이에게 달려가야 한다. 성공하면 자기 팀으로 돌아가고, 실패하면 상대 팀에 합류한다.

사슬을 어떻게 배열할지를 두고 항상 많은 논쟁이 있었다. 큰 녀석이 작은 녀석을 잡고, 강한 녀석이 약한 녀석을 잡고, 가장 용감한 녀석이 가장 겁 많은 녀석을 잡는 등, 가장 강력한 조합을 이루기 위한 광란의 다툼이 끊임없이 이어졌다. 이 게임은 또한 남학생과 여학생이 부끄러워하지 않고 서로 손을 잡을 수 있는 유일한 시간이었다. 레드 로버는 소문이나 놀림보다 더 중요한 문제였다. 비에 젖어 미끄러운 운동장에 서서 옆 사람과의 유대감을 시험하고, 긴장한 손에 힘을 주어 서로를 꽉 쥐고, 작은 몸의 무게가 우리의 얇은 차단막을 뚫고 들어올 것을 예상하며 버티고 있었던 그 기분이 어땠는지 아직도 생생히 기억난다.

레드 로버는 극단적인 놀이다. 힘과 인내심을 유지하며 아군과 적군의 가장 약한 고리에 냉정한 전략으로 접근해야 하는, 명백한 가상의 전쟁이다. 특히 남자아이들에게 이 놀이는 항상 전쟁 같은 위험에 대비해야 했던 시대의 유물과도 같다. 어릴 때 학교에서 이 놀이를 금지한다는 이야기가 자주 들렸고, 오늘날에도 온라인에서 이 놀이를 금지해야 한다는 많은 의견을 찾을 수 있다. 우리에게 이 놀이가 그토록 흥미진진했던 것은 허락받지 않은 일을 불법적으로 할 수 있는 스릴 때문이었다. 이 놀이를 할 때는 미약하나마 용기를 발휘해야 했다. 실제 싸우지 않고도 싸울 수 있는 기회가 필요했던 것이다.

하지만 다른 측면에서 보면 레드 로버는 연대를 연습하는 놀이이기도 했다. 우리 모두가 서로에게 책임이 있다는 것. 이 놀이를 하려면 개인이 가진 힘은 중요하지 않으며, 중요한 것은 집단이 가진 힘이라는 점을 이해해야 했다. 레드 로버에서 서로 손을 잡는 것은 강제로 힘을 배분하는 방법이었다. 이 놀이에서는 힘을 집단 전체에 나누어야 했고, 이를 통해 전체적으로 더 강해질 수 있었다.

나이가 들면서 우리는 이러한 깨달음을 놀이터보다 더 중요한 곳에서 활용할 수 있다는 사실을 알게 된다. 서로 맞잡은 손은 여전히 집단적 힘의 원천이다. 저항의 행위다. 이러한 맥락에서 손을 잡는 것은 본능적이라기보다는 전술적인 행동이다. 시위에서 행진할 때 손을 잡거나 서로 팔짱을 끼는 것은 집단을 하나로 묶는 가장 간단한 방법이다. 또한 레드 로버에서와 마찬가지로, 우리를 방해하거나 분열시키려는 폭력적 시도에 맞서 연대를 유지하고 서로를 보호하는 방법이기도 하다. 젊은 손은 나이 든 손을 잡는다. 연약한 손은 강한 손의 힘을 빌린다. 사슬은 끊어지지 않는다. 우리는 움직이기를 거부한다.

1960년대에 미국에서 흑인 인권을 위해 투쟁한 셀마-투-몽고메리Selma-to-Montgomery 행진, 1981년 핵미사일 배치를 반대하는 것으로 시작된 여성들의 투쟁인 그린햄 커먼Greenham Common 반핵 시위, 2020년 조지 플로이드 사망 사건으로 점화된 블랙 라이브즈 매터Black Lives Matter 시위의 현장 사진을 보면 사람들이 서로 손을 잡고 팔짱을 껴서 몸을 하나로 묶은 모습을 볼 수 있다. 이러한 상황에서 서로 맞잡은 손은 연대의 궁극적인 표현이다. 말 그대로 우리를 하나로 묶어주는 것, 즉 개인이 아닌 집단으로서 저항할 수 있게 해주는 힘이다. 뮤지션 피트 시거는 감옥의 벽을 허물고 싶다면 두 개 이상의 손이 필요하다고 노래했다. 아마도 손이 100만 개는 필요할 것이다.

한 세기 이상 이어진 시위에서 손을 잡고 있는 사람들의 사진을 계속 보고 있으면 그 동작 자체가 눈에 띄기 시작한다. 그것은 전술, 행위, 행동 강령인 동시에 통합된 힘의 상징이기도 하다. 이는 우리가 함께 하면 얼마나 강한 힘을 가지게 되는지 상기시키며, 이와 동시에 우리를 방해하거나 억압하려는 사람들에게 경고를 보내는 역할을 한다.

손을 잡는 것은 더 이상 아이나 동물의 본능적인 행동만이 아니다. 그것은 우리가 의사소통을 위해 사용하는 몸짓언어의 일부이기도 하다. 손잡기는 이제 기호로 승격되었다.

❧

'손을 잡는다holding hands'라는 표현은 16세기 중반부터 기록에 등장하기 시작했다. 탐험가 조지 베스트의 북서항로 여행에 관한 목격담인 「디스커버리 후기 항해에 대한 진실한 담론A True Discourse of the Late Voyages of Discoverie」에서 두 번이나 쓰였다. 베스트는 나무의 둘레("열두 사람이 손을 잡고 있어도 가늠할 수 없을 만큼 큰 나무")를 묘사할 때 처음 이 표현을 썼고, 나중에는 언덕 위의 무용수 무리를 묘사할 때 썼다. "스무 명 정도 되는 사람들이 (…) 언덕 위에 올라 머리 위에서 손을 잡고 큰 소리로 노래를 부르며 춤을 추는 모습"을 목격했다고 회상했다.

이 두 번째 사례가 실제로 춤을 추면서 손을 잡고 있는 사람들을 묘사한 것인지, 아니면 무용수들이 각자 자기의 두 손을 머리 위에서 잡고 있는 것인지는 확실하지 않다. 하지만 춤과 손잡기 사이의 연관은 흔한 일이었을 터다. 이 시기에는 손을 잡는 것이 춤의 일반적인 특징이었다. 예를 들어 독일의 인기 춤인 '알레만더allemande'는 연인들이 손을 잡고 무도회장을 천천히 이동하는 춤이었다. 그리고 조지 베스트가 묘사한 것처럼 더 단순하고 거칠며 덜 정중한 춤도 종종 손을 잡은 커플을 중심으로 구성되었다. 같은 시대 독일의 한 목판화에는 밝은 붉은색과 주황색의 색조로 표현된 두 쌍의 농민 부부가 등장한다. 그림 속에서 첫 번째 부부는 붉은 수염을 길게 기른 남편과 머리를 땋은 아내로, 둘은 함께 생동감 있는 춤을 추고 있다. 한편 두 번째 부부는 두 손을 맞잡은 채 머리 위로 올리고 있으며, 들리지 않는 리듬에 맞춰 경쾌하게 뛰고 있다. 감상자의 이해를 돕기 위해 한 커플은 사랑에 빠져 행복한 춤을 추는 반면에 다른 커플은 다투느라 바쁘다는 설명이 그림 아래에 적혀 있다. 이는 로맨스와 그 반대 상황에 관한 오래된 농담이다. 우리가 이 농담을 이해하는 이유는 작가가 그랬던 것처럼, 손을 잡고 함께 춤을 추는 것이 무엇을 의미하는지 이해하기 때문이다.

발걸음과 관습, 공식화된 구애, 친밀감과 욕망을 상징하는 이 부부의 춤은 손을 잡는 단순한 행위의 의미가 변화하는 지점을 보여준다. 이 춤에서 손잡기는 일종의 퍼포먼스다. 동작이자 행위, 나아가 무언극이다. 손잡기는 일반적인 행동 이상의 어떤 것이다. 끄덕임, 윙크, 손 흔들기, 절, 포옹, 입맞춤, 엄지손가락 깨물기, 무례한 행동처럼 정교한 인간 동작의 신체 언어가 되고, 우리가 서로 조용히 이야기할 때 사용하는 방대하고 육중한 문법 체계는 물론 셰익스피어의 희극에 등장하는 속임수, 교묘함, 은유, 풍자, 중상모략이 모두 담긴 사랑의 언어의 일부가 된다.

그렇다면 큰 소리와 노래로 가득 찬 무도회장과 마을 광장, 그리고 조지 베스트가 묘사한 언덕 위의 춤의 장면에서 손을 잡는 행위야말로 동물적 본능에서 벗어나 인간적 담론의 영역으로 미끄러져 들어오는 지점인지도 모른다.

❧

손잡기가 얼마나 어색한지, 한 손이 다른 손 위에 올라가 더듬거리면서 (쥐고 있다는 느낌과 안고 있다는 느낌이 동시에 들 정도로 단단히 쥐면서도 너무 힘을 세게 주지는 않는) 적당한 강도를 찾는 것이 얼마나 어려운지 설명할 차례가 된 것 같다. 땀으로 번들거리는 긴장한 손바닥의 미끄러움. 지나치게 차갑거나 따뜻한 손은 마치 균형을 찾지 못하는 두 몸처럼 보인다. 합의를 시도하지만 실패하고, 무언의 협상은 궤도를 벗어난다.

왜 이런 일이 일어날까? 손을 잡는 것이 아주 쉽게 느껴지다가도, 때로는 자못 어색하게 느껴지는 이유는 무엇일까? 왜 이렇게 단순해 보이는 일이 때로는 끔찍하게 잘못되었다고 느껴질까?

2013년 캘리포니아의 머틀 비치에서 진행한 연구에서 심리학자들은 이성애 커플 중 남성, 부모와 자녀 중 부모, 언니와 동생 중 언니의 90% 이상이 손을 잡을 때 손을 위로 올리는 경향이 있다는 사실을 발견했다. 심리학자들은 이런 식의 손잡기가 사회적 우위를 나타내는 것이라고 결론지었다. 손을 뻗어 세상이나, 적어도 함께 있는 사람을 조용히 복종시키려는 시도라고 말이다.

우리가 깨닫지 못할 수도 있지만, 손을 잡는 방식은 필연적으로 문화의 사회적 위계질서에서 영향을 받는다. 이러한 문화를 구성하는 권력의 역학 관계는 우리가 손을 잡는 방식에 영향을 미치고, 우리가 손을 잡는 방식은 다시 이러한 역학 관계를 강화하면서 특정 관계에서 누가 권력을 쥐고 있는지 알아차릴 수 있게 한다. 위계질서 내에서 자신의 위치를 받아들이면 이 모든 과정을 알아차리지 못할 수도 있으며, 서로 잡은 손을 진실하고 공정한 것으로 여겨 이미 받아들인 일련의 관계를 조용히 강화할 수 있다. 그러나 누가 책임자가 되어야 하는지에 대한 오래된 가정을 거부할 때, 손잡기는 혼란과 절충, 어색한 기류의 장이 된다.

아마도 이러한 설명을 통해 어색한 만남, 더듬거리는 손과 긴장으로 솟는 땀을 더 쉽게 이해할 수 있을지도 모른다. 이는 수 세기 동안 전해진 문화적 기억과 사회적 에티켓을 통해 두 사람이 서로에게 말을 걸지 않고도 자연스럽게 다가갈 자신만의 방법을 찾으려고 노력한 결과다.

✦

내가 열두 살이던 중학교 1학년 때, 선생님들은 우리 학년 학생을 모두 데리고 네덜란드 서부에 있는 팔켄뷔르흐 마을로 일주일간 여행을 떠났다. 우리는 두 대의 버스에 나누어 탔다. 유럽축구선수권대회인 유로 96이 열리던 여름이었고, 선생님들은 버스 문 옆에 서서 값싼 유럽산 담배를 피우고 작은 녹색 병에 든 콘티넨털 라거를 마시며 우리와 마찬가지로 학기말의 들뜬 기분을 만끽하는 듯했다.

여행을 앞두고 나는 두 가지 걱정에 마음이 초조했다. 나 자신에게 좋은 선물을 사 줄 수 있을 만큼 돈을 모아야 한다는 것과 (나는 장식용 수제 나막신을 원했고, 결국 사서 그 뒤로 5년 정도 우리 집 창틀 위에 자랑스럽게 놓아두었다) 케이티 조엘이 나를 다시 사랑하게 만들어야 한다는 것이었다. 우리는 처음 만난 직후인 학기 초에 잠깐 교제했다. 이 시점에서 '교제going out'는 완곡한 표현인데, 사실 우리는 어디에

나가기에는going out 나이가 어렸고, 쉬는 시간마다 학교를 돌아다니며 시간을 보낸 것이 전부였다. 손을 잡고 말이다. 케이티와 나는 둘 다 열한 살치고 키가 아주 작고 몸집이 왜소했기 때문에 우리보다 나이가 많거나 키가 큰 사람들, 즉 거의 모든 사람들은 우리의 데이트를 사랑이 아닌 치기어린 허세의 표현이라고 생각했다. 안타깝게도 그해에는 케이티와 잘 풀리지 않았지만, 나는 팔켄뷔르흐 여행이 두 번째 기회가 되기를 바라고 있었다.

여행 내내 우리는 버스별로 누가 더 말을 잘 듣고, 누가 더 버스 자리를 깨끗하게 유지하고, 누가 아침에 가장 일찍 준비했는지 등 선생님들이 부추기는 시합에 가까운 일련의 경쟁에서 서로 맞붙어야 했다. 우리는 이 시합에서 계속 패배했고, 결국 시합에 패배하면서 얻은 즐거움에 대한 대가로 선생님들은 우리를 단체로 처벌해야 한다고 결정했다. 선생님들이 선택한 방법은 어린이집에서 소풍을 간 네 살짜리 어린아이들처럼 같은 반의 이성 친구와 손을 잡고 팔켄뷔르흐 거리를 행진하는 것이었다. 선생님들은 이렇게 하면 열한 살, 열두 살짜리 아이들에게 이상적으로 굴욕감을 안길 수 있을 것이라고 생각했다. 또 우리가 여전히 어린아이라는 비밀을 누설하면서 누구의 손을 잡아야 할지 마음을 정하고, 사람들에게 어떤 말을 듣게 될지 고민하는 복잡한 관계의 정치를 헤쳐 나가도록 강요할 수 있는 기회로 여겼다.

우리는 마치 쇼에 등장하는 인형처럼 질서 정연하게 줄

을 맞추어 길을 걸었고, 선생님과 다른 버스에 탄 친구들은 우리를 보면서 즐거워했다. 우리는 이 강요된 가식에 분노, 화, 굴욕감, 조용한 흥분 등의 방식으로 저마다 반응했다. 내가 손을 잡기로 정한 사람은 케이티였다. 적어도 우리가 이미 경험한 일이기 때문이다. 그리고 다른 사람들이 이 공개적인 애정 표현의 의미에 대해 어떻게 생각할지 예상하는 것이 좋았다. 하지만 손을 잡자마자 다른 사람은 몰라도 나는 그것이 실제로 아무 의미 없다는 것을 금방 알 수 있었다. 우리는 최대한 정중하게 손을 잡았지만 케이티는 나를 다시 사랑하지 않았고, 앞으로도 사랑하지 않을 것이었다.

존 레넌과 폴 매카트니는 런던에 있는 제인 애셔의 부모님 집 지하실에서 낡은 피아노 앞에 함께 앉아 '너의 손을 잡고 싶어 I Want to Hold Your Hand'라는 곡을 작곡했다. 존 레넌의 표현을 빌리자면 그들은 '눈알과 눈알'을 맞대고 서로를 마주 보며 건반을 쳤다.

이 노래는 1963년 11월에 싱글로 발매되었다. 1년 후 비틀스가 워싱턴 콜로세움에서 이 곡을 라이브로 연주하는 장면을 담은 영상을 보면 반세기가 넘는 시간이 지났음에도 짜릿한 감동을 느낄 수 있다. 함성을 지르는 사람들, 통로를 순찰하는 경비원들, 긴박한 리듬에 함께 진동하는 관객 모두 자신들의 가장 깊은 곳에 있었던 말하지 못한 그리움과 욕망을 2분 30초짜리 노래의 형태로 완벽하게 발산하는 것을 알아차릴 수 있다.

1963년의 비틀스는 에드워드 시대의 복잡하고 엄격한 공중 예절 규정이 폐지된 지 한 세대 정도 지난 시기를 보내고 있었다. 에드워드 시대에는 여성이 공공장소에서 장갑을 벗지 못하고 특정 계급의 미혼 여성은 항상 보호자를 동반해야 한다는 규정이 있었다. 하지만 이 공연에서 20대 초반의 청년 넷은 기타를 최대한 큰 소리로 연주하며 모든 사람에게 숨길 수 없는 사랑에 대해 외치고 있었다. 깔끔한 2부 화음으로 누군가에게 손을 잡아달라고 정중하게 요청하는 것이 지금은 다소 순결하게 들릴 수도 있다. 하지만 그들이 사랑하는 사람을 만지고 내면의 행복을 느끼는 것에 대해 노래하는 부분에 이르면, 당시에는 새롭고 짜릿하게 느꼈을 에로티즘이 요동치고 있음을 알 수 있다. 존 레넌은 이 곡을 발표하기 몇 달 전 우쭐거리며 이렇게 말했다. "이 곡은 사랑에 대한 노래지만 사실은 섹스를 은유한다. 그리고 팬들은 이 사실을 알고 있다."

'너의 손을 잡고 싶어'는 억제할 수도 없고 억제해서도 안 되는 욕망에 관한 노래다. 그러나 비틀스는 사실 그 요청의 모순을 정확하게 인지하고 있었다. 우리가 손을 잡는 이유는 기분이 좋기 때문이다. 누군가를 붙잡는 데에서 오는 안정감과 붙잡는 힘을 느끼는 근육의 기억, 새로운 감정과 새로운 욕망, 사랑, 섹스, 그리움으로 가득 찬 기분이 좋기 때문에 우리는 손을 잡는다.

그러나 그것은 공개적인 선언으로 인식될 것을 감수하는 동작이기도 하다. 손잡기는 우리가 로맨틱한 관계임을 알리는 것이다. 손을 잡는 행동은 나를 당신의 남자가 되게 해주겠다고 말하는 것이다.

물론 손을 잡는 행위를 이렇게 해석하는 것은 문화적으로 매우 특수한 경우다. 이러한 해석의 바탕에는 때로는 윤리적으로 경직되고, 때로는 음란한 구애의 춤을 추던 서양 르네상스의 역사가 뿌리 깊게 박혀 있다. 하지만 다른 문화권에서 손을 잡는 것은 완전히 다른 의미일 수 있다. 여전히 성별로 구분된 삶을 살아가는 이슬람 문화권의 경우 남성과 여성은 공공장소에서 손을 잡지 않지만, 남성들은 친밀감을 표시하는 의미로 서로 손을 잡는다. 서로를 만지고 포옹하는 것은 평등한 지위임을 선언하는 것이기 때문이다. 이는 두 사람이 하나가 되는 것이 아니라 균형을 이루었음을 의미한다. 종류가 다를 수 있겠지만, 어쨌거나 이것도 헌신이라고 할 수 있다.

그러나 비틀스에게, 그리고 팔켄뷔르흐에 있었던 열두 살의 나에게 손을 잡는 행위는 로맨틱한 선언이었다. 또한 우리는 기분을 좋게 하는 방법으로써, 세상에 우리 자신을 알리는 방법으로써, 손을 잡는 행위가 역사적으로 얻은 이중적인 의미를 인식하고 있다. 우리는 손을 잡음으로서 친밀감을 느끼는 동시에 친밀감을 표현한다. 손을 잡음으로써 우리는 서로에게 말을 걸고 주변의 모든 사람들에게도 말을 걸게 된다.

비틀스가 손을 잡는 행위의 사적인 의미와 공적인 의미 사이에 놓인 위험한 중간 지대를 수월하게 탐색할 수 있었던 것, 또 열두 살 때 이미 같은 반 친구들과 내가 이 중간 지대를 알고 있었던 이유는 이 특별한 동작이 우리 문화에 얼마나 깊이 뿌리내리고 있는지를 말해 준다.

물론 모든 사람이 개인적 욕망과 공적 표현 사이를 마찰 없이 쉽게 오갈 수 있는 특권을 누리는 것은 아니다. 비틀스가 '너의 손을 잡고 싶어'를 발매할 때만 해도 영국에서 동성애는 여전히 불법이었다. 영국에서 이성애자와 동성애자의 성교 동의 연령은 2001년에야 평등해졌다. 학교에서 '동성애 조장'을 금지하는 지방정부법 제28조는 2003년에야 폐지되었다. 성소수자들은 2010년에 평등법이 제정되기 전까지 차별 금지 보호를 완전하게 받지 못했고, 2016년이 되어서야 공개적으로 군에 복무할 수 있었다.

사랑과 정체성이 동성애와 트랜스젠더를 혐오하는 사회의 뿌리 깊은 편견과 충돌할 때, 손을 잡는 것처럼 단순해 보이는 동작은 의미심장하고 논쟁의 여지가 있는 장으로 변한다.

1952년 출간한 퍼트리샤 하이스미스의 반자전적 소설 『소금의 값The Price of Salt』에서 테레즈는 연인 캐롤을 향한 자신의 욕망을 레넌과 매카트니의 열정으로 묘사하며 "사랑해, 사랑해, 사랑해"라고 말하다가, 테이블 아래에서 발이 스치면 축 늘어지면서도 동시에 긴장하는 모습을 보여준다. 영화관에서 손을 잡고 있는 사람들을 보며 테레즈는 "왜 나와 캐롤은 그럴 수 없을까?"하고 자문한다. 테레즈가 상점에서 사탕 상자를 고르며 서 있는 캐롤의 팔을 잡았을 때, 캐롤은 "하지 마"라고 중얼거린다.

손잡기는 보통 사람들이 원해서, 필요하기 때문에 하는 행동이다. 손을 뻗어 만지고 싶고, 안아주고 싶고, 보듬어주고 싶다는 욕구를 본능적으로 느끼기 때문이다. 그러나 결합, 구애, 욕망을 상징하는 동작으로서 손잡기의 역사는 우리가 손을 뻗어 다른 사람의 손을 잡을 때 주변 사람들이 그 동작을 우리 자신에 대한 선언으로 이해한다는 사실을 의미한다. 이성애 커플의 경우, 보통 애정 표현이라고 부르는 이 공개적인 선언은 종종 눈에 띄지 않을 정도로 진부하다. 그러나 나와 내가 사랑하는 사람이 사회의 편협한 역사적 관습에 부합하지 않을 때에는 친밀한 욕망과 공개적 행위 사이의 우연한 동기화가 일어나지 않는다. 공개적인 선언은 정치적 발언으로 해석되고, 진부하다는 인식 속에서 거의 보이지 않던 손을 잡는 행위가 갑자기, 때로는 견딜 수 없을 정도로 눈에 띄게 된다.

이 글을 쓰는 시점에 동성애는 여전히 67개국에서 불법이다. 2021년 2월, 《핑크뉴스》는 현재 사회 진보 지수에서 세계 4위를 차지하고 있는 뉴질랜드에서 발생한 동성애 혐오 공격에 대해 보도했다. 피해자의 어머니 중 한 명에 따르면 두 소녀가 손을 잡고 있었다는 이유로 대낮에 다른 10대 청소년 10여 명이 이 둘을 둘러싼 채 가혹한 동성애 혐오 욕설을 퍼부으며 폭행을 저질렀다.

🍬

몇 년 전 나는 미로 같은 홍콩의 한 백화점의 전자제품 매장에서 낯선 남자와 손을 잡고 걷고 있었다. 그는 열아홉 살이나 스무 살쯤 되어 보였다. 그는 영어를 거의 할 줄 몰랐고 나는 광둥어를 전혀 할 줄 몰랐기 때문에 깜빡이는 불빛과 빛나는 스크린의 숲을 침묵 속에서 함께 걸으며 어색한 기류 속으로 미끄러져 들어갈 뻔했지만, 다행히 그러지는 않았다. 사람들은 우리가 지나가는 모습을 신기하게 바라보았다. 어쩌면 나도 그렇게 느꼈을지 모르겠다. 세라 아메드의 표현을 빌리자면 "낯선 것으로 표시되지 않는unmarked by strangeness" 백인 남성 이성애자의 몸에 익숙해져 있던 내가 다른 남자와 손을 잡고 그토록 붐비는 공공장소를 걷는다는 것은 갑자기 타인의 시선을 불편하게 느끼게 되는 일이었다.

이 산책은 글래스고에서 활동하는 예술가 로재나 케이드의 〈워킹:홀딩Walking:Holding〉이라는 공연의 일부였다. 이 작품은 공공장소에서 이루어지는 가시성의 정치, "공공의 삶이 설계되지 않은" 특정 육체가 차이에 의해 표시되는 방식에 맞서기 위한 시도였다. 공연에서 관객은 한 번에 한 명씩 낯선 사람과 손을 잡고 도시를 산책하게 된다. 관객이 함께 걷게 되는 사람들은 작품에 참여한 도시의 거주자들로, 연령과 성별, 성적 지향이 매우 다양했다. 관객은 이 사람들과 차례로 걸으면서 대화를 나눌 수도 있고, 그저 조용히 걸을 수도 있다. 케이드는 이를 두고 "다른 사람의 손을 잡고 걷는 것이 어떤 것인지" 직접 느낄 수 있는 경험이라고 설명한다.

퀴어로서 자신의 경험을 바탕으로 케이드는 공개적으로 잡은 두 손의 선언적 성격과 관찰자가 맞잡은 손의 함의를 읽어내는 방식을 펼쳐보인다. 그리고 관객은 그것을 통해 손을 잡은 사람의 정체성을 이해한다. 〈워킹:홀딩〉에서 손을 잡는 행위는 마치 쓰고 벗을 수 있는 가면 같고, 함께 걷는 사람이 누구인지에 따라 신체는 '차이라는 표식'을 부여받는다. 이 공연에 참여한다는 것은 만화경이 되는 것이다. 트랙과 트랙 사이를 넘나드는 인간 믹스테이프라고 할 수도 있겠다. 천천히, 미묘하게, 서로 다른 사람들이 세상을 이동하는 방식과 그를 둘러싼 장애물과 억압이 일시적으로 내 눈앞에 나타난다. 우리는 걸으며 손을 잡는다. 이 걷기와 손잡기는 세상을 바라보는 새로운 방식이 된다.

백화점에 있던 청년이 우리를 출구로 안내했고, 우리는 늦은 오후의 따가운 햇살을 받으며 분주한 교차로 근처로 걸어 나왔다. 그날로부터 거의 5년이 지난 지금도 나는 그의 손을 잡았던 기억을 간직하고 있다. 그와 로재나가 내게 부드럽고 관대한 손길로 부여했던 존재와 표식을 붙잡았던 기억 말이다.

몇 걸음 더 옮기니 또 다른 낯선 여자가 나를 데려가기 위해 기다리고 있었다. 그 학생은 2014년 민주화 시위[†]에서 자신이 맡았던 역할에 대해 이야기하면서 10여 분 동안 나를 마치 자신이 전적으로 책임져야 하는 동생처럼 대했다. 그리고 한적한 콘크리트 육교를 빠르게 행진하듯 걸으며 나를 데려갔다. 그러는 동안 나는 날카롭게 곤두서 있던 신경이 가라앉는 것을 느꼈고, 내가 편안하고 익숙한, 어느 정도 특권을 누리는 신체와 정체성으로 다시 미끄러져 들어가는 것을 느꼈다.

⊷

2020년 9월, 코로나바이러스로 인한 팬데믹이 한창일 때 일본 기후 대학교의 공학 연구 팀이 유튜브에 최신 프로젝트를 담은 동영상을 올렸다. 영상에는 일회용 마스크를 쓴 한 젊은 남성이 복도를 걸어가는 모습이 담겨 있었다. 오른팔이 일종의 기계장치와 연결되어 있는 것을 제외하면 그는 정상적으로 걷고 있는 것 같았다. 금속 막대와 와이어를 엉성하게 조립한 물건을 벨크로테이프 스트랩으로 이두박근에 고정하고 있었는데, 그 끝에는 실리콘으로 된 손이 달려 있었고, 남성은 그 손을 손가락으로 깍지 끼듯 말아 쥐고 있었다.

이 장치의 이름은 '오삼포 가노조'お散歩彼女('걷고 있는 내 여자 친구'라는 뜻)다. 첨부된 뉴스 기사에 따르면 연구진은 이 장치를 "사람들이 여자 친구를 찾는 것보다 좀 더 쉽게 손을 잡는 경험을 할 수 있도록 하기 위한 것"이라고 설명하고

[†] 2014년 시작된 홍콩 주민들의 대규모 시민 불복종 운동으로 최루액을 우산으로 막아내는 모습이 알려져 '우산 혁명'이라는 별칭이 붙었다.

있다. 또 팬데믹으로 고립된 사람들을 위로하기 위한 수단으로 설계했다고 주장한다. 누군가의 손을 잡을 때 우리를 진정시키는 뇌의 화학반응을 이끌어내기 위한 로봇 손인 셈이다. 이 동영상의 또 다른 장면에서는 손바닥에 압력을 가하면 실리콘 손이 이에 반응하면서 약간 구부러지고, 부드럽지만 집요하게 안쪽으로 말려 들어가는 모습을 볼 수 있다.

연구진은 다른 사람과 손을 잡는 것과 유사한 경험을 제공하기 위해 많은 노력을 기울였다고 말했다. 손 자체는 부드럽고 유연하며 터치에 반응하기 때문에 조이거나 순간적으로 꽉 쥐면 자동으로 왕복운동을 하게 된다. 내부에 히터가 있어 사람 손의 온기를 재현하고 걸을 때 미량의 수분을 방출하는데, 마치 땀방울이 기분 좋게 손바닥을 촉촉이 적셔주는 것처럼 느껴진다고 했다. 엔지니어들은 두 사람이 손을 잡고 걸을 때 움직임이 서로 완전히 일치하는 것은 불가능하다는 점을 인식하고, 파트너를 따라잡으려고 애쓰는 것처럼 느껴지게 하기 위해 빨리 걷기 시작하면 기기가 뒤로 미끄러지는 메커니즘까지 설계했다. 연결된 헤드폰 세트를 사용하면 발자국 소리, 숨소리, 가끔씩 나지막하게 옷자락이 바스락거리는 소리 등 리드미컬한 배경음까지 들을 수 있다.

팬데믹 기간 동안 인간관계의 부재를 극복하려는 기술이 많이 시도되었고, 그 성취는 다양하다. 이러한 기술 중에는 창문을 열고 냄비와 프라이팬을 두드리며 자신의 존재를 알리려한 것처럼 극도로 단순한 기술도 있고, 라이브 스트리밍 연극과 음악 공연, 온라인 펍 퀴즈, 가상 레이브 파티 같은 비교적 최첨단의 기술도 있다. 이 모든 사례에서 기술은 주변 사람들과의 연결을 매개하는 수단으로, 서로의 물리적 분리를 극복하는 방법으로 사용되었다.

오삼포 가노조는 같은 문제에 완전히 다른 방식으로 접근하면서 인간의 연결을 배제한다. 실제로는 메아리에 불과하지만 인간의 존재를 암시하는 상호작용의 경험을 세심하게 재현하는 것을 목표로 한다. 마치 꿈에서 만난 사람과 사랑에 빠지는 것처럼, 이렇게 형성된 환상은 우리를 점점 더 폐쇄적으로 만든다.

이는 디스토피아적 미래에 대한 징후일까? 알고리즘의 단계에서 유지해 온 피드백 루프 속에서만 존재하는 세상일까? 우리 각자가 기계 안에 갇혀 영원히 비틀고 또 비틀리는 미래에 대한 그림일까?

아니면 이러한 실험이 도나 해러웨이의 말처럼 "사람들이 동물과 기계와의 공동 친족관계를 두려워하지 않는", 기계와 인간의 새로운 관계를 시대를 여는 선구자 역할을 하게 될까? 손을 잡는 행위의 공감의 힘에 대해 이야기하는 로재나 케이드와 같은 예술가들의 작품을 고려하면, 기계가 우리의 손을 잡는 법을 배울 때 우리는 기계를 사랑하는 법을 배워야 하는 것일까?

도쿄에 있는 전기통신대학교는 2020년부터 실시한 또 다른 연구에서 어린아이들로 구성한 그룹을 초대해 유치원에서 로봇과 상호작용하도록 했다. 대조군은 단순히 로봇과 30분 동안 놀게 한 반면에, 실험군은 로봇과 손을 잡고 교실을 가로질러 걸어간 뒤에야 로봇과 함께 놀 수 있게 했다. 연구진은 실험군의 아이들이 로봇에 훨씬 더 개방적이라는 사실을 발견하고 이렇게 말했다. "손을 잡는 것은 한 존재가 다른 존재와 신체적으로 연결되는 행위다. (중략) 이렇게 함께 하면서 아이들은 자신과 로봇이 같은 종에 속한다고 여겼고, 마침내 로봇을 안전하다고 느끼게 되었다."

이 연구는 "미래에는 로봇이 기계나 완전한 타인이 아닌 친구 같은 존재로 인식될 것으로 기대한다"라고 선언했다.

᭥

기계가 정말로 우리의 친구가 되려면, 손을 잡는 행위에 대해 무엇을 배워야 할까?

꽉 잡아야 할 때와 잡지 말아야 할 때

얼마나 잡아야 꽉 잡은 것인가

얼마나 잡아야 꽉 잡지 않은 것인가

영화의 공포 수위가 높을 때 영화관의 어둠 속에서 누군가의 손을 잡는 방법

병원 대기실의 참을 수 없는 적막감 속에서 부드럽게

손을 잡는 방법

코트 주머니 깊숙한 곳에서 서로의 손을 따뜻하게 하는 방법

잡은 두 손을 거칠게 갈라놓으려고 할 때 손을 놓지 않는
방법

힘을 발휘하는 것이 아니라

공감의 행동으로서

또는 연대의 행위로서 손을 잡는 법

번화한 거리에서 손잡기와

소파에서 손잡기의 차이

손을 맞잡고 춤추는 법

떠들썩하게, 또는 다른 방식으로

모든 것이 잘될 것이라고

만약 그렇지 않더라도 늘 그렇듯이

이 또한 지나갈 것이라고 말하며

손을 꽉 움켜쥐는 법

손가락의 위치를 살며시 바꾸는 법

손등을 반쯤 누르며 쓰다듬는 동작

피가 피부 아래에서 움직이는 것처럼

거의 감지할 수 없는 움직임마저

어떻게든 당신이 알아야 할 모든 것을 말해 줄 것이다

아마도 사랑

그들은 사랑에 대해

그리고 그 느낌에 대해서도 알아야 할 것이다

손을 잡고

손을 잡히는

아주 잠깐이라도

1. 기차 안에서 맞은편에 앉아 있는 친구나 낯선 사람에게 이 책을 건네자.

2. 번화한 거리에서 낯선 사람을 향해 걸어가는 동안 눈을 마주치고, 지나치면서 그들에게 이 책을 건네자.

3. 번화한 거리에서 낯선 사람을 향해 걸어가는 동안 눈을 마주치고, 지나치는 순간에 이 책을 그 사람의 가슴에 대고 "저를 위해 잘 맡아주세요"라고 속삭인 뒤 도망가 보자.

4. 또는 모든 페이지를 찢어 휴대폰 주소록에 있는 각 연락처로 한 장씩 보내고, 지정된 시간과 장소에 모여 독서 모임을 할 수 있도록 초대하자.

5. 또는 모든 페이지로 종이비행기를 접어서 친구 중 누가 가장 멀리 날릴 수 있는지 확인하자.

6. 또는 붐비는 술집에서 자리에 앉아 이 책을 꺼내서 읽는 시늉을 하자. 그동안 여러분이 실제로 하는 일은 주변에서 일어나는 대화, 취객들의 논쟁, 어색한 첫 데이트에서 오가는 이야기, 복잡한 음료 주문 소리를 듣는 것이다. 음악을 들을 때 발휘하는 집중력으로 바 내부의 소리에 귀를 기울이자.

7. 또는 분주한 영화관의 한가운데에서 영화가 고요하게 상영되는 순간에 일어나 이 책의 한 페이지를 가리키며 "이거다!" 하고 소리를 질러보자.

8. 또는 책 앞에 전화번호를 적고 이 책을 습득하면 다 읽고 나서 전화하라는 메모와 함께 카페에 두고 오자.

9. 또는 사랑에 빠졌지만 두려워 고백하지 못하는 누군가의 집에 이 책을 남겨두자. 언젠가 그 사람이 이 후기를 읽고 당신이 무슨 말을 하려고 했는지 이해할 수 있기를 바라면서 말이다.

10. 또는 교회에서 큰 소리로 읽을 수도 있다.

11. 또는 클럽에서 큰 소리로 읽을 수도 있다.

12. 또는 침실 창가에서 큰 소리로 읽을 수도 있다.

13. 또는 공원에 있는 낯선 사람들에게 큰 소리로 읽어줄 수도 있다.

14. 또는 텔레마케터에게 큰 소리로 읽어줄 수도 있다.

15. 또는 모든 페이지를 잘게 찢어 사랑하는 사람들에게 색종이처럼 흩뿌릴 수 있다.

당신에게는 지금 이 책으로 할 수 있는 많은 일이 있다.
단, 그 일이 무엇이든 일말의 사랑을 담아 실천해야 한다.

감사의 말

이 책이 존재하게 된 것에 감사해야 할 많은 사람이 있지만, 가장 먼저 고작 절반쯤 가닥이 잡혀 있던 아이디어를 수천 개의 단어로 바꾸는 초기 단계를 거치는 동안 인내심을 발휘해 내 손을 잡아준 친구 앰버 마시 블룸필드가 떠오른다. 이 과정에서 우리 작가 모임에 속한 모든 구성원의 친절한 도움을 받았다. 특히 케일리 리조, 커스티 세그먼, 케이트 위버, 조지 코드는 당시 내가 알지 못했던, 책을 쓰는 방법에 대해 가르쳐주었다.

이 책에 대한 뜨거운 열정과 굳건한 신뢰를 바탕으로 이 책을 현실로 만드는 데 커다란 역할을 한 에마 발, 내가 말하고자 하는 바를 완벽히 이해하고 그것을 더 잘 설명하는 법을 알려준 편집자 얼레인 메이슨과 해나 맥도널드, 이들과 함께 일할 수 있었던 것은 쉽게 만날 수 없는 행운이었다는 사실을 절감한다.

나의 단골 글쓰기 파트너이자 친구인 매디 코스타에게도 감사한다. 그가 없었다면 나는 이 책을 쓸 생각조차 하지 못했을 것이다. 또 17년 동안 예술적으로 협업하며 내가 세상을 바라보는 방식을 형성하는 데 도움을 준 데버라 피어슨에게 감사한다. 평생에 걸쳐 진정한 사랑이 무엇인지 가르쳐준 어머니와 아버지에게도 깊이 감사드린다.

내가 이 책에서 언급한 모든 예술가는 내가 이 책에서 그들에게 할애한 것보다 더 많은 분량을 얻을 자격이 있는 비상하고 훌륭한 사람들이다. 대런 오도넬, 난도 메시아스, 제니 헌트와 홀리 다턴, 리미니 프로토콜, 샬럿 자비스, 애비게일 콘웨이, 브릿 해치어스, 브라이오니 캠벨, 로재나 케이드, 아이라 브랜드. 가능하면 이들의 작품을 찾아보기 바란다. 세인트헬렌스, 상파울루, 맨체스터 그리고 그 밖의 지역에서 나와 함께 작업한 많은 아이들도 특별히 언급하고 싶다. 이 책은 내가 얼마나 세상에 대한 그들의 생각에 푹 빠져 있는지 보여준다.

나의 머리를 잘라주고 비둘기에 대해 이야기해 준 나의 미용사 수사나에게 감사한다. 음악을 제대로 설명하는 법을 인내심 있게 알려준 톰 파킨슨, 영화를 보러 갈 때 훌륭한 동반자가 되어준 크리스토퍼 브렛 베일리에게도 감사한다. 알리 리설란드와 그의 조용한 콜센터 저항 행동에 감사하고, 늦은 밤 전화해준 일과 그 밖에 아주 많은 것에 대해 동생에게 감사한다.

이 책의 글 중 꽤 많은 분량이 집에서 일을 할 때 나의 존재를 잊어 준 반려견 소시지의 망각이라는 지원이 있어 가능했다. 내 삶에 끼친 그의 공헌은 헤아릴 수 없다. 그중 최고는 뭐니 뭐니 해도 집필 과정 내내 귀중한 조언을 아끼지 않은 리베카 라틴로스트론(그리고 그의 개 베시)과 페타메건 던 (그리고 그의 개 리플리)을 나에게 소개한 일이다.

이 밖에도 내가 비를 피할 때 함께했던 낯선 사람들과 공원에서 논쟁했던 낯선 사람들에게 감사한다. 댄스플로어의 몸, 영화관의 비명 소리에도 감사한다. 사랑 혹은 연대 혹은 공포 때문에 내가 한 번이라도 손을 잡았던 모든 사람들에게도 깊이 감사한다.

무엇보다도 베키에게 고맙다. 내가 이 책을 쓸 수 있게 해준 소소한 친절과 성원에, 그리고 우리가 함께한 모든 만남에, 춤을 추는 밤, 줌 통화, 전화 통화, 개 산책, 도로 여행, 약에 취했던 순간, 그리고 그 사이사이의 막간에, 정확히 나만큼 세상에 대해 흥분하고 세상을 두려워해 준 것에 대해 깊이 감사한다.

조르주 페렉의 작품이 없었다면 아마 이 책은 존재하지 않았을 것이다. 특히 『공간의 종류들Species of Spaces and Other Pieces』과 『파리의 한 장소를 소진시키려는 시도An Attempt at Exhausting a Place in Paris』를 통해 나는 일상에서 너무 익숙해진 나머지 우리 눈에 더 이상 보이지 않게 된 것을 볼 수 있게 하는 글쓰기, 명백한 것과 간과된 것을 밝히는 글쓰기에 대한 청사진을 얻을 수 있었다.

1장 아주 특별한 보살핌

이 장에서는 커트 스텐의 『머리카락: 인간의 역사Hair: A Human History』, 아야나 버드와 로리 사프스의 『헤어 스토리 Hair Story: Untangling the Roots of Black Hair in America』, 빅토리아 셔로의 『헤어 백과사전Encyclopedia of Hair: A Cultural History』을 주요 자료로 활용했다.

《흑인 연구 저널》(2016년 5월호)에 실린 데이비드 L. 샤바즈의 에세이 「아프리카계 미국인 남성을 위한 문화 포럼으로서의 이발소」는 문화적 삶의 관점에서 아프리카계 미국인에게 이발소가 갖는 가치와 중요성을 생각하는 출발점으로 엄청난 도움이 되었다. 시카고에 관한 스티브 제임스의 다큐멘터리 시리즈 〈시티 소 리얼City So Real〉을 찾아서 보길 권한다. 이발소 편은 물론, 그 도시를 고향이라고 부르는 사람들의 신중한 초상이 담겨 있다.

넷바우처코드 웹사이트 www.netvouchercodes.co.uk에서 2013년에 360명의 여성에게 미용사와의 관계에 대해 질문한 설문조사 결과를 참조했다. 답변에 응한 사람 중 절반 이상이 자신의 삶에서 가장 중요한 열 가지 관계 중 하나라고 답했다. 이 여성들과 미용사가 알고 지낸 기간은 평균 12년 반으로, 영국에서 이혼한 부부의 평균 결혼 기간보다 더 길다.

냇 '덤불 의사Bush Doctor' 매시스와 그의 살롱에 대한 묘사는 에드워드 코커가 유튜브에 올린 짧지만 더없이 멋진 영상 https://youtu.be/yDb8rtnnu8M을 참고했다. 이 글을 쓰고 있는 시점에 총 66회 조회되었다.

2장 길 위의 작은 방해

나는 조 코해인의 훌륭한 책 『낯선 사람들의 힘The Power of Strangers: The Benefits of Connecting in a Suspicious World』에서 줄리애나 슈로더와 니컬러스 에플리의 작품을 처음 접했다. 이 책은 우리 주변의 낯선 사람들과 맺는, 가끔은 두려운 관계에 대해 생각해 볼 수 있는 핵심적인 자료였다. 다이앤 아버스에 대한 글을 쓰면서 나는 패트리샤 보스워스의 위대한 아버스 전기 『다이앤 아버스 전기Diane Arbus: A Biography』, 그리고 《뉴욕 리뷰 오브 북스》(2017년 6월 8일)에 실린 힐턴 알스의 아주 멋진 에세이 「차이의 예술」에 의존했다.

런던의 지하철에서 파란색 배지를 나눠 주며 낯선 이들끼리 대화를 나누도록 했을 때 사람들이 격한 반응을 보였다는 내용은 트위터의 #tube_chat 해시태그와 2016년 9월 29일 제이미 그리어슨이 《가디언》에 쓴 「튜브 챗 배지 캠페인, 런던 출근길에 사람들의 공포 유발해」라는 제목의 기사에서 발췌했다.

구걸에 대한 핵심 자료는 하틀리 딘이 편집한 『질문을 구걸하기Begging Questions: Street-Level Economic Activity and Social Policy Failure』 중에서 특히 빌 조던이 쓴 장인 「구걸: 세계적 맥락과 국제적 비교」였다.

존 업다이크의 에세이 「봄비」(1962년 4월 21일)는 《뉴요커》의 아카이브에서 찾을 수 있다. 얼음으로 뒤덮인 중세 런던에 대한 묘사는 알렉산드라 해리스의 찬란한 책 『웨더랜드Weatherland: Writers and Artists Under English Skies』에 많은 빚을 지고 있다. 이스트 런던의 눈싸움에 대한 묘사는 이전에 내가 출판한 같은 사건에 대한 짧은 에세이를 활용한 것이다.

마틴 쾨너스의 놀이에 대한 아이디어는 2020년 《국제

놀이 저널》에 실린 그와 조셉 프랜시스의 「놀이의 생리학: 고등교육의 잠재적 관련성」라는 글에서 찾을 수 있다.

난도 메시아스, 그리고 제니 헌트와 홀리 다턴의 놀라운 작품에 대한 자세한 내용은 그들이 운영하는 웹사이트 www.nandomessias.com과 www.huntanddarton.com에서 확인할 수 있다.

3장 통화에 얽힌 사적인 역사

작가 아라벨 시카르디의 트위터@arabellesicardi 타래 덕분에 머나 컬런드에 대해 처음 알게 되었다. 그 타래는 나를 마리 카르티에의 책 『당신은 나의 종교Baby, You Are My Religion: Women, Gay Bars, and Theology Before Stonewall』로 서둘러 향하게 했다.

《아틀랜틱》에서 우리의 변화하는 전화 습관에 대해 다룬 이언 보거스트의 기사 「전화 통화를 미워하지 말고, 전화기를 미워하라」(2015년 8월) 전체를 꼭 읽어보기를 바란다.

콜센터 직원의 81%가 고객에게 학대를 경험했다는 통계는 2021년 9월 10일 인도 신문 《비즈니스 스탠더드》의 기사 「콜센터 직원의 36%가 폭력적인 위협을 받았다: 연구」에서 발췌했다.

프로젝트 구텐베르크https://www.gutenberg.org/files/19362/19362-h/19362-h.htm에서 쥘 베른과 미셸 베른의 단편 소

설 『쥘 베른의 2889년In the Year 2889』의 전체를 볼 수 있다.

1964년 세계박람회의 주요 자료는 《문화로서의 과학》 2007년 6월호에 실린 리처드 바브룩의 수필 「뉴욕 예언: 인공지능의 상상의 미래」와 이언 A. 볼이 2008년 잡지 《뮤트》에 쓴 기사 「미래로 떨어지기」였다.

벨 연구소의 픽처폰에 관한 내용은 《아틀랜틱》 2014년 9월호에 실린 세라 라스코의 기사 「영상통화를 위한 최초의 '픽처폰'은 끔찍한 실패였다」에 자세히 나와 있다.

이 장에서 설명하는 애플 제품 출시 관련 내용은 2010년 아이폰 4 출시 당시 행사 풍경이다. 유튜브https://youtu.be/z__jxoczNWc에서 전 과정을 동영상으로 볼 수 있다.

4장 자동차 안에서

주차한 차 안에서 벌인 공연의 제목은 〈자동차 선다운Motor Vehicle Sundown〉(같은 제목의 조지 브렉트의 작품에 경의를 표하기 위해)이다. 사운드 클라우드https://on.soundcloud.com/CMr7에서 지침에 따라 이 작품을 무료로 체험할 수 있다.

미국 질병통제예방센터 웹사이트https://www.cdc.gov/nchs/fastats/accidental-injury.htm에 따르면 2020년 미국에서 발생한 자동차 교통사고 사망자는 약 4만698명이고, 총기 사망자는 약 4만5222명이다. 최근까지 자동차 교통사고 사망자 수가 총기 사망자 수보다 많았으나, 2022년 5월 《사이언

티픽 아메리칸》의 기사(「총기 사고가 교통사고보다 더 많은 어린이와 청소년을 죽음으로 내몰고 있다」)와 같이 교통사고 사망자 수는 지난 20년 동안 지속적으로 감소한 반면, 같은 기간의 총기 사망자 수는 계속 증가하고 있다.

눈 맞춤과 인지 처리의 연관관계는 교토 대학교의 가지무라 쇼고와 노무라미치오가 2016년 학술지 《인지》에 발표한 논문 「우리가 말할 수 없을 때: 눈 맞춤은 동사 생성 중 인지 제어 프로세스에 사용할 수 있는 자원을 방해한다」를 참조했다.

노상주차 차량이 차지하는 공간이 하이드 파크 넓이의 10배나 된다는 수치는 2020년 3월 연구원 조 윌스가 웹사이트 시티 모니터City Monitor에 기고한 글https://citymonitor.ai/environment/london-s-street-parking-takes-much-space-10-hyde-parks-4972에서 발췌했다.

5장 함께 하는 식사

인간과 음식의 관계에 대한 나의 주장은 두 가지 핵심적인 텍스트를 참조했다. 하나는 앨리스 P. 줄리어와 케이티 로슨의 『함께 먹기Eating Together』이고, 다른 하나는 엘리엇 쇼어의 『외식Dining Out: A Global History of Restaurants』이다. 또 루시 디어러브의 〈레커〉https://www.leckerpodcast.com와 아메리카스 테스트 키친의 〈프루프〉https://www.americastestkitchen.com/

podcasts/proof라는 멋진 팟캐스트도 많이 들었다.

나폴리의 라차로니에 관한 설명은 주로 안토니오 마토치의 매혹적인 책 『피자 식당 발명기Inventing the Pizzeria: A History of Pizza Making in Naples』에서 참고했다.

나는 초현실주의 무도회에 대한 기사를 아주 많이 읽었는데, 대부분은 오드리 헵번과 살바도르 달리의 동일한 이미지에 곁들여서 몇 가지 사실을 토해내는 수준이었다. 내게 가장 도움이 된 기사는 에드 크립스가 《더 레이크》 2016년 12월호에 기고한 「파티 동물: 로스차일드 초현실주의 무도회」였다.

영장류의 음식을 나누는 특징에 대한 내용은 애나 T. C. 파이스트너와 W. C. 맥그루가 『영장류 생태학의 시각Perspectives in Primate Biology』 3편에 쓴, 제목만으로도 도움이 되는 「영장류의 음식 공유: 비판적 리뷰」를 바탕으로 했다.

사회적 관계의 중요성에 대한 로빈 던바의 생각은 그의 훌륭한 책 『프렌즈Friends: Understanding the Power of Our Most Important Relationships』에서 찾을 수 있으며, 이 장뿐 아니라 이 책 전체를 집필하는 데에 큰 도움이 되었다.

6장 집단적 환희

콩고 광장에 대한 묘사는 1991년 《루이지애나 히스토리》 봄호에 실린 제라 존슨의 「뉴올리언스의 콩고 광장: 초기 아프리카계 미국인 문화 형성을 위한 도시적 배경」이라는 기사에 의존했다.

시카고 하우스와 디트로이트 테크노의 역사에 대한 핵심 자료는 《유러피언 저널 오브 어메리칸 컬처》 2005년 8월호에 실린 숀 알비스의 「포스트-소울 퓨처라마: 아프리카계 미국인 문화 정치와 초기 디트로이트 테크노」,《미주 연구 포럼 저널》 2009년 10월호에 발표한 크리스토퍼 셔브의 「동네 너머? 디트로이트 테크노, 언더그라운드 레지스탕스, 아프리카계 미국인의 대도시 정체성 정치학」,《레지던트 어드바이저》(2012년 5월에 출간되어 https://jp.ra.co/features/1597에서 구입할 수 있다)에 제이콥 아널드가 기고한 웨어하우스의 역사에 관한 글 「웨어하우스: 하우스뮤직이 이름을 얻게 된 곳」이다. 또 훌륭한 팟캐스트 〈트랜스미션: 조이 디비전과 뉴 오더의 결정적인 이야기〉https://podcasts.apple.com/gb/podcast/transmissions-the-definitive-story-of-joy-division/id1534628327에서 맨체스터의 하시엔다 클럽을 만드는 데 도움을 준 사람들이 들려주는 흥망성쇠의 광적인 이야기를 들을 수 있다.

핫토리 유코의 연구는 그가 도모나가 마사키와 함께 《미국 국립과학원 회보》(2020년 1월)에 기고한 「소리로 유도하는 침팬지들의 리드미컬한 흔들림」이라는 제목의 기사를 요약한 것이다.

시몬 베유의 인용구는 안드레아 무비 브렉헨티와 마티아

스 셰르홀름이 쓴 「리듬 분석 이전: 일상 공간 활동에서 리듬과 멜로디의 영역학을 향해」(2018년 《도시, 영역 그리고 건축》에 수록)에서 발췌했다. 제이미 프린시플이 파워 플랜트로 향하던 때에 관한 묘사는 알렉스 프랭크가 2016년 6월호 《바이스》에 기고한 글 「제이미 프린시플과 프랭키 너클스의 '유어 러브', 역대 가장 섹시한 댄스 컷에 관한 이야기」https://www.vice.com/en/article/d7jxzv/jamie-principle-frankie-knuckles-your-love를 참고했다.

이 장에서는 내 파트너 베키에게 특별히 감사를 표한다. 그는 침착하고 냉정한 태도로 조용히 클럽 바운서를 통과해서 우리를 어둡고 붐비는 베르크하인의 심장부로 안내해 주었다.

7장 공원에서 우리가 하는 일

영국 최초의 공원 조성에 얽힌 전체적인 이야기는 트래비스 엘버러가 쓴 『공원에서의 산책A Walk in the Park: The Life and Times of a People's Institution』에 흥미롭게 담겨 있다. 한편, 루비카 시아의 영화 〈화이트 라이엇〉은 내가 묘사한 빅토리아 공원에서 공연하는 클래시의 환상적인 영상과 함께 인종차별에 반대하는 록을 훌륭하게 소개한다.

AEG의 올 포인츠 이스트 페스티벌의 입장료는 2021년 행사를 기준으로 삼았다.

이 책에서 언급한 개와 사회성에 관한 워릭 대학교의 연구는 《영국 심리학 저널》 2000년 2월호에 준 맥니컬러스와 글린 M. 콜리스가 발표한 「사회적 상호작용을 위한 촉매로서의 개: 효과의 견고성」에 자세히 나와 있다. 개에 대한 내 생각에 큰 영향을 준 또 하나의 책은 도나 해러웨이의 『반려종 선언Companion Species Manifesto: Dogs, People, and Significant Otherness』이다. 개와 주인이 서로 배우면서 함께 추는 "존재의 춤"을 아름답게 묘사한 책이다.

도시 풍경에 관한 많은 글을 쓴 리처드 세넷의 훌륭한 책 가운데 『짓기와 거주하기Building and Dwelling: Ethics for the City』에 많이 의지했다. 또 댄 핸콕스가 《가디언》에 기고한 공공 공간에 대한 기사, 특히 「밝혀진 것: 여름 런던 공원의 은밀한 민영화」(2019년 7월 5일)와 「군중의 힘」(2020년 6월 2일)도 가치가 있었다.

8장 모두의 영화관

초기 영화에 대한 내용은 스튜어트 핸슨의 『무성영화에서 멀티스크린까지From Silent Screen to Multi-screen: A History of Cinema Exhibition in Britain Since 1896』, 제임스 채프먼의 『세계의 영화관Cinemas of the World: Film and Society from 1895 to the Presen』, 1984년 《계간 영화 연구》에 실린 샬럿 헤어조그의 논문 「영화관 건축의 고고학: 영화관의 기원」을 주로 참고했

다. 영화를 보러 가는 문화에 관한 보다 최근의 역사에 대해서는, 스티븐 헌터가 쓴 에세이 모음집 『지금 발렌시아에서 상영 중Now Playing at the Valencia』에 쓴 서문에서 다양한 영화관이 그들만의 미시적인 문화를 창조하는 방법에 대한 귀중한 예를 제공하고 있다.

이 장을 구성하는 데 큰 영향을 준 또 다른 글은 줄리언 해니크의 글, 특히 그의 책 『공포와 스릴러 영화 속 영화 관람의 감정Cinematic Emotion in Horror Films and Thrillers: The Aesthetic Paradox of Pleasurable Fear』과 그가 《스크린》 2014년 가을호에 기고한 「다른 사람들과 함께 영화 보기: 집단 관람의 이론을 향해」, 그리고 《넥서스-유럽 매체 연구 저널》 2014년 가을호에 발표한 「웃음과 집단 인식: 공공 공간으로서의 시네마 오디토리움」이다. 이 장에 언급한 앙드레 바쟁과 폴린 카엘의 멋진 인용문 또한 해니크 덕분에 발견했다.

클라스 올덴버그의 이상하고 특별한 작품 〈무비하우스Moveyhouse〉에 대해서는 그의 멋진 초기 퍼포먼스 작품 중 일부의 작가 노트와 대본을 철저하게 집대성한 『로 노트Raw Notes』에서 더 자세히 알아볼 수 있다. 이 장을 쓰면서 내 머릿속에서는 (종종 그러하듯이) 올덴버그의 작품이 공연되고 있었는데, 그러던 중 그가 93세의 나이로 영면에 들었다는 소식이 발표되었다. 이 장을 그에게 바친다.

《심리학 과학》 저널에 실린 논문 「손 빌리기: 위협에 대한 신경 반응의 사회적 규칙」(2016년 12월)은 위협적인 자극에 따른 반응으로 손을 잡으려는 충동에 대해 이 책에서 설명한 실험의 개요가 서술되어 있다.

　내가 발견한 조지 베스트의 글에서 손잡기에 대한 언급은 웹사이트 엘리자베스앤드라마elizabethandrama.org의 편집자 피터 루카스가 쿼라www.quora.com에 '손 잡기'라는 문구의 기원에 대한 질문에 대답한 덕분이다.

　존 레넌의 말은 크레이그 브라운의 걸작 『원 투 쓰리 포 One Two Three Four: The Beatles in Time』에서 따왔다. 비틀스의 곡 '너의 손을 잡고 싶어'와 관련한 내용도 마찬가지다. "낯선 것으로 표시되지 않는unmarked by strangeness"이라는 문구는 세라 아메드의 책 『낯선 만남Strange Encounters: Embodied Others in Post-Coloniality』에서 유래했다. 동성애가 여전히 불법인 나라의 수에 대한 자료는 줄리아 카르보나로가 2022년 8월 《뉴스위크》에 게재한 기사 「유엔 국가 중 67개국에서 동성애는 여전히 불법이다」https://www.newsweek.com/homosexuality-illegal-67-un-countries-1735575를 바탕으로 했다.

　로봇과 손잡기에 대해 생각할 때, 나는 도나 해러웨이의 책 『사이보그 선언Cyborg Manifesto』에서 인간과 로봇의 범주가 서로 섞이기 시작하는 미래에 대한 상상을 떠올렸다.

마지막으로, 이 장을 마무리하는 글은 2015년 내가 아티스트 아이라 브랜드와 공동으로 각본을 집필하고 공연한 〈당신의 달콤한 손을 내 손에 넣어주세요put your sweet hand in mine〉에서 발췌한 것이다. 이 공연은 두 줄의 관객이 서로 마주보고 앉은, 길고 좁은 공간에서 진행했다. 공연이 끝날 무렵 관객은 어둠 속에서 손을 뻗어 맞은편에 앉은 낯선 사람의 손을 잡아야 했고, 아이라 브랜드가 이 글의 일부를 읽었다. 공연의 전체 대본은 『포레스트 프린지: 첫 10년Forest Fringe: The First Ten Years』이라는 책에서 확인할 수 있다.

알라딘 북펀드 후원자

참여해 주셔서 감사합니다.

옮긴이   임승현

영국 런던에서 미술사를 공부한 후, 미술관과 미술 관련 언론사에서 일했다.
문화예술 분야 책을 번역 및 편집해 왔고 현재는 번역가로 일하고 있다.

만남들: 우리는 매일 다시 만난다
ENCOUNTERISM

1판 1쇄 발행 2023년 10월 16일

지은이	앤디 필드
옮긴이	임승현
편집	김지선
교정·교열	최현미
디자인	포뮬러
제작	공간

발행처	필로우
	등록번호 제2023-000006호
문의	pillow.seoul@gmail.com

ISBN   979-11-975596-4-8 (03330)